黄金之惑

对几个黄金现实问题的理性追索

刘山恩◎著

中国财政经济出版社

图书在版编目（CIP）数据

黄金之惑：对几个黄金现实问题的理性追索 / 刘山恩著．—北京：中国财政经济出版社，2015.9

ISBN 978 - 7 - 5095 - 6341 - 0

Ⅰ.①黄… Ⅱ.①刘… Ⅲ.①黄金（货币） - 研究 Ⅳ.①F820.2

中国版本图书馆 CIP 数据核字（2015）第 185803 号

责任编辑：张怡然　刘璠泾　　　　责任校对：甄　飞

责任印制：刘春年　　　　　　　　版式设计：丁丁图文

中国财政经济出版社出版

URL：http://www.cfeph.cn

E - mail：cfeph@cfeph.cn

社址：北京市海淀区阜成路甲 28 号　邮政编码：100142

营销中心电话：010 - 88190406　北京财经书店电话：010 - 64033436

北京时捷印刷有限公司印刷　各地新华书店经销

787 × 1092 毫米　16 开　18.5 印张　221 000 字

2015 年 9 月第 1 版　2015 年 9 月北京第 1 次印刷

定价：49.80 元

ISBN 978 - 7 - 5095 - 6341 - 0/F · 5110

（图书出现印装问题，本社负责调换）

本社质量投诉电话：010 - 88190744

反盗版举报热线：88190492　88190446

“经济学家和政治哲学家的思想，不论其正确与否，其力量之大，往往出乎常人意料。实际上，统治世界的就是这些思想，许多实干家自以为不受任何理论之影响，往往恰恰沦为某个已故经济学家最坏学说之不自觉的奴隶。我确认，与思想的侵蚀相比，利益归属的力量被过分地夸大了。错误的思想使人看不清自己的利益归属。在经济与政治的哲学领域，大多数人在 25 ~ 30 岁之后不再接受最新理论者们对时事的看法，不可能出自最新的思想，然而，或迟或早，对形成善良或丑恶的观念而言——更危险的是思想，而不是利益的归属。”

——凯恩斯

引 言

黄金：让人困惑的金属

黄金是大自然中客观存在的一种贵金属，但它让人感到重重困惑，并且这种困惑伴随人类多年，至今仍未解除，所以这种困惑的本身也是一种困惑。

公元 16 世纪问世的《乌托邦》作者托马斯·莫尔爵士借《乌托邦》主人翁拉尔之口提出了自己的“黄金之惑”：

“乌托邦人非常惊讶地闻知黄金这种本身并没有什么价值的东西，却到处为人们所崇拜。黄金是由人类发掘和制造的，其价值也是人类设定的，而与之相比人类为何又那么微不足道呢？”

莫尔爵士去世四十年后出生的大文豪莎士比亚（1564~1616 年），更把这种困惑变为了一种愤懑，他在《雅典的泰门》中写下了如下激扬的文字：

“金子，黄黄的，光闪闪的，只要有一点点，就可以使黑的变成白的，丑的变成美的，错的变成对的，卑贱者变为尊贵者，老人变为少年，懦夫变为勇士。

这黄色的奴隶，可以使异族同盟，同宗分裂；它可以使受诅咒的人得福，使害着癞病的人为人所敬爱；它可以使窃贼得到高爵显位；它可以使鸡皮黄脸的寡妇重做新娘，即使她的尊容可以使身染恶疮的人见了呕吐，有了这东西也会恢复三春的娇艳；它会使冰炭化为胶漆，仇敌互相亲吻；它会说任何方言，使每一个人唯命是从；它是一尊了不起的神明，即使它住在比猪巢还卑劣的庙宇里，也会受人膜拜顶礼。”

在这里莎士比亚以文学的语言描述了黄金的神奇，而投射出了黄金是何方神圣，其呼风唤雨的能量从何而来的困惑。五个世纪过去了，今天的世界与之前已有很大的不同，但“黄金之惑”仍在。在踏入21世纪之际，我在2001年出版的《中国黄金经济》第一期发表的“打造黄金魅力：新世纪的课题”一文中写道：

“固然黄金极佳的延展性，耀眼的光辉以及稳定的不朽之身都可以成为人类钟爱黄金的理由，但黄金十分稀少，即使昂贵也不能在人类财富的天平上占有重量级的砝码；黄金使用范围并不广泛，在多数情况下只是权贵们的宠物；黄金也并非是人类生活的必需品，没有了黄金也不会造成人类生存的灾难。然而它的神奇的力量从何而来？”

这里用直白的语言提出了与前人相同的黄金困惑，当时黄金熊市已持续二十年，对于黄金一片唱衰声，我的困惑恰恰来源于这种现实的反差。然而进入21世纪的第一个十年，前所未有的黄金牛市蓬勃而来，社会气氛为之一变，但黄金或由黄金衍生的困惑有增无减。困惑不仅存在于普罗大众中，也存在于精英群体中。困惑挥之不去，因而争论时有发生。

人类居万物之首，具有“化物为奴”的能力，人类为黄金而折腰之源并非来自黄金而在于人类自身，黄金之惑反映了人类对生存发展道路的困惑，而具有丰富的人文内涵。所以解读黄金之惑，必然要超越黄金自身而涉及人类的政治与经济关系，这也是探索解开黄金之惑的社会价值所在。

路漫漫上下求索，人类求知永远在路上……

目录

黄金困惑之一

人类为何崇拜黄金？——黄金文化本质研究

01 文化的内涵 / 003

从文化的定义看 / 004

人类行为文化指令发展的阶段性 / 007

02 黄金文化的创建之始即与神权联姻 / 010

黄金被发现于人类文明初始期 / 010

太阳神信仰与黄金崇拜的诞生 / 012

黄金：与上天和神祇相通之路 / 015

03 黄金文化集神权与王权于一身 / 018

人类社会王权的崛起 / 019

王权与神权的磨合与博弈 / 022

王权对黄金文化的继承与光大 / 024

04 黄金财富文化指令的形成 / 026

黄金财富指令使黄金崇拜世俗化 / 027
黄金财富指令是黄金文化的主脉 / 028

05 黄金货币财富指令的产生与兴起 / 030

古吕底亚：黄金货币化的先驱 / 030
货币化扩展了黄金财富的内涵 / 033
黄金货币财富的历史视角 / 035
黄金货币财富的文化视角 / 036

06 黄金货币文化指令的扬弃 / 038

文化变化在先，行为变化在后 / 039
对金本位制的清算与扼制 / 041
搞乱别人取得相对优势 / 044

07 黄金财富文化指令内涵的重构 / 045

美元霸权是问题的关键 / 046
信用货币体系危机已现 / 049
人类呼唤诚实的财富 / 052

08 扬良驱恶是黄金文化创建的原则 / 055

09 黄金文化发展历程简述 / 057

黄金困惑之二

黄金是什么？——黄金在当代的社会功能

01 黄金货币属性兴衰历程 / 063

货币的源起与更替 / 064
黄金货币功能发育历程 / 067
黄金登上货币王位之路 / 071
黄金货币属性的衰微 / 075
货币化语境使当代黄金社会功能定位迷失 / 079

02 财富语境中的黄金社会功能再构 / 084

非货币化：黄金财富属性回归 / 084
黄金财富与货币财富 / 087
纸币：价值不稳定的财富 / 089
黄金财富重返王者之位 / 092

03 “美金”是一个神话 / 100

美国：当今唯一的超级强权国家 / 100
以黄金立国的美国 / 102
美元崛起中的黄金 / 104
美元未来命系黄金于一线 / 107
美元与黄金差距的本质是文化 / 110

黄金困惑之三

金本位制的本质是什么？
——美元与英镑昔日的博弈对中国今天的启示

01 国际货币：从贵金属币到纸币 / 115

金本位制的坚持与异变 / 116
美元霸权日益显现 / 118
解决之道的货币多元化格局 / 119

02 大英帝国的王冠黄金打造 / 120

在试错中发展的英国货币 / 121
金本位制的意义与贡献 / 123
金本位制促进了现代金融业的发展 / 126

03 羽毛不断丰满的美元 / 128

04 抓住机会：榨干英国，美元上位 / 130

20 世纪英国遭遇两场大战浩劫 / 130
美国为战后谋篇布局 / 132
一场战争的两种结局 / 134

05 布雷顿森林国际货币会议的美英博弈 / 136

会议的两个主角和两个方案 / 136
凯恩斯为什么反对金本位制 / 141
创建超主权货币是一个伪命题 / 142

06 美元从中心货币到霸权货币 / 144

战后建立的国际货币体系存在结构性缺陷 / 144
黄金制约了美元霸权膨胀 / 146
美元走上持续贬值的不归路 / 148

07 一场民族之本的保卫战 / 150

我们成了美国最大的潜在竞争者 / 150
文化是根，财富是本 / 152
推进人民币国际化，增加话语权 / 154
推进外汇储备多元化，减少储备风险 / 157

08 我们对几个问题的结论 / 161

关于金本位制 / 161
关于美元本位制 / 162
关于人民币国际化 / 164
关于黄金财富 / 165

黄金困惑之四

什么是黄金投资风险？——市场交易功能异化的影响

01 交换 / 169

货币：交换的催化剂 / 170
人类交换目的的异化 / 172
价格：追求利益最大化的工具 / 173

02 纸币 / 177

中国是纸币的发明者 / 178

金本位制与纸币 / 180
美元开人类纯信用纸币之先河 / 182
人民币的选择与窘困 / 185

03 投资 / 187

投资的三个途径 / 188
投资黄金的两大理由 / 190
一个二元结构的市场 / 198
多元参与者的不同风险观 / 201

04 策略 / 204

回避策略 / 204
锁定策略 / 206
博弈策略 / 210
套利策略 / 214
搭车策略 / 216

黄金困惑之五

黄金优惠税制合理吗？——“黄金税收洼地”的国家价值

01 黄金优惠税制的由来 / 224

长期存在的黄金优惠税制 / 224
对黄金优惠税制的误读 / 226
取消黄金税制优惠与金价并轨改革 / 227

02 黄金特殊税制成为过渡性安排 / 229

黄金增值税第一次免征 / 229
黄金增值税政策第二次延期 / 230

黄金增值税免征政策向市场平移 / 231
免征增值税政策争议又起 / 233
现实需要我们反思 / 234

03 **增值税：欧洲的舶来品 / 235**

增值税的诞生与发展 / 235
我国增值税制的引进 / 237

04 **欧洲的黄金增值税设计 / 238**

商品流转税家族一览 / 238
黄金增值税的特殊性 / 240
黄金特殊增值税制的组成 / 241
欧洲黄金增值税制图解 / 245

05 **欧洲黄金优惠增值税制的国家战略 / 247**

金融是当代经济发展的核心产业 / 247
黄金市场是当代金融市场发展的源头和基础 / 249
当代黄金市场仍具有特殊作用 / 252
《黄金特殊税制》对欧洲金融业发展功不可没 / 255

06 **不同国家的不同税制选择 / 257**

欧洲《黄金特殊税制》已成为国际惯例 / 257
征收增值税的黄金生产国 / 258
征收增值税的黄金消费国 / 260
结论 / 261

07 **我国黄金税制的战略选择应是趋同 / 262**

税制趋同是实现平等竞争的需要 / 262

税制趋同是发展黄金市场的需要 / 263
趋同是发展黄金产业的需要 / 265
趋同政策已产生极大正能量 / 267

08 对黄金增值税误读的批判 / 269

黄金增值税特殊税制与计划经济体制 / 269
黄金增值税特殊税制与市场化改革 / 270
黄金增值税特殊税制与税负公平 / 270
黄金增值税特殊税制与经济优惠 / 271
黄金增值税特殊税制与企业盈利 / 272
黄金增值税特殊税制与环境保护 / 273
黄金增值税特殊税制与地方财政 / 274
黄金增值税特殊税制与税收征管 / 276

后记 /278

黄金困惑之一

人类为何崇拜黄金？

——黄金文化本质研究

崇拜意为尊敬钦佩。人类作为万物灵长具有“化物为奴”的能力，人类是金属的使用者。而独有黄金成了人类的崇拜物。人类为何崇拜黄金？在200年前的《乌托邦》一书中就表达了人类对本来没有什么实际用途的黄金产生崇拜的不解，而2013年在上海陆家嘴金融论坛上发生的黄金有用还是无用的公开争论，是这种不解的延续，或许这种不解还可以向前追溯。黄金崇拜的极致是拜金主义。一种金属可以在人类社会生活中纵横捭阖，呼风唤雨，甚至让人为之疯狂而失去理性，这的确是一个谜，而让人类充满困惑。那么，现在就让我们开始一次人类为何崇拜黄金的理性探索吧！

人类为什么会产生黄金崇拜的这个追问到今天仍然在求解之中，这是因为在不同的历史时期人类黄金崇拜的内涵不尽相同，因而原因也不相同，所以一个困惑解决了，一个新的困惑又会产生了，而且这种持续困惑的本身也是一种困惑。今天，虽然人类已不再为黄金疯狂而回归平静，但黄金崇拜仍存，它表现为人类对黄金的信任与珍惜。当一块铁金属挡在你的面前时，你会毫不爱惜地踩踏而过，而当你遇到了一块黄金的时候，一定会惊喜地把它捡起来珍藏。

“踏过去”和“藏起来”都是人类的一种行为，但这两种行为是不同的，表明人类面对不同的对象和不同的情况做出的反应和行为是不同的，于是就产生了一个追问：人类为什么会产生这两种不同的行为？回答这个追问就要探究人类行为的形成奥秘，这就是人类文化研究。

— 01 —
文化的内涵

黄金作为自然界客观存在的物质其本身和其他的物质一样，并没有左右人类行为的神奇力量，因而黄金崇拜之源并不存在于外部而存在于人类自身，解开黄金崇拜之惑要从人类行为的本源着眼。每一个生命体对外部环境变化都会产生反应，即产生本能的应对行为，但人类的行为已超越了本能。人类行为的产生与形成是一个人类通过比较、选择的不断创新和扬弃的过程，属于人类的大脑的智力活动。正是因为人类可以创造和生产行为指令，人类才能够超越了万物而成为万物之首，这也就是人类文化财富的生产过程。

从文化的定义看

文化，作为一个词语每一个人都已是耳熟能详，在生活中能时时映入我们眼帘；作为一种经济现象，文化工业园区，文化创意园在全国各地如雨后春笋般出现；作为一种社会运动，“文化大革命”运动虽然已过去了近半个世纪，到今天仍是刻骨铭心。文化作为一种社会存在，几乎与人类的生活为伴，成为人类生命的一部分，但是，要给文化下个定义却是一件困难的事，现在文化的定义竟有数十个之多，因而，我们今天只能通过这形形色色的对文化的不同定义中去追寻文化的内涵真谛。

《现代汉语词典》是我们使用最广泛的工具书，它给文化的定义是：“人类在社会历史发展过程中所创造的物质财富和精神财富的总和，特指精神财富，如文学、艺术、教育、科学等。”这个定义是说文化是人类的财富，而且是物质与精神财富之和，但因物质财富是人类使用工具通过体力劳动创造生产的，而精神财富是人类利用智慧通过脑力劳动生产的，基于这两种财富的差异性，其又特指文化是精神财富，但因精神财富生产又是以物质财富为载体而不可分离，所以又定义文化是物质财富与精神财富之和。这个定义确定了文化是人类的财富，但又特指人类的精神财富，那么这种财富的有用性表现在哪里呢？

财富的本质是对人类的有用性，物质财富是用于满足人类衣、食、住、行等基本的生存需要，那么人类精神财富（即文化）的有用性是什么？社会学家们的定义是：文化是人类行为指令之和，即文化的功能是生产人类行为指令。于是这就成为文化的另一个定义，即文化是人类的行为指令。物质财富是人类生存的基础，但其是人类行为的产物，而文化是人类行为的指令的综合，所以人类文化财富具有高于物质财富的特性，对物质财富生产具有重大的影响力。

文化财富的高端性又表现为，人类作为一个生命体，为了维持生命就必须与自然界维持正常的新陈代谢，而与自然界发生联系产生索取行为；人类作为一个群体性生物，又要发生人与人的关系而产生交换行为。但人类行为与一般生命体的行为不同的是，其不仅是一个生命体的本能反应，而且是自觉主动经过比较后的选择，并产生了制造和使用工具的指令，使人类具有了“化物为奴”的能力，这就是文化的创建。人类与其他生物因此形成了严格的区隔，所以人类与其他生物的最大区别是有文化。并且人类行为是一个不断创新、继承扬弃的过程，因而人类文化是一个持续发展的过程。

文化是人类行为指令的定义概括，进一步揭示了人类物质财富与精神财富的内在联系，即物质财富是人类行为（生产）的结果，而精神财富是人类行为指令之源，决定了人类生产与消费行为的方向、时间、形态和程度。从这个意义上讲文化决定了人类的物质财富生产，所以人类精神财富是更高层次的财富，更多地表现为人类社会的上层建筑。因而，这个定义又使我们对物质财富与精神财富属性进行了区隔，从外在形态的不同到内在功能的区隔，然而这也不是文化的最终定义。

文化是人类的行为指令，作为行为指令要有可识别性。只有指令是可以识别的，人类才能根据不同的指令产生不同的行为，从人类行为指令可识别性切入，对文化的描述又产生了另一种概括，即文化是人类社会所有象征符号的总和，这在一定意义上表明了行为指令存在具有多元的不同形态的特征。

沿着文化是人类社会所有象征符号的总体思路向前追索，于是就产生了英国人类科学家泰勒对文化的一个定义。他在 1871 年完成的著作《原始文化：对神话、哲学、艺术和风俗的研究》中对文化的概括为：

“一种复杂的整体，包括知识、信仰、道德、法律、习惯及作为社会一员所获得的任何其他能力及习性。”

这个定义是对文化象征符号形态的多元进一步具体化，更重要的是揭示了文化指令存在形态是显性的，但也可能是隐性的，文化指令可成了人类自然而然的无意识选择，具体表现为人的习惯、习性及作为社会一员潜移默化地获得的能力，这些是隐性的文化指令，而且是重要的文化指令，表明文化具有传承性和社会性。这是一个非常重要的特征揭示。

分析这些定义可以使我们对文化的认识产生三个方面的思考：

一是文化是人类精神财富的复杂的集合体，因而对文化的描述应是多元的，但其本质是人类行为指令。

二是文化包括人类的信仰、习惯、能力，表明人类文化是一个长期积累、创建的过程，一旦形成便具有很强的传承性。

三是文化是一种行为指令标识，但并非都是显性的，而更多是已成常识而无须比较和重新认定的必然行为，形成一种社会运动。共同的常识便产生共同的行为，所以人类经常出现群体性行为。共同的常识信仰往往是一个民族或一个国家存在的根基。

文化是什么？虽至今仍未有统一答案，但答案的多元正说明文化内涵的丰富，也正是使我们从不同的定义的分析中对文化的内涵有了更深的认知，现在我们可以将文化理解为："文化是特指人类的精神财富，其功能属性是人类行为指令，而人类行为指令可以是显性的，也可能是隐性的，共同的认知和信仰是一个家族、一个民族、一个国家保持延续稳定的基础。"这样的认识就比《现代汉语词典》的定义前进了一大步。另外我们还需要认识人类文化的发展阶段性。

人类行为文化指令发展的阶段性

人类是地球上的后来者，之所以可以"后来者居上"成为万物之首，就是人类拥有了"化物为奴"的能力，这是一种文化力。人类文化是一个不断成长的过程，最早形成的人类行为指令是保存火种和使用工具，前者使人类有了把握和拥有光明及取暖避寒的能力，而后者使人类有了把握和拥有更大的向自然界索取物质的能力。这种能力的获得更使人类与其他动物的发展发生了区隔，走上了一条独特的发展之路。社会学家指出：正是七万年前智人"发生的一次认知革命"才开始了人类历史的创建历程，因而文化力是人类生存发展主动力，这样的一个独特的发展之路，就使文化力的建设成为了人类的重要的生存活动。

人类行为指令是不断发展的，如人类保存火种行为从最早的保存自然火，到钻木取火，再到化学生火，一步一步走向主动实现。人类最初行为指令产生于个体人类在与自然界接触过程中偶尔发生的行为，并通过对可以观察到的特征的模仿和学习，使个别人类的化物为奴的行为变为人类的群体性普遍行为，这个阶段是人类文化财富创造与生产的天真时代。模仿和学习是文化创建的主要手段，语言是这一时期的重要的文化财富。

在天真时期之后，人类精神财富的创造与生产进入到了理智时代，在这个时代人类行为不再是模仿和从众，而是经过自己比较后的选择，于是又产生了新指令，这就是“理智判据”。理智判据是人类基于个人实践经验而做出选择性判断之后的行为选择。实践对比成为文化创建的手段，信仰是这一时期重要的文化财富，其中宗教信仰占有重要地位。

继理智时代之后，人类行为指令的创建进入了科学时代，这个时代确定人类行为的选择的判据由以个人实践为基础的“理智判据”发展为了以众人实践经验总结和实验检验过的“科学判据”，反映了事物发展本质规律的科学判据的产生，从而减少了人类行为的盲目性，增加了行为的有效性。对事物本质规律理论的探索成为这个阶段人类文化力创建的首要手段，科学成为这一时期的重要的文化财富成果。

在此之后人类行为指令创建又出现了“系统判据”，人类行为指令的创建要经过系统的权衡，即将人类的行为置于一个社会大环境中进行关联性分析比较，进行权衡选择。“系统判据”的产生适应了人类社会日益复杂，各类事物的关联性日增的现实要求，主要是在利弊之间权衡，在行动上趋利避害。以系统论进行战略性分析比较成为这一阶段文化指令创造的手段，理论成为这一时期重要的文化财富。

天真指令、理智指令、科学指令、系统指令的产生是人类精神财富创造生产发展历程阶段性的重要标志，这一进程推动了人类社会的进步和人类行为指令的日益丰富：天真指令“化物为奴”，使人类成为万物中的唯一可以制造工具的动物，从而与“芸芸众生”分离开来，在天真指令时期的主要文化财富是语言，语言是当时统一人类行为的主要工具；理智指令是经过比较分析之后产生了宗教和伦理信仰，信仰成为决定人类行为的力量，对规范人生目的、幸福追求、社会秩序具有重要的作用；科学指令是把人类的行为建立在对事物本质认识的基础之上，从而提高了人类行为的有效性，对人类的物质生产、社会管理和科技进步具有重要的作用，科学是这一时代产生的重要文化财富；系统指令是从人类行为的关联性着眼，对人类行为价值进行评估，趋利避害，实现平衡；在人类与自然之间，在人与人之间实现和谐。这是科学指令的进一步发展，使科学从孤立的视角发展为全局的视角，理论是这一时代产生的重要文化财富。

人类行为指令体系产生、形成、发展是一个分阶段、从低向高的发展过程，也是一个不断创新、扬弃、积累丰富的过程，但并不是后阶级否定前阶段的过程。因而虽然当代科学指令占主导地位，但天真指令不仅仍然存在，而且还发挥着重要的作用，信仰及宗教仍是当今重要的文化存在，因而当今人类行为指令体系是上述多种指令的总汇和综合。人类五千年文明史就是一个继承、扬弃、发展的过程，不是只有继承没有发展和扬弃，那是文明的僵化；也不是只有发展和扬弃而没有继承，那是文明的虚无，文化需要继承不能出现断层，在这方面我们有一定教训。

人类和与其有联系的所有事物之间都存在文化关系，即要根据什么的指令做出什么样的行为反应，所以人类与黄金这个自然界的金属也会存在文化关系，但黄金文化不同于一般金属，人类行为指令发展的阶段性使黄金文化的产生与发展具有时代的特殊性。

黄金与人类相遇大约是万年以前，那时人类已进入了理智指令时代，神权是当时社会权势的中心，信仰是人类行为的判据，所以黄金文化指令的发端与形成和人类的宗教信仰建立了密切的关联性，即是由人类的宗教崇拜而产生了黄金崇拜。但随着时代的变迁，社会权力中心不断转移，而从社会权势高端切入的黄金文化始终没有失去高端性，黄金与时代权力中心的恒久联姻，使黄金崇拜表现出了持久性而贯穿人类五千年文明史，成为人类文化史上的一道靓丽的风景线。这是我们对人类为什么崇拜黄金的基本揭示。

— 02 —
黄金文化的创建之始即与神权联姻

黄金被发现于人类文明初始期

黄金出现在地球上的历史远远超过了人类，从古猿变为人类始祖的时间在二百五十万年以前，七万年前才开始了人类的发展历史，而黄金的出现是在遥远的四十五亿年前。那时行星刚刚诞生，黄金作为宇宙爆炸产生的密集的元素之一，随着地球的变冷而开始在地核凝集，而强大的地下力量又将黄金液、岩石浆和水一起喷发到地面表层，岩浆冷却后黄金从岩石裂缝和地穴中渗透出来，并凝固成细微的颗粒独立存在，或和岩石形成一体。金颗粒经过长期风化和水流的冲击与岩石分离，并在重力的作用下沉淀富集在下游水缓处，形成砂金矿，而更多的黄金是和岩浆凝集在一起形成岩金矿。砂金矿是人类最早开采的金矿，而岩金是当今人类主要开采的金矿种。

砂金的获取主要是使用人力或机械将黄金与岩石分离；而岩金的获取主要是使用化学法置换。但这些可能都不是人类最初获得黄金的方法，因为自然界存在着天然的裸露金块，所以最初人类可能是偶尔在与这些裸露在沙滩上、山径上的自然金块偶然相遇而拣拾到黄金。在20世纪50年代还有为拣拾黄金而进行的探险活动，近期在我国和澳大利亚也有拣拾到大块黄金的报道，所以马克思在《政治经济学批判》一书中指出："黄金实际上是人类发现的第一种金属。"但是，具体早到什么时候并没有明确的记录，仅从现有的文物和文献看，人类发现和使用黄金的历史可能已达一万年之久。

据社会学家的考证，人类的历史开始于七万年前，因而已经历了六万年发展的人类，在一万年前已不再是茹毛饮血、遍身裸体的野人，而是已有了很高的人类社会文明，已经有了部落、村庄和社会管理的雏形。这时人类已从石器时代进入到陶器和金属器并用时代，人类文化从天真时代进入到了理智时代，信仰是这个时代文化形成的主线，但从总体考察人类仍处于愚昧状态，所以人类那时的信仰有许多盲目性，是人类追求真知，构建人类文明体系的初始阶段。"我从那里来，又到那里去？"是人类的最基本的盲点，所以人类追求真知就是从这两个不同的出发点开始的。

一是面对大自然变化充满困惑和无奈，雷电的轰鸣、洪水的爆发都使人恐惧，而昼夜轮换、四季变化又都使人不解，因而向上天发问求解。所以，我国伟大的诗人屈原在二千三百多年前就写下著名的篇章《天问》，一口气向上天提出了一百七十多个问题，这种发问透露出更多的是乞求上天的保佑。

二是对人类自身的命运也充满了困惑与无奈，而不断发出对人类的质疑。所以屈原著名的诗章长达二千五百多字的《离骚》就是从四个问题展开的：我是谁？为何忧伤？为何孤独？为何流浪？"路漫漫其修远兮，吾将上下而求索"的名句正表明诗人的坚韧和无奈。

人类困惑求索，在人世间无解时便寄托于先祖和上天，因这种人对虚无的追求而产生了宗教，宗教信仰是那个时代文化的主流。因宗教信仰而产生了两个现实的需求：

一是需要将宗教偶像由虚无变为现实存在，也就是要有一个偶像的现实标志物，使信徒有一个可见可感的现实膜拜对象，以增加宗教崇拜的可信性。

二是需要有一条可以与神祇偶像相连的通道，以便与神祇沟通对话，或是向神祇报告；或是聆听神祇的教诲，以领取圣谕，从而根据上天的意志决定人类行为选择。

既是偶然也是必然，自然界存在的黄金恰可以满足人类此时的这两个需求，而成为人类那个时代对黄金“化物为奴”的选择。

太阳神信仰与黄金崇拜的诞生

人类为了生存首要的任务是要获得食物，以使人类生存所需的能量得到不断的补充，动物、植物是人类食物的基本源泉，而太阳是万物生长之源，不仅给了人类以光明和温暖，而且是人类生存不可或缺的唯一，所以人类依赖太阳，崇拜太阳，奉太阳为神。而且一万多年以前地球正在经历最后的冰河期，人类对太阳有一种自发的追逐、崇拜，于是出现了太阳神偶像和太阳神偶像崇拜。这种崇拜是基于人类生存的基本需求。

世界各民族中的偶像信仰虽是多元的，但尊以太阳为神是一个普遍性的存在，只是可能具体名字有所不同，并且太阳崇拜是许多民族的主要信仰体系，起着国家宗教的作用，其主要的目的是为了乞求太阳神祇能赋予国家与人民以永生。非洲古埃及人、迦太基人、美兹特克人，美洲印加人，亚洲美索不达米亚人、中国古代蜀国人都是太阳神的信仰崇拜者。

人类偶像崇拜最初是原始部落的图腾崇拜，如与生殖繁衍有关的生殖器图腾、山岳巨石图腾、植物图腾等，简单而直观，而随着人类文化的发展出现了更为丰富内涵的神祇崇拜。图腾崇拜是对自然界的盲目崇拜，而神祇崇拜是人类经过比较后的选择，并将冥冥想象的神祇人格化、现实化，成为可视可触的偶像崇拜，于是形成了宗教，有了神化了的崇拜偶像。

古埃及人崇拜的太阳神是一个鹰头精灵，古埃及人是多神论者而太阳神是其崇拜的主神，其崇拜的二千多神灵都与太阳神相关联。在古埃及十八王朝时把太阳神尊为万能的主神，为了表示其对太阳神的敬畏，国王把自己的名字由河门太普四世改为阿肯那顿，意为“为太阳神阿吞效劳”。为此他还建造了新都，在那里神庙不设屋顶，以最大限度地接受太阳之光，埃及国王就在这样的神庙中祀祠、崇拜太阳神。

在古希腊神话中阿波罗是太阳神，为此古希腊人和古罗马人建造了许多阿波罗塑像，并修建了富丽堂皇的阿波罗神庙，太阳神阿波罗是光明和力量的象征。而在中国古籍中则记述了一个关于“十日”的神话：

《山海经》说“十日”是帝俊与羲和的儿子，是长有三足的太阳神鸟。它们每天都在汤谷中洗浴并栖息在扶桑树上，每日轮流从东方的太阳神树扶桑飞向西极的太阳神树若木。也就是太阳每天早晨从扶桑树升起，化作金乌或太阳神鸟在天空中飞翔，到了晚上就落在若木神树上休息，古人就是用这样的太阳鸟的神话诠释太阳升落的自然现象的。2001年成都苏坡乡金沙村出土了一千三百余件商周文物，其中就是一件以远古“十日”神话为写照的大型青铜神树。

那么地球上哪一种物质最适合成为太阳神标志物呢？正如欧洲文艺复兴的巨匠达·芬奇所说：“黄金是地球上唯一具有太阳光芒的物质。”我们可以推断，可能正是黄金的这一特征，使地下的黄金与天上的太阳两者之间联系起来，成为人类脑海中虚幻的太阳神在人间的现实物质表象。在梵语中，黄金意为“闪光”，在意大利语中意为“黎明之光”，在日耳曼语中有明亮的意思，金的化学符号 Au 来自古罗马神话黎明女神欧诺拉（Aurora）的故事，意为“光芒闪耀的黎明”。可见，把黄金与太阳联系在一起认识黄金，是世界各民族的相似性。是因为人世间最能表现太阳特质的物质莫过于黄金——它有与太阳一样的黄色光泽；它与太阳一样永恒，千年不朽；它与太阳一样唯一、珍贵而稀有。这一切都易于人们把黄金与太阳神联系在一起，而使其成为人们寄托对太阳神崇拜敬畏感情的具体表象物。黄金为太阳的表象物，也有出土文物为证：

1844 年在法国西部的一个小村庄发现了一个公元前 1500 年至公元前 1250 年欧洲铜器时代中期的一件文物，这是一个 18 英尺高的金制锥体。专家们考证后认为这就是古代太阳黄金象征体，距今已有二千五百多年的历史。无独有偶，古埃及人四千多年前建造的高大法王坟墓呈锥形金字塔形状也有隐喻法王就是太阳神的文化内涵。

公元 13 世纪印加文明在拉丁美洲得到繁荣，印加人特意在现在秘鲁南部 3400 米海拔的高原上建立了首都，起名为库斯科，其名字的含义是：“离太阳最近的城市”。在印加传说中印加王朝是太阳神的儿子阿亚尔的四个兄弟和四个姐妹开创的。在库斯科建有一个宏伟的太阳神庙，占地四百多平方米，用巨大而平坦的石板砌成，四壁用金片镶嵌，正面是太阳神像，周围环绕着用黄金制成的光芒和火焰。在太阳神庙的西南部，有一座献给太阳神的黄金花园：园中的花草树木、飞禽走兽以及人物全都是用黄金和白银制成的，连洒满黄金的土地里的玉米也是用黄金制作的。太阳神广场的 5 个喷泉也是由黄金制作的水管引入的，泉水盖也是由黄金制成并雕刻有太阳神像。

新世纪第一个春天，在我国成都金沙遗址出土了一件太阳神鸟的金箔饰，将太阳神鸟的神话升华到了一个新的文化境界。这件金饰外径 12.5 厘米，内径 5.29 厘米，重 20 克，圆形，整个图案由 4 只飞翔的金鸟组成，如同布局均衡的一幅剪纸图案，整个构图充满了动感，以黄金表现的金鸟翱翔宇宙动感激荡心扉，让人联想翩翩。图案表达的内涵十分丰富，第一层含意是它以旋转的火轮，作为光芒四射的太阳象征，以 4 只飞翔的金鸟象征太阳在宇宙中的运动；第二层是以四飞鸟寓意帝俊后裔“使四鸟”表达“君权天授”之意；第三层是以 12 道旋转光芒和四飞鸟象征十二个月和四方、四季，对宇宙进行诠释；第四层是中间内层旋涡形图案如同旋转的火球，象征太阳。这只太阳鸟黄金图案已被国家文物局确定为中国文化遗产的标志物和成都市城市标志。

黄金在人类宗教领域的扩展，还有一个原因是黄金的神性化，而使黄金成为人类与未知世界联系的桥梁和人类进入永生世界的道路，黄金因此也就具有了使人类顶礼膜拜的更多理由。黄金崇拜始于太阳神崇拜，但并不止于太阳神崇拜。之后随着泛神祇化，黄金几乎和所有的神祇都形成一种密切关系，所以成为当今教义完全不同的天主教、伊斯兰教、佛教三大宗教的共同认知，在三大宗教的教堂、经堂、寺庙中都有黄金的存在，而成为所有神祇的表象和宗教信仰的共同象征，因而使黄金具有了神秘性。

黄金：与上天和神祇相通之路

愚昧状态下的人类充满了太多的不解，他们把自然界发生的一切都归结于一种神秘力量的掌控，而这种神秘的力量就是存在于上天的神祇和人类先祖的手中，人类的一切行为都必须遵循上天神祇和祖先的指示，因而人类神权的崇拜，不仅是要对神祇偶像崇拜，而且是要一切行为都必须遵从神谕，然而人类如何与上天神祇和祖先相通而获得旨谕呢?

最初的方法就是通过占卜询问天意。占卜就是通过火烧骨头和龟壳出现的裂纹，由部落的巫师对比分析并做法事，并宣布上天神灵的旨意，决定部落的行为取舍。然后刻在龟壳上记录下来，作为档案保存起来。在我国史前文明的遗址中已发现多处占卜遗迹和大量占卜龟壳，如龙山文化遗址和齐家文化遗址。部族首领也要听从巫师的指令，所以那时神权的代表巫师是社会权力的最高拥有者。

骨头和龟壳烧出的裂纹是无规律的，所以对裂纹的巫师解读必然会随心所欲而难以自圆其说，需寻找一个稳定的标准，因此，占卜逐渐发展为占星术。天上的星宿分布有序，通过对天体运动变化分析对人类的影响，预测和决定人类行为取舍。占星师面对茫茫宇宙，星移斗转隐喻待解，而太阳是星辰运动变化的中心，并且对人类的生存又具有极为重要的作用，因而太阳的神性是占星术的重要根据。

无论是占卜，还是占星术都需在特定的场地进行，并按照规定的程序进行，所以需要在祭祀的场所摆设祭器，而巫师也需要手执的祭祀法器。三星堆、金沙遗址考古挖掘表明，那时祭祀活动十分频繁：有日神祭、求雨祭、天地祭、社祭、山神祭、祖先祭、神祭等，所以祭器与法器的需要量很大。而被神性化的黄金自然成为祭器和法器制造的最佳选择，这可能也是基于黄金是被人类视为太阳神的表象物的原因，因此黄金不仅与上天产生了联系，进而人类也将黄金与来世产生了联想，使得人类黄金崇拜不仅出于对上天的崇拜，还出于对灵魂永生的追求。

1989年在伊拉克底格里斯河旁发现一座古墓，发现者在讲到当时的情况时说：“我举起灯来，金子的反光不断刺激着我的眼睛。墓内除尸骨外，大量的黄金珠宝在灯光下熠熠生辉。珠宝旁有大批细小的重瓣金玫瑰，是追悼者在盖棺前撒在尸体上的。”考古工作者从墓中出土了重约31磅，81件黄金饰品。这是古亚述帝国三个皇后的墓，四个月后又发现了估计是亚述王那西尔帕二世王后之墓，出土黄金制品440件，约51磅。要知道古代世界黄金产量极低，黄金十分稀有，历代帝王仍竞相使用如此大量的黄金入葬，并撒放黄金制作的金玫瑰瓣在逝者的身上，如果仅用贪婪奢侈来解释是不够的。经考证帝王随葬黄金还有一层更深的内涵是他们把黄金视为与神灵相通的特殊物质，只有通过黄金，人的灵魂才能进入来世，求得生命的永恒。在非洲、亚洲、美洲、欧洲的古代墓穴中都陆续发现了金面具，这些金面具都是放在死者面部上的，其主要功能不是为了留下死者的尊容，而是为了让死者的灵魂能够通过黄金顺利进入未来的世界。金面具存在具有的普遍性，反映出把黄金视为人类灵魂与未来世界相通的观念在古代具有普遍性。黄金与人类永生相伴，古代墓葬使用大量黄金的原因也在这里，所以古代黄金大多是出土于墓葬。

正是由于人们认为黄金是人类现实与冥冥天国相通的物质桥梁，是实现灵魂永恒的路径，所以黄金不仅作为人类对神灵崇拜的偶像，而且也成为举行宗教仪式的法器。考古学家和盗墓者都在哥伦比亚史前文化的废墟中发现了无数珍宝，其中许多都是用黄金精心制作而成，而这些黄金制品都与祭祀神灵存在着某种联系。这些器物表明，印第安人有一种根深蒂固的观念，认为疾病和死亡都是由神灵决定的，为了与神灵世界取得联系，祭司求助于致幻作用的物质，使人产生幻觉，这种恍恍惚惚的状态，就是祭司走向神灵世界的最佳状态。用于调制致幻剂的器皿都是用黄金制成的，例如在哥伦比亚的昆巴亚地区出土的一件黄金挂架：上方的人物脸上显露出被催眠的表情，所描述的是处于兴奋状态的祭司，下面有几片闪闪发光的金片，金片可以晃动发出叮当的声响，这也是祭司们在举行祈祷仪式上使用的。祭司认为通过把注意力集中在这种叮当作响的黄金饰物上，可以加强致幻剂的效果。他们还认为闪闪发光的黄金可以将其中所蕴含的能量传到观看者的身体中。

黄金与上天和来世连在一起而成为一种神秘的物质，作为与上天神祇们相通的媒介而具有了神性，黄金也因此失去了平凡金属的自然属性成为人类的崇拜物。彼得·L.伯恩斯坦在《黄金简史》中写道："使用黄金制作镶嵌物和装饰品，并作宣传教会权威的一种手段，从意大利、西班牙，甚至到荒凉的西伯利亚大草原均屡见不鲜。"

大量的史前文物表明人类使用黄金起始并不是用于人类的基本生活的物质需求，而是满足人类的宗教信仰需求，是人类的一种精神需求的满足，这是黄金与其他金属被人类"化物为奴"的不同之处。虽这不是黄金使用的终止符，而只是一个起点，但这个起点一下就把黄金推向了社会权势的最高峰，并为今后数千年定下了基调，从此再没有退下来。在社会权势的每一次变革中，黄金总会被推向权力中心而占有一席之地。

— 03 —
黄金文化集神权与王权于一身

黄金文化的创建与一般金属文化创建不同，从一开始就与当时最高社会权力——神权相联系，奠定了黄金文化的高端性，在人类社会权力中心从神权向王权转移的进程中，黄金又与新兴的王权结盟，而集神权与王权于一身，因而人类的黄金崇拜的文化指令并没有因神权的衰微而弱化，反而因王权的强大而得到了进一步强化。

人类社会王权的崛起

人类社会逐步由以氏族为单位的流动迁徙的游牧生活，变为固定的以种植业为主的农耕生活。从依靠获取自然界的动植物为食物发展为自己创造生产食物，人类进入了农耕社会，这是人类文明的一次巨大进步。在人类有记录的文明史中，数千年中的绝大部分时间里人类都是处于农耕的社会，直到 19 世纪以英国完成了工业革命为标志，人类社会才由农耕社会转变为工业社会，至今只有二百多年的历史，即使把工业社会的萌芽期包括在内也仅有数百年历史，因而与王权结盟的黄金崇拜文化是人类文明史上的漫长存在，而沉积了深厚的文化底蕴，成为人类锲而不舍的精神财富，这是黄金文化重要的形成期。

日益增多的人类定居下来形成定居点，并逐渐出现了日益增多的村庄、城市，因而产生了公共事务管理的需求，以规范个人的行为和处理内部和外部的人际关系。神权在处理社会公共事务上仍有效能，但这种效能有很大的局限：一是神权是以信仰为基础，但往往是不同信仰人群混居在一起，表现为多宗教特征，因而神权对公共事务的管理能力只能表现在局部上。另外因信仰的差异，神权对公共事务的介入还会产生不同信仰人群之间的冲突，也就是神权在处理公共事务上具有局限性；二是宗教是人类精神财富的生产者和使用者，神权的行施多表现为对人类行为的精神控制，但在处理社会公共关系时，往往需要以大量的物质财富为基础，而这是神权的短板，这也是社会权力中心最终实现从神权向王权转变的重要原因。因王权逐步控制了社会物质生产权和分配权，而神权退居次要位置，从而使王权的权势最终压倒了神权的权势，而成为人类农耕社会的主导性权力中心。

人类社会公共事务管理权实现了对神权的超越，而需要出现一种新兴社会权力，这就是王权。王权是超越血源和信仰的一种管理社会公共事务的权力。不同的民族、不同的宗教置于一个统一的王权管理之下，这是一种强制性的暴力统治：对内以暴力强迫臣民服从归顺；对外以暴力开疆扩土。王权的掌握者的来源有两个：一是由原来神权的代表巫师、占卜师转变而来；二是通过博弈，甚至战争由公共事务管理者逐步获得，特别是对外开疆扩土的有功将士往往会成为无可争议的“王”，而成为王权的最高拥有者，并且王权的掌握者由举贤制产生逐步变为世袭制。

社会权力中心从神权向王权的转变是农耕经济发展的产物，考古学家们经考证认为，人类最早农业文明诞生在幼发拉底河和底格里斯河中下游地区的美索不达米亚，在那里六千多年前就已出现了城市文明和国王。而中国虽是文明古国，但从传说中的大禹王算起，中国王权出现的历史大约距今四千二百年前后，因而就算是一个后来者了。

早在7000年前欧贝德人就来到美索不达米亚，那时欧贝德人已进入青铜器时代，建设了住房和庙宇，已拥有发达的农业，种植小麦和大麦，并已开始养牛。但6500年前苏美尔人来到了这里，并很快成为这里的统治者，在欧贝德人文明的基础上创造了人类历史上最悠久的农耕文明，苏美尔文明从公元前4000年至公元前2007年一直持续了二千年之久。公元前2007年苏美尔人建立的乌尔第三王朝被闪族的埃兰人覆灭后，苏美尔人便退出了历史舞台，而与闪族人不断融合，苏美尔人作为一个独立民族在历史的长河中逐渐消失了，但他们创造的文明成为人类文明的永恒宝藏。

苏美尔人为我们提供了一个人类早期农耕王朝的典型案例，考古学者对此的描述是：

在六千多年前苏美尔人建造了美索不达米亚的第一座城市，这就是埃利者城，拥有4000名常住居民，并建有围墙和庙宇，之后又有多个城市建成而进入了城邦时代，与此相适应也出现了多个国王。因是一个城邦制的国家，国王并不握有绝对权力，这一点与欧洲第一个千年以前，及中国秦王朝建立以前的情况有些相似。

最初的国王是由苏美尔氏族的领袖转变而来的，他的亲近者成为贵族，其中一部成为掌握神权的祭司。国王和贵族是统治阶级而占有大量土地，而部落平民变为农民，农民向国王和贵族租用土地，剩余农产品要上交国家和贵族。国家的治理结构是三权分立，即国王、祭司和议会三权分立：

国王是国家名义上的最高领导人和主持国家政务的君主，战争中的最高领袖，但无权决定是否对外开战，这个权力属于议会。

祭司是神权的代表，替天行道，握有的权力有时甚至大于国王，议会对祭司的约束力也远远小于国王，是可以与国王抗衡的力量。

议会拥有政策和战争的批准权，国王的任何政策的推行都必须得到议会的批准，否则便无法理依据，如议会不同意战争就无法进行。

在这个三权分立的权力结构中虽然国王是国家的元首，但在祭司和议会的约束之下是处于弱势的一方，而神权的代表祭司仍是最大的权力拥有者，所以占有了社会财富的最大份额：

苏美尔王国土地分为三种：神庙土地、公社土地和私人土地，国王和平民的土地属于私人土地而要交税，神庙土地则有免税特权。国王征战获得的战俘和胜利品都必须先贡献给神庙，由神庙的祭司们先挑选。他们还有知识垄断权，只有神庙才能开办学校，由祭司担任校董和教师，因而祭司积累了巨大的财富和可与国王相匹敌的权力。甚至祭司还有“初夜权”，某个祭司看中了某个女子就可以神的名义和这个女子发生关系，而国王也没有这个权力，但情况逐步发生了变化。公元前3500年至公元前3000年间战争增多，国王君主们作为战争统帅而增加了处理公共事务的话语权，而且凭借对外武功而逐步改写了原有的权力结构，但最终国王拥有绝对话语权已是3000年以后的事了。在这个漫长的历史时期中王权与神权的磨合和博弈贯彻始终。

王权与神权的磨合与博弈

王权出现的初级阶段仍是神权占有优势，而王权取代神权成为社会权力的中心是一个长期的发展过程，这个过程并不是一个平静的自然变化的过程，而是一个激烈博弈，甚至发生社会动乱的过程。但从总的发展来看，王权与神权存在着继承关系，虽经过斗争与反复最终王权占有了优势，但神权并没有消失，而是成了王权的附庸和工具，黄金崇拜为王权所继承，因而也使黄金文化得以将王权与神权集于一身。

王权要取得社会权力主导权首先要解决王权的法源问题，即王权从何而来。在神权时代的统治者——巫师阶层以上天神祇的代表和传言人自居，因而其权力来源于上天神祇的授予，而王权的代表——以国王为中心的新兴贵族阶层，为了表示其权力的正统性则针锋相对地提出“君权神授”，即其权力不仅来源于神祇，而且以“天子”即上天的儿子自居，成为神祇的直系血源后代，一下就拉近了王与神的关系，在与神权比拼中占有了更为有利的地位。虽然如此也没有使王权立即占有权力优势，在我国王权占有绝对主导地位应是秦王朝的建立，秦始皇拥有了国家治理的绝对权力，这是发生在公元前221年的事，距离我国有文字记载的第一个王朝“夏”的诞生已经过去了二千三百多年。而国外是发生在公元前 1894 年建立的巴比伦王国，距苏美尔人建立的王朝过去了二千一百多年。

苏美尔人退出美索不达米亚历史舞台之后，一个名为阿摩利的闪族部落逐渐崛起，公元前 1894 年建立了闻名至今的古巴比伦王国，将美索不达米亚文明推上了一个新的历史巅峰。通天塔、空中花园、古巴比伦城是这一时期人类文明的巅峰之作。其第六世王汉谟拉比是一个具有远见的政治家，他先后征服了伊新、拉尔萨、马里等城邦国家，统一了美索不达米亚的大部分地区。

汉谟拉比依靠自己的武功建立起强大的权威而开始大力消减祭司的权力，以“君权神授”的名义建立起自己的绝对独裁统治，控制了军政大权并控管了神权。他设立了中央政府，全国所有的官吏全部由汉谟拉比任命：对被征服的大城市委任总督管理，小型城市由行政长官管理。因而在公元前 2000 年的后期在人类历史上第一次出现了中央集权的国家，王权成为社会权力的中心，实现了王权主导的社会权力格局，这是人类社会的一次大变局。中央集权的以王权为中心的国家模式逐步成为全球主导的国家治理模式，并延续了数千年，直到近三百年才逐步为民主议会制所取代。虽然王权诞生于六千多年前，但二千多年后王权才成为社会权力的中心。

人类社会权力中心从神权向王权的转变过程中有斗争，甚至是激烈的斗争，但王权与神权的法源是相同的，都是建立在神祇授予之上的，所以在王权发展的过程中并没有扬弃神权，更多是包容神权和利用神权，最终将王权与神权合二为一。帝王是受神祇授权而行施对人世间的管理，帝王被神化，他的每一句话都是神的谕旨，使其政权占有了道义高地。王权与神权的合二为一，使神权的表象黄金也顺理成章地成为王权的象征，并进一步丰富和发展了黄金文化的内涵，社会功能日益多元，从而使黄金文化向更广的社会层面延伸。

王权对黄金文化的继承与光大

黄金是神权的标志物，但因王权与神权同源，基于权力的继承宣示的需要，王权也将黄金作为自己的标志物，以金作冠、作杖、作印，以示王权的神圣，黄金再一次成为王权社会权力中心的象征，而被赋予和生成了新的黄金文化指令，即权力崇拜。同时，黄金变为帝王们所专有的金属，不仅建立金碧辉煌的宫殿，使用大量黄金用具器皿，以示富有，而且在兴建的王陵中陪葬了让人叹为观止的黄金制品，以求灵魂的永恒。此时黄金集神权的神秘和王权的神圣与一身，而在世俗的社会使黄金崇拜具有了更多的物质追求内涵。黄金崇拜从虚幻走向了现实，用今天时髦的话说就是接地气。

《黄金简史》中是这样记述拜占庭帝王们的黄金占有和消费的："查尔丁尼为了超越所罗门，将继承的三十万磅黄金，用于修建索菲亚教堂，这就是一个挥霍黄金以彰显权力的事例。所以博斯普鲁斯海峡沿岸的迷宫般的宫殿，均以大量的黄金和稀世珍宝铺陈装饰。低调绝非皇帝们的行事风格，拜占庭帝国的西奥菲雷斯帝通过用黄金制造的大树遮蔽他的金质御座，将炫耀浮夸之风发挥到了极致。大树、御座上装饰金鸟、金狮和金制的狮身鹫首怪兽，当客人来访时，这些金制的雄狮会"嗖嗖"带响地摆动他们的尾巴，发出低沉的怒吼声；而金制的鸟儿，则会清脆啼鸣以示欢迎。"

在王权时代黄金的神秘日益变为帝王权贵的宣示，黄金除用于帝王的消费外，还被作为对神祇、上天、先祖表示虔诚的奉献，用于作为供奉品，以求护佑，保持王朝永恒。黄金文化中的权贵指令与宗教信仰指令实现了统一。

美洲有一个黄金湖，印第安族的国王加冕礼都要在这个黄金湖畔举行。届时王位继承人全身都涂上金粉，然后在湖中游泳洗去金粉，金粉沉于湖内，之后臣民们纷纷献上黄金及宝石并堆在新帝的身旁，新帝将黄金和宝石全部丢进湖中，作为对上天神祇的奉献，以求神祇对自己王朝的护佑。这种仪式已多次举行，因而湖里储集了大量黄金而致使后人觊觎，从 16 世纪以来打捞黄金湖财宝的探险活动始终没有停止过。

不仅帝王，一般民众也向神祇献金以求平安。为佛像塑造金身，是中国佛教徒表示虔诚、向寺庙布施的一种重要形式，现在我们在许多寺庙都可以看到信徒献金装饰的佛像，并有“得三宝而国泰，得七宝而民安”之说，而七宝之首为黄金，也有“佛要金装”之说，在泰国的一个佛寺内有一个 5.5 吨的大金塔，用纯金 1.25 吨，也都是信徒的供奉。

主要生活在印度的锡克教徒即使一生贫穷，缺衣少食，仍艰苦修行，而大量向神祇贡献黄金，将他们的最神圣的哈里神庙装饰成了黄金之庙，先后总共用金达 300 吨。当代世界各地富有的锡克教徒又捐赠大量黄金，以保护这座历史悠久的神庙在其未来的 500 年仍能熠熠生辉，将会又有 200 吨黄金添加进来。信徒们就在缀满珠宝的天棚之下诵读锡克教圣典日夜不休，而来自全球各地的信徒川流不息。

奉献黄金以示虔诚的，不仅是佛教徒和锡克教信徒，印度教徒也这样做。每年 10 月灯节是印度的一个重要节日，灯节是纪念和祭祀财富女神拉克斯米的，传说她会在灯节时闲游于乡间，要想把她留下来就要打扫干净房间，用熏香清新空气，在祭坛上供奉女神像，在女神像周围供奉鲜花、糖果、纸币。在灯节当年晚上人们要在牛奶中投放金币，牛奶是献给众神祇的食物，而金币则是献给众神祇的贡品。

献金是信徒们表示宗教信仰虔诚的一部分，并且在全球是普遍存在的，献金可能并不是宗教教义的要求，因而即使是教义与黄金没有关联性的宗教的教堂中仍有大量的黄金饰物和圣物。这与黄金权势宣示文化指令的形成有关，献金成了宗教信仰忠诚的表现形式，而与教义无关。黄金作为对神祇的贡奉品的有用性诞生了黄金是财富的文化指令，并且这一文化指令在数千年历史洗礼中愈久弥坚，宗教不同而教义不同，但对于财富的追求是全人类的需求，因而黄金价值可以超越信仰成为不同教义宗教的共同认知；黄金财富文化指令也超越了王权，成为不同国家民众的共同追求。

黄金成为人类财富理念是黄金文化指令的一次重要发展，并且使黄金财富指令成为人类信仰的一部分，到今天仍广泛而牢固。黄金不再神秘，也不再神圣，但魅力仍存，就是因为人类对财富追求是无止境的，这是今天黄金崇拜的民众现实生活之根，当今黄金崇拜包含更多的追求财富因素。

— 04 —

黄金财富文化指令的形成

神权赋予了黄金文化的神秘指令，王权赋予了黄金文化的权贵指令，因而延伸产生了黄金的宝贵指令，从而使黄金与人类对财富的追求联系在了一起。词典中财富的字面定义是“有价值的东西”，但这个定义并不准确，凡是财富必有价值，但并不是所有有价值的东西都是财富，只有形成人类财富指令的有价值的东西才可以成为人类的财富。

黄金财富指令使黄金崇拜世俗化

黄金财富指令的形成与黄金的稀有性和存在恒定性的自然属性有关，而黄金的神性化给予了黄金价值的更大提升力，因为黄金的神性化使黄金财富更加神圣和珍贵，从而在人类多元财富中具有了更大比较优势，为人类所追求。黄金财富指令的形成历史十分悠久，6000 年前古埃及的一幅壁画旁的文字这样记载，国王对大臣们说："把黄金悬在他的脖颈的前面和后面，系在他的脚上，因为他在这些宏伟的宫殿中，注意倾听法老关于在阿海塔吞的阿吞神庙的圣堂中讲的每句话的教训。"这是记录了一个大臣因对神灵和法老虔诚而受到奖励的事件，表明那时黄金已经生成为一种人类财富指令。

黄金财富化使黄金的社会功能大大延伸，从而黄金的社会价值在更广的社会层面得到显现，使黄金文化指令体系进一步丰富，从而使黄金崇拜走出神秘后而在现实的世俗社会也扎下根来，具有了更大的现实推动力。黄金之所以可以与王权结缘，主要是其与王权和神权存在内在的继承性有关，而更重要的是黄金财富化为王权的巩固增添了巨大的物质力量，所以为王权所利用。因而黄金在社会权力中心从神权向王权的变迁中再一次站到了社会权力的巅峰。

黄金财富这个人类文化指令的创建使黄金不仅成为信徒们给神祇的贡品，也成为帝王们收买敌人的贿赂和进行政治纵横捭阖的工具，在史书上有大量的记载。《史记》中记载，苏秦游说赵王联合抗秦后，赵王乃"饰车百乘，黄金千溢……以约诸侯"。《史记·陈丞相世家》记载，汉高祖刘邦为削弱项羽的势力，发给陈平黄金 4 万斤，令其在楚军中施行"反间计"，致使项羽对大将钟离昧产生了怀疑，导致了楚军的军心涣散。

在14世纪的欧洲，黄金的一个重要用途是支付赎金，以挽救上层贵族的生命。因为，欧洲14世纪是一个动荡的世纪，战火不断，各国上层贵族都需要准备赎金，以便在战场上被俘后用赎金换回生命和自由，因而，对黄金财富的需求上升到紧迫的程度。当时各国为了应对可能出现的失败而大量储藏黄金，用以赎回不幸的被俘者，赎金成为黄金当时的主要用途。赎金数量之大使人难以承受，迫使各国不得不千方百计搜集黄金。法国为了支付约翰二世给英国人的赎金允许1306年遭驱逐的犹太人重返家园，条件是每人必须交纳20弗罗林金币，之后每年交7弗罗林金币；约翰二世甚至不得不将自己11岁的女儿下嫁米兰君主威斯康提以收取大量的黄金聘礼。

黄金财富崇拜是世俗化的表现，更是黄金日益参与世俗社会的日常生活。马其顿、罗马的帝王用黄金给他们的军队发薪、发奖赏，用黄金交换茶叶、丝绸；有越来越多人用黄金装饰屋舍，作首饰挂在脖颈上、手腕上。虽然多数人一生也不能拥有黄金，但有越来越多的人看到了黄金，接触到了黄金，拥有了黄金，因而，黄金不再是神秘的物质和帝王的占有，而成了民众的追求，故而掀起了一波又一波追逐潮，在人类文明史上写下了激荡人心的篇章。

黄金财富指令是黄金文化的主脉

黄金财富这个人类行为指令的创建使黄金文化从虚幻世界走入了世俗世界，而在现实的世界里找到了着力点。从而我们看到此时黄金已经在人类政治、军事领域成了重要存在，并且在之后的数千年岁月里财富指令始终是黄金文化的核心要素和发展主线，在黄金文化的不断扬弃中保持了常青、永存。

纵观黄金文化数千年的发展历程，正是一个扬弃神秘和不断固化财富理念的过程。正是因为如此，当代已经平民化的黄金仍不失魅力，黄金财富指令永存，黄金魅力才得以数千年持续不衰，因为人类对财富的追求是持之以恒、永无止境的。

黄金财富理念的创建形成是黄金文化的重要成果，此后黄金文化内涵的扩展都与黄金财富理念存在着密切的联系。但黄金财富理念也可以是人类行为的悖论：一个人带着很多黄金搭船回故乡，途中遇风浪而使船面临沉没的风险，但他逃生时仍牢牢地抱着黄金不放而使其溺水而亡。黄金财富本身是改善人类生活的手段，但却成了死亡的推手。为获得黄金财富，人类甚至不惜杀戮，在历史上留下了血泪篇章，这是一种人类的理性缺失。人类对于黄金的不舍不弃，从本质上讲是人类对财富的不舍不弃。

黄金财富指令是经过众人长期比较而产生的科学数据，反映了事物的规律性，成为人类的广泛认知，因而不仅超越了从众的天真判据，也超越了以个人经验比较为基础的理智判据。黄金财富指令诞生于人类对物质稀有性比较，而光大于黄金的货币化，人类在多元货币的比较中选择了黄金，与黄金的稀有有关，也与黄金的神性有关。黄金货币化使黄金成了人类交换的价值尺度和获得财富的手段，从而更使黄金成为凌驾于一切财富之上的绝对财富和人类经济运行的纽带，而成为人类生活的构成要素。所以我们说黄金货币化是黄金财富指令的升级版。

从这个意义上讲，黄金货币是黄金财富的一种存在形态，但不是唯一的存在形态，所以黄金非货币化意味着黄金财富的指令的消失。发展的势态表明当代多元财富比较的结果是黄金财富仍然是人类的选择，人类扬弃的是黄金货币指令而不是黄金财富指令，并且在新的形势下被赋予了新的内涵。黄金财富指令仍是影响或决定当代人类行为的重要因素，因而财富指令构成了千年来黄金文化发展的一条主脉。

—05—
黄金货币财富指令的产生与兴起

财富的有用性对人类而言，一是消费用于维持生命的现实需要；二是储藏用于维持生命未来的需要。因而，黄金财富的有用性不仅是人类用于储藏以备未来之需，也要用于现实交换需要而发生黄金财富的流动易手，以获得现实需要的商品。然而，黄金财富存在的初始形态是金锭，由于其体重较大，只是用于储藏，但流转易手时往往需要重新称重、化验和切割，十分不方便，使得黄金财富的流动性很差，特别是成为交换的中介物之后，对黄金财富的流动性要求大大增加，为了增加黄金财富流动的便捷性，就提出了黄金财富的标准化和小型化问题，从这个意义上讲黄金货币化就是黄金财富的标准化和小型化，这个问题的解决因人类社会商品经济的发展而变得日益迫切。

古吕底亚：黄金货币化的先驱

黄金货币的标准化和小型化经历了漫长的历史时期，人类经历了多种努力与探索，而突破是发生在公元前750年左右的古吕底亚国。这里诞生了人类历史上的第一种铸金币，距今已有2800年左右的历史。之所以突破能在古底亚国发生，主要有两个条件：一是古吕底亚国地处欧亚接合地区，因而存在着大量的活跃的商贸活动，由交易规模大而有了对高价值货币的需求。二是古吕底亚国盛产砂金，其为当时重要的黄金产地，因而有大量黄金供给。有需求也有供给，铸金币诞生的条件在吕底亚古国都具备了，所以黄金货币的突破就在这里发生。当然，也有吕底亚国王推动货币创新的人为努力的因素，也可以说是必然性与偶然性在古吕底亚国相遇的产物。

吕底亚人生产的铸金币称之为“邓璞”，初始是豆状的白金币，2/3 为金，1/3 为银。第二代国王阿迪斯统一了“邓璞”的规格、重量、圆形、质地，都印有王朝的标志——狮头，自此“邓璞”也完成了向可识别金币的转变，这是人类货币史上的一次革命，极大地提高了金币使用的便捷性。从而奠定了金属货币制度的基本框架，提供了金属货币的一个范例：圆形、印有图案、标有面值，这些特征为之后所有金币所遵循。

吕底亚人不仅创造了一个为后人所遵循的金币范例，而且在人类货币制度上也有颇多建树，推动了人类社会的货币制度建设，为以后金本位制的建立，乃至当代金融货币制度都产生了影响。因而，古吕底亚人将金块变为铸金币不仅仅是一次黄金货币形态的变化，而且是货币制度的一次历史性的突破，产生了重要的历史性影响。

- 禁止私人发行“邓璞”，由国家垄断发行，确立国家对货币的发行和供给的主导性地位，这一制度沿袭至今。
- 统一铸币规格、质量、重量，并细分为 1/3、1/6、1/12 或更小规格以方便使用。这也成为以后人类货币制度的惯例。
- 实行双本位制。以银币作为货币计价单位，用于小额交易支付，而金币主要是用于国际大额贸易结算。这种双本位货币制度成为之后千余年的一种流行的货币制度。
- 使用“试金石”检验金币质量、保证金币品质。以当地类似水苍石的黑石作验收金币的工具，将金制品在黑石上的磨痕与24支验金针比对。这24支验金针是由不同合金制成，其中一支是纯金打造的。用这24支验金针与金币留在黑石上的痕迹比对，就可以比较准确地确定金币的黄金含量。用试金石检测黄金含量延续到当代才被更精确的方法所取代。

吕底亚人开黄金铸币之先河，并将吕底亚黄金铸币流通到整个小亚细亚地区成为一种国际货币，在促进内部的贸易的是同时也促进了吕底亚的国际贸易，推动了东西方的交流，因而，波斯人击败吕底亚之后立即在波斯帝国颁布了自己的“大流克”金币。当公元前331年亚历山大在伊苏斯会战摧毁了波斯帝国以后，马其顿帝国不仅占有了波斯的金币财富，且大量铸造金币，作为帝国的统一货币，以保证地区军队的货币在任何地方都可以使用。之后的罗马帝国对于金币的重视和使用更超过了前人。后罗马时代吕底亚人开创的铸金币之风的继承者应该是大英帝国，它创建的金本位制最终成为世界黄金货币制度，黄金成为唯一的国际硬通货币，黄金货币一步一步地发展成为货币之王。黄金财富随着黄金货币登上货币王位，成为凌驾于一切财富之上的人类绝对财富，从而黄金财富拥有了越来越大的社会权势，这种社会权势极大地强化和固化了人类黄金崇拜的文化指令，人类对黄金的顶礼膜拜行为成为社会潮流。

同时期在中国出现了有标志铭文和序号的金币——爰金，也叫印子金、版金、饼金的金币，成为战国时楚国金币的专用名称，楚国于公元前689年建都于郢，爰金也称郢爰。爰金的出现也是黄金财富的标准化、小型化的努力，以适应黄金货币化的要求。但只是进行了质量的标准化而没有进一步的小型化细分，使用时还要切割以便进行小额支付，所以与吕底亚金币比较是一种更初始的黄金货币，可能是由于楚国并没有最终成为中央政权，故其货币也没有成为中国统一货币，相对而言爰金流通量不大。

货币化扩展了黄金财富的内涵

吕底亚黄金货币化的突破极大地丰富了黄金财富指令的内涵，得以在更大的社会生活领域发挥作用。首先是促进了周边地区的商业繁荣，迅速地形成了使用一种货币的区域性统一市场，直接惠及吕底亚人民。黄金铸币为其周边的国家所接受，从而也扩大了贸易规模，为进口提供了资金支持，而又为输出创造了收入，也加快了人员间的交流，其首都萨帝斯成了当时富商云集、生活奢华的都市中心。商业的繁荣引起了资金流动的增加，萨帝斯也成了当时黄金生产商与货币兑换商的汇集地，用现在的话说就是成了当时的金融中心。

铸金币的诞生推动了商业活动发展的同时也为宣扬王权与神权提供了新的工具，在此后发行的金币纷纷将帝王和上帝的肖像铸在金币上。波斯国王大流士自命为“万王之王”，发行大流士金币，将自己头戴王冠，手持弓、矛的肖像刻铸于金币之上。从此为之后的帝王所仿效，而亚历山大发行的金币一面是一辆战车，以纪念公元前356年奥林匹克竞技会战车比赛获胜，一面是主神宙斯的头像。而在阿拉伯则是将《古兰经》经文刻于金币之上。早期拜占庭第25位皇帝查士丁尼为宣扬他对基督教的虔诚，敕令把耶稣的半身像刻铸在金币之上。这样做的目的是要把帝王的超凡和神祇的神圣通过金币的流转宣传出去，因而，黄金的货币化得到了帝王们的大力推动。而对金币的神化也对黄金崇拜的文化指令起到了固化增强的作用，这是黄金货币化除生产的商业价值之外的文化价值与意义。即使是当代各国发行金币也都有丰富的文化内涵和人文意义，可以说这是千余年来金币一脉相承的传统。

正是这样的原因，之后任何帝国的发展都是沿着获得更多的黄金方向，欧洲前后达百年的十字军远征及持续数世纪的航海冒险发现新大路的探险活动的目的都是为获得黄金财富，并使黄金财富的使用扩大到人类社会生活的方方面面：

- 为士兵发饷，供养军队，保证对外扩张和对内统治的需要；
- 积累财富，用于个人消费，而财富的多寡以金币积累的多少为标准；
- 获取政治权利的敲门砖。在古罗马的政治结构中，在国家事务中的话语权是取决于一个人拥有的黄金数量。

黄金财富货币化推进了黄金大众化，因此黄金走出宫廷和神庙，而由神权和王权的专用物变为了大众资产。虽然因黄金稀有而在大众中普及还有很大距离，那是又经历了数千年之后的当代，人们才能在商店里自由方便地获得黄金。但是从吕底亚金币问世以后，黄金便已可以被一般百姓存于家中，或用于交换；还可以制作饰品，用于装饰。黄金使用的大众化使黄金的神秘文化指令弱化，而财富文化指令得到强化，从而开拓了黄金新的社会功能。在建立统一的国际货币制度之前，金币已开始执行国际硬通货的职能，在国境外流通使用，今天在非洲、中亚、波罗的的区域都发现了大流士金币，这表明金币在当时已被广泛地用于国际贸易的事实。

黄金货币化的结果是，黄金不仅成为货币，而且进一步成了凌驾于一切货币之上的货币之王，黄金登上王位之时，也恰是商品经济实现跃进，资本主义生产方式开始确立而使货币社会权势达到顶峰之时。在商品经济的跃升和金本制的形成这两个潮流的共同推动下，黄金财富也成为绝对财富，黄金崇拜文化指令得到了空前强化，巨大的现实诱惑使人类出现了一波又一波的黄金追逐潮。

黄金货币财富的历史视角

欧洲是近代黄金财富的汇聚区，中世纪以后先是非洲，后是美洲黄金的流入。欧洲黄金的普及性大大增加，在一些富裕的地区，黄金不再神秘，而成为国家和权贵们拥有的实际财富，所以在16世纪欧洲出现了“重商主义”。他们认为哪个国家的国库和银行里拥有的金银多，哪个国家就最富有，所以国家要富强就必须尽量地获得金银，为此就必须在出口贸易上争取实现尽量多的盈余，因为邻国的出口少有逆差，就不得不用黄金抵偿债务，这样就可增加国家黄金的拥有量，而使国家变富。这种以黄金为绝对财富的“国富论”曾风靡一时，成为欧洲各国君王们的治国律条。

“重商主义”刺激了贸易的发展，但这种文化指令的建立也导致了巨大的灾难，这是因为每一个国家都将拥有更多的黄金财富视为无比重要的事，将“有钱”变为至高无上的目的，所以每一个国家都设法摧毁邻国的势力，以便将他们的金钱攫为己有，人类生存环境成为充满火药味的大兵营。当时欧洲各国，不仅为资本积累而对外掠夺，也为争夺霸权而战争对抗。17世纪末为了争夺世界经济霸权而爆发了持续百年的英法战争。

1694年沉没的英国苏塞克斯号战舰在21世纪初被发现并打捞出海，舰上满载了10吨黄金及大量白银，现价值40亿美元，这本是用于收买萨伏伊王室的。当时英法海上争霸战争已进行了五个年头，位于法国东南部的萨伏伊公国虽只是一个小国，但因它是进入巴黎的门户，而具有重要的战略地位。它在英法争斗过程中一度立场摇摆不定，主要原因是在经济上依赖法国，于是英国决定用金钱收买它，但苏塞克斯舰满载金银财宝遇到风暴而沉船，这批金银并没有送到，最终萨伏伊王朝倒向了法国，使英法之争陷于难分难解状态。如果这一船金银能够顺利地送交萨伏伊王室，使其倒向英国的话，那么世界近代史将可能会是另一种图景，这就是苏塞克舰金银的历史价值。

在欧洲的英法之争又在北美大陆发生连锁反应，导致英法又在北美大陆开战，两强相争最后是两败俱伤，使英法无暇顾及各自的北美利益，动摇了其殖民统治，从而给北美洲革命带来了时机，促成了美国的诞生。由此说来黄金财富权势那时已大到可以改写历史的程度，这在我们现在看来是有些难以理解的，但的确是曾存在的一个历史现实。在人类历史上黄金权势与社会、经济、军事曾是那样紧紧地交织在一起，并游刃于三者之间，兴风作浪，呼风唤雨，大出风头。正是因为如此，黄金成为社会权势者们不惜一切代价追逐的目标，1511年西班牙国王斐迪南给他在南美的军队下令说："要黄金，如果有可能的话，你们可以人道一些，但更重要的是要不惜一切代价把黄金弄到手。"这就是一个国王对于黄金的执迷和疯狂！

黄金货币财富的文化视角

对于黄金货币化我们往往多是从生产力的角度分析，而从文化的角度分析，黄金能够成为货币并最终从多金属货币中胜出，成为货币之王的一个重要原因是黄金财富指令的形成决定了人类的行为选择。之所以金本位诞生并发展于欧洲就是因为欧洲是当时黄金财富文化最为强大的地区。黄金财富文化是黄金货币制度建立的基础和发展的条件，而黄金货币化则强化了黄金财富文化指令，是黄金财富指令的升级版。

我们说黄金货币化是黄金财富的升级版，就是说黄金货币化使黄金财富的流动性增加，而使黄金在人类社会的政治、经济、军事领域成为重要的存在，从而成为影响人类社会发展重要因素。黄金不再仅是一种一般的金属，而成了一种社会权势的标志，在相当大程度上，是黄金货币化的结果。

国际金本位制的建立又使黄金的社会权势达到了一个空前的历史高度，其原因不仅是由于黄金成为人类货币体系中凌驾于一般货币之上的中心货币，成为可以超越国家主权的硬通货，从而具有了高于其他货币的社会权势，更是由于货币在当代人类社会中的地位上升，正如马克思在《资本论》中所指出的：随着商品流通的扩展，货币——财富随时可用的绝对社会形式的权力也日益增长。货币由流通支付的工具变为了财富增长的资本，资本成为社会经济发展的关键要素，社会权力中心也由王权转为了金权，因而黄金财富随货币财富社会地位的上升，成为凌驾于一般财富之上的绝对财富。在人类社会权力中心从王权转移到金权时，黄金又一次居于了权力中心的高位，而在人类社会中赢得了更大的权势，成为民众孜孜不倦的追求。

人类社会的又一个新千年之后，进入第二个千年之时，人类走上了一条新的发展之路，贸易日益成为人们获得财富的手段，全球贸易一体化成为人类的努力目标。而在中国，第二个千年则已是宋王朝以后了，在传统的农耕经济体系中，商品经济的萌芽已开始破土而出，在宋王朝黄金已开始进入了民间世俗社会，黄金在更广泛的社会领域中得以使用。人类社会第二个千年，黄金文化指令的创建最重要的成果无疑是金本位制的诞生，黄金作为货币的历史虽有数千年之久，但作为一种完整的、规范的国际货币制度的建立则始于 18 世纪，之后逐步形成了黄金硬通货的文化指令，即使在今天黄金非货的环境中仍在发挥作用，此后一切经济学理论体系都与金本位有着千丝万缕的联系，黄金可谓影响深远，因而也是人类重要的思想成果和精神财富。

货币化让黄金走出神秘，走入大众，从而扬弃虚拟，变为现实，与人类的生存建立了日益密切的关联性。黄金的魅力不再是神话，不再是传说而成了人类的生活，我们也就明白了人类为什么追求黄金、崇拜黄金了。但是，20 世纪黄金似乎开始逐步远离我们的生活中心，黄金的重要性无论是在经济活动中，还是政治活动中都已弱化，黄金无用论开始抬头，有一种很大声音把这种现象斥为阴谋，但是，我们更应该从文化的创建中去寻找答案，也就是当代黄金文化的创建出了问题，而需要拨乱反正、再构和强化人类黄金财富文化指令是我们面临的一个现实课题。

—06—
黄金货币文化指令的扬弃

金本位制诞生于 18 世纪的英国，又过了百年，19 世纪成为正式英国货币制度；再经过了五十年左右的发展由英国一国货币变为了国际硬通货，1867 年在法国巴黎召开的国际会议通过决议，承认黄金是世界货币的唯一形式；20 世纪初成为世界主导性的国际货币制度，但到 1914 年第一次世界大战爆发，各国禁止黄金进出口，金本位制被迫废止，前后不足五十年。战后人们为金本位制的恢复而积极奔走，但结果是金本位制离我们越来越远，金本位制的兴衰变化的原因很多，但我们认为最本质的原因是人类行为指令发生了变化。新古典经济学取代古典经济学成了人类经济行为主导性的指令。文化变了，指令变了，人的行为必然变化。我们往往忽视了这一点，而这恰恰是问题的关键所在。

文化变化在先，行为变化在后

20 世纪 30 年代发生了全球性的经济危机，并且迟迟不能从衰退中走出来，这一困境极大地动摇了古典经济学的自由市场经济理论。因而人类根据科学判据又产生了新的行为指令，这就是以凯恩斯为代表的新古典经济学。该理论认为市场是有缺陷的，市场不是万能的可以自动实现平衡，而需要政府这只有形之手进行必要干预。他认为三十年代迟迟不能摆脱危机的重要原因是政府没有作为。当多数人接受了这些新指令，政府这只有形之手的介入便日益成了人类经济生活的常态。

新古典经济学为政府介入人类经济活动，进行市场干预提供了理论支持，这实际是对政治家权力的加冕，因而立即得到了政治家们的热烈回应，很快新古典经济学便成为人类发展经济的“圣经”，其代表人物凯恩斯便成了英国政府的宠儿和高级谋士。而金本位制则是自由经济的产物，所以当新的经济行为指令确立以后，金本位制的被扬弃命运即已确定，黄金非货币化成为一个必然选择，当然这是一个渐进的过程，但是一个不断加深的过程。

20 世纪初还是古典经济学主导的时期，人们相信市场的自我修正能力，因为金本位制就是依靠市场机制实现自我平衡的货币制度，是人类追求和相信自由市场经济的产物，所以即使受挫人们也努力地修复它而不舍弃它。因而第一次世界大战之后，英国便积极推动恢复被迫废除的金本位制，1925 年 5 月英国国会通过了《1925 年金本位法案》，这时的金本位制仅是英镑与黄金挂钩，已不能自由兑换黄金，但也仅维持到 1931 年。对于这次受挫，英国政府并不认为是第一次世界大战已使英国国力受到了极大损害，已无足够的黄金支撑英镑承担国际中心货币的责任，而归咎于美国和法国从中作梗而对美国和法国的不合作恼怒不已。

即使英国恢复金本位制并不成功，但受古典经济学的影响，金本位制仍是之后一段时间里人们心目中的“圣殿”，所以美国在布雷顿森林国际货币会议上又高举起了金本位的大旗，并凭借拥有高达2.2万吨黄金储备的优势，承诺以官价兑美元的国际义务，而增加了美国方案的吸引力和认知度。反观英国的代表凯恩斯提出的创立超主权的世界货币的方案，虽然60年后又有人步凯恩斯后尘再次提出，并被称为国际货币体系改革新思路，但那时超主权世界货币的知音却不多。但此时美国提出建立“金本位制”也只是为实现货币王位更替的战术之举，其名为坚持金本位制，实谋美元之霸权。因1944年布雷顿森林国际货币会议建立的以美元为中心货币的金本位制已扼杀了黄金跨界自由追索权，在国际上黄金不能自由流动，在国内民众也不能自由拥有，因而金本制的灵魂不再，所以以美元为国际中心货币的这种金本位制已有名无实，也就是在1971年美国割断黄金与美元联系之前，实际传统金本位制就已被扼杀了，黄金从地下开采出来便又在一个山洞里藏起来，成为国家的储备，有形之手完全控制了黄金，成为新古典经济学调控经济的手段。

凯恩斯是金本位制的批判者，是战后恢复金本位制的反对者，背景是凯恩斯认识到前后经历了两次世界大战的英国已今非昔比，在原有的金本位体制中英镑已无力再保持国际中心货币地位，因而必须另觅新路。凯恩斯无论是批判金本位是野蛮的遗迹，还是提出超主权货币都是在这个大背景下产生的。他力图通过货币创新重建国际货币体系，而这一新货币体系因不能再是金本位，那么只能创造一个新的国际硬通货，由其承担战后国际结算平衡责任，并且英国要在这一进程中充当领导者，从而再构英国对国际货币体系的领导权，这一点在凯恩斯的学术思想中是一贯的，是明确的。

美国人自然看清了凯恩斯的如意算盘，虽然他们是新古典经济学凯恩斯主义的拥护者，但断然拒绝了凯恩斯的货币改革方案，因为他们那时的目的是令英镑失去战后国际中心货币的地位，由美元取而代之，因他们拥有黄金储备优势，所以为了让“变天”得到更多国家的认同，而在布雷顿森林国际货币会议上高举起了“金本位”大旗，并承诺承担以官价兑黄金的国际义务。但事实表明，美国的信誓旦旦是虚伪的，很快美国的目的达到后便显露了凯恩斯主义信徒的真面目。在美元登上国际中心货币王位之后，“金本位”之帜也便逐步被抛弃，使美元霸权得以确立，当今美元霸权已成为美国的国家战略的核心价值。

对于1971年美国割断了美元与黄金的联系，许多人认为是美国的无奈之举，而在今天看来美国走出背信弃义的这一步是建立美元霸权的关键一步，从此以后美元霸权便没有了任何的硬性约束，开始走上了权力恶性膨胀之路，所以金本位制任何的影响遗存都使美国高度警惕。

对金本位制的清算与扼制

对于金本位制清算的第一步是推进黄金非货币化进程：1971年割断了黄金与美元的联系，开始推进黄金非货币化；1976年通过《牙买加协议》，确定了改革的路线图；1978年通过了对《国际货币基金协定》的修改方案，使黄金非货币化在法律层面上得到确立。其内容如下：

- 黄金不再是货币评价定值的标准；
- 废除黄金官价，国际货币基金组织不再干预市场，实行浮动价格；

- 出售国际货币基金组织的六分之一黄金储备，用所得利润建立帮助低收入国家的优惠贷款基金；
- 设立特别提款权代替黄金用于会员之间和会员与货币基金组织之间的某些支付；
- 取消必须用黄金同基金进行往来结算的规定。

至此，又回到34年前凯恩斯方案的原点，但这时英镑已沦为二流货币，而美元独大，可以有恃无恐，人类完成了扬弃黄金货币文化指令的法规层面上的工作，但是，黄金货币指令是人类数千年文化的创建与积累的结果，在法规层面上的扬弃并不等于世俗社会层面的扬弃，不仅在世俗社会层面上金本位仍在顽强地生存着，并且官方也未完全舍弃黄金，如有人所讲是关闭了大门，但窗户未关，所以仍具有很大的影响力。这是文化的惰性，但也是人类社会经济发展的需要，并在之后发生的种种事态中得到了证明，我们必须要看到这一点。

即使将金本位制称之为“野蛮的遗迹”，视金本位制已是过去时的凯恩斯仍不得不承认黄金在新的信用货币体系中不可或缺的地位与作用，他指出：“黄金在我们制度中具有重要作用。它作为最后的卫兵和紧急需要时的储备金，还没有更好的东西可以取代它。”这意味着黄金是长期存在的信用货币体系运行的监督员，其功能是对信用货币危机报警，同时它是信用货币体系的最后的保险。黄金的这种社会功能当今没有任何法律文件规定，但是客观存在的，是自由市场经济对权力市场经济制约的需要，是黄金财富文化指令持久性的表现。

当今美元霸权已经形成，信用货币文化指令已成为人类普遍执行的行为，但黄金仍然是重要的存在，对信用货币体系的权威构成现实的挑战，表明信用货币文化指令仍随时有被扬弃的可能。因而，20世纪70年代信用货币体系的建立只是个开始，而要保持它就必须维护，这是信用货币得以持续的关键，而对黄金财富的信任即意味着对信用财富的质疑，因而维护以美元为中心货币的信用货币体系的选择就是保持美元强势，而使黄金表现弱势，所以打压金价，干预黄金市场价格成为美国的持续性行为，但干预方式是不断变化的。

在20世纪70年代以前，美国是凭借自己拥有的巨大黄金储备对黄金价格进行直接干预，当市场金价高于允许范围则向市场抛售黄金使金价下跌，反之则买进，使金价上升。不仅自己干，还联合英、法、比利时、意大利、荷兰、瑞士、西德组成黄金总库进行国际干预。20世纪60年代为应对挤兑风潮而耗用了数千吨黄金储备，用这样的手段使金价一直保持在每盎司35美元的低水平，从而也使美元获得了美金的名声，即美元虽是信用纸币，但稳定性等同于黄金。美国对于实金即期市场的价格干预一直存在，但造成了美国黄金大量外流，到70年代以后美国已无黄金可用，所以干预实金市场不再是主要的干预方式，而改为对远期合约市场的多空博弈。

20世纪70年代之后，美元与黄金脱钩，金价由稳定变为频繁浮动，吸引了大量的投机者入市，他们既无金可卖，也无买金之需，只是为了通过金价涨跌投机盈利，所以出现了大量黄金衍生品交易，现在实金交易量占总交易量的比重已不到1%。黄金市场因此已由物流主导变为了资金流主导，因而金价的形成的主导力量是远期市场的投机者，而不再是实金市场供需者，所以美国可凭借其资金实力在远期市场通过多空博弈制造金价走势的疲软。

20世纪的后二十年，美国成功地做到了这一点，保持了二十多年的黄金熊市，在这期间金价由1980年均价每盎司612.56美元下降到了2001年的271.02美元，下跌了54.95%。金价的疲软反衬了美元的坚挺。黄金无用论因此泛起，各国央行纷纷进入了抛售黄金储备的行列，成为长达二十年的净卖出者。金价疲软下跌是这期间美元表现坚挺的一种极好的粉饰，并在与苏联的竞争对抗中，在20世纪90年代初取得了完胜，从而使美元霸权在这期间没有遭遇大的挑战，这是美元霸权比较稳定的时期，但暂时能够做到的，并不是永远能够做到，21世纪第一个十年，美元的挑战接踵而来。

搞乱别人取得相对优势

进入21世纪，美国先后发生了“9·11”事件、次贷危机、金融危机，而黄金市场则出现了持续的牛市。这样的情况出现使人们对黄金非货币化的推进开始反思，对美元霸权的正义性提出了质疑，要求改革国际货币体系的呼声四起。对此美国不能不出手应对，然而这时美国既无黄金可用，资金也捉襟见肘，因而美国采取的应对战略就是没有更好，只有更坏，也就是搞乱别人使自己取得相对比较优势，从而巩固美元霸权，搞乱别人火中取栗的主要战略一是直接武力干预，二是推动颜色革命。显然这一战略经数年深耕，目前已经奏效。美国经济并不完全让人放心，但市场形势已变。

到2014年已是“天下大乱”：俄乌之争乱了欧洲；伊拉克、利比亚、叙利亚内战不只乱了海湾地区；以色列、巴勒斯坦边境冲突乱了阿拉伯地区；中国周边环境恶化乱了亚洲。在这些乱局中都能看到美国的魅影，结果是美国不仅在政治上由被动变主动，在经济上也成为西方的一枝独秀。2010年刚刚庆祝了欧元诞生十周年，还在憧憬未来中走出来的欧洲，便被小小的希腊拖下了债务的泥潭，欧洲债务危机爆发，欧元由此而转为弱势，美元的替代风险暂时消失，美元霸权衰势中止并逐步得以强化。2013年黄金市场也“由牛转熊”，持续十一年的牛市宣告结束，到2014年上半年金价已跌回到五年前的2010年的水平，而跌势并未中止。黄金再显弱势，美元霸权又将进入一个持续的稳定期，但这也是一个暂时现象，而不是人类货币选择的终结。

美元霸权是当今信用货币体系的一个特征，它也是人类行为试错过程的一部分，行为修正是必然的，因以一国货币充当国际货币存在着内在的结构性矛盾，但是目前还没有有一个新的代替方案。原因从表面看还没有一个更好的货币出现，而从本质上看是人类还没有完成新的货币文化指令构建，典型的表现是诺贝尔经济学奖，战后的获奖者全部都是新古典经济学者，至今没有变化。人类文化指令没有重新确立，人类的行为就不会发生调整并存在不确定性，现在任何讨论都不是最终的解决方案，而是人类行为试错过程的一部分。既然人类的试错过程仍在进行，那么新世纪黄金财富内涵的再构也正在不同社会层面展开。

— 07 —

黄金财富文化指令内涵的重构

近三百年来一直居人类财富中心位置的黄金因20世纪70年代黄金非货币化的推进在当代被边缘化，而黄金非货币化造就了美元霸权，为了突出和强化美元霸权的权威，美国对黄金实行了扼制打压政策，这一政策取得了一定程度的成功，但并不是大功告成。随着美元危机的出现，新世纪出现了对黄金非货币化的反思，而且这种反思使人们认识到当前的危机不仅是美元危机，更是信用货币的危机，因而需要在一个更大的视野中审视黄金财富，从而开始了黄金财富文化指令内涵再构的进程。

美元霸权是问题的关键

货币仅是作为交换的中介而言，人类的选择是非常广泛的，几乎所有的东西都可以成为货币，但货币还要承担多项社会功能，而能满足多项功能要求的选择却很少。其中对货币的一个重要的要求是能确保实现等价交换，也就是货币的价值要稳定。等价交换是商品经济的核心原则，而美元霸权恰恰违反了这一原则，这是美元日益遭遇诟病，面临挑战的原因。

美元霸权的形成的背景是人类第一次将国际货币体系建立在国家信用的基础之上，而不是黄金的基础之上。两者的本质差异是国家信用是人为主观认定，可被人为操纵，为出现不等价交换提供了可能，而且事实表明这不仅仅是可能，而且是日益严重的现实；而黄金的价值是人类社会劳动的凝集，而且其价值是客观实在，而不能被人为主观制造，所以以黄金为价值尺度可以保证等价交换原则的实现。

美元霸权的出现是必然，也是无奈，但保证实现等价公平交易是人类对美元存在合理性的要求，而今天不公平交易已成为一种常态，为此金融市场中的“货币战争”成为国际各国利益博弈的重要手段，因此造成了人类社会日益严重的经济的波动和前景的不确定性，从而对人类社会生产力造成破坏，但以美元为中心货币的信用货币体系的危机并不是一日之功，而是逐步积累、逐步暴露、逐步被认识的：

1944 年建立了以美元为中心的国际货币体系，并确立了与黄金挂钩的制度安排，这一制度安排对人为调控美元价值设立了监督和预警机制，这一机制迫使美国政府必须把美元的稳定放在首要地位，因而在一段时里美元赢得了美金的名声。但是，1971 年美国割断了美元与黄金的联系，废除了对美元的监督和预警的黄金机制，人类国际货币体系的稳定完全建立在了美国政府的信用之上，开始了一次新的试错探索过程。

在人类这次新的试错探索过程中，出现了两种人类财富并存，并相博弈的情况，即以黄金为代表的实体财富与以美元为代表的虚拟财富的并存博弈。这种博弈的本质是这两种财富中哪一种财富指令具有最大的话语权，即可以为人类提供最大的有用性，从这个意义上讲黄金与美元是互为对立面的。长期观察表明黄金与美元价格负相关性高达70%以上，这也证明了这种对立关系的存在，所以黄金财富指令与美元财富指令此消彼长而影响人类的行为选择。这是当代人类财富指令的一大基本特征。

20 世纪后半叶是美元财富指令不断增强，黄金财富指令持续弱化的时期，主要是因为美国在当今全球政治与军事上拥有的强权，极大地提升了美元的全球认知度，除美国全球第一的经济总量创造了美元的庞大国内与国际刚性需求外，全球石油、黄金及大宗商品均以美元定价交易，60% 以上国际贸易用美元结算，也是各国主要的外汇储备币种，又创造了大量支付的衍生需求，因而美元财富在人类经济生活中的需求大幅增加。而因非货币化影响，黄金财富使用的领域被挤压到很小的空间，黄金的有用性萎缩，并通过发展黄金衍生品交易不断侵蚀了黄金财富的特性。20 世纪 90 年代是这一趋势的发展高峰期，黄金财富指令的扬弃似乎已近在咫尺。

黄金财富指令被边缘化表现有二：

一是黄金财富由储备型资产向消费型资产转变。无论从黄金自然属性还是社会属性看，黄金财富价值的稳定是黄金财富的基本特征而成为人类财富储备的最高形态，但 20 世纪 90 年已逐步演变为一种消费型财富，当时每年平均

86% 以上的黄金是用于黄金首饰生产，并且以低含量的 K 金首饰主导；各国央行纷纷抛售黄金储备，净卖家的身份一直保持了二十余年，而作为财富储备的黄金需求下降到 10% 左右。

二是黄金财富由实体财富向虚拟财富转变。近三十多年来金融家们大力推进了黄金衍生品创新，而黄金交易标的虚拟化，从而使大量黄金虚拟财富进入了市场交易。目前实体黄金财富占市场总交易量的份额已不足 1%，而 99% 以上交易量并不是真正的黄金，而是与纸币性质相同的虚拟财富，黄金市场功能发生了异化，从而挤压了真正黄金财富的存在空间和社会功能的发挥，使之成了一种边缘性财富。

黄金财富被边缘化的趋势到新世纪出现了逆转，黄金财富指令走出了疲态转而走强，原因是此时以美元为代表的人类虚拟财富体系危机爆发，并显示出崩塌的迹象。而追根溯源虚拟财富危机又是新古典经济学的恶果，是有形之手制造的，所以必然会引起人类文化指令的再构和调整，从而又开始了一次人类行为指令创建的新的探索过程。

新古典经济学为政府这只有形之手介入市场运行提供了理论依据，本意是要借助政府的行政资源的协调组织能力解决市场机制失灵问题，但并没有料到政府的介入会将人类的贪婪引入经济活动中来，如无节制将会产生巨大的反面作用。因而新古典经济学只是认识到"有形之手"对市场介入的必要性及合理性，但还是不够的，而存在理论的空白区，即我们还必须对有形之手介入市场的方式和介入的程度做出正确的把握，但这是人类面临的新课题，这个课题的解决在没有任何成熟的经验借鉴的情况下，只能是一个不断试错探索的过程，实际从 1972 年美元取得货币霸权以后，随着美元霸权不断膨胀，负面后果显现，人类就开始了这一试错进程。

信用货币体系危机已现

在我们尚未找到对有形之手权力滥用限制的有效方法之前，有形之手权力滥用的恶果已经显现，这就是受人类贪婪驱使政治家和金融家们忘掉了一个最基本的常识：人类的财富不能无中生有，只有劳动才能创造财富。中国人有一个更为朴实的说法，即“天上不会掉馅饼”。而在权力缺乏约束的情况下，大幅超发货币成为了一个现实，拥有货币发行权的政治家们和拥有货币流通控制权的金融家们在贪婪的驱使下制造了一个又一个财富无中生有的故事，使全球所有的纸币全部走上了持续贬值的不归路，近三十年来全球各国货币贬值均超过了近九成而无一幸免者。显然有形之手权力滥用已不是人们的担心，而是成为了一个必须面对的现实。

这或许出于凯恩斯的意料，或许凯恩斯并没有认识到后果的严重，而只是对有形之手充满美好的期待；或许新古典经济学本身就人类认识上的误区，而需在人类试错的实践中扬弃重构。对于新古典经济学有人评价是忽视市场的自然规律，而盲目相信有形之手的力量，而人为力量对自然规律的破坏后果是难以预料的。战后全球经济的波动性更为加剧了，尤其在新世纪第一个十年里人类对经济泡沫化认识大大地前进了一步，而提出了货币体系改革要求，虽然还没有看到结果，但人类货币文化指令的再构已经开始，从而使黄金财富指令被强化，中国民众的表现尤为突出。一个具有全球意义的新兴黄金市场已经在上海初步建成并推出了以人民币交易的黄金市场国际版。

前美联储纽约银行副主席埃克斯特评价新古典经济学的货币观时指出：“凯

恩斯和弗里德曼只是20世纪的约翰·劳[①]的翻版。他们选择漠视纸币兑黄金这一铁律，而故意按照某些经济学家或政治家的思维定式中的速度来印刷纸币，他们认为这样就能够欺骗自然规律，无中生有地'创造'财富，消除商业周期，确保全民就业和永远繁荣。这意味着某些经济学家为特定政治倾向而制定政策，在不用他们自己的金钱在市场中冒险的前提下，以当年约翰·劳一般的智慧，对经济事务无所不知，任意决定货币、财政、税收、贸易、价格、收入等政策，还告诉我们这样对我们最好。于是他们就'微调'了我们的经济。"

这种沉湎于制造虚拟财富和经济泡沫的追求，在快速扩大了人类经济规模的同时也产生了一系列的弊端和隐患，其产生的恶果许多方面还在潜伏之中，而已经爆发出来的有：

- 使人类社会财富具有极大的不稳性，即使把它放在银行里，保险柜里仍会不断贬值而流失，甚至化为乌有，这一切都是在无声的合法的情况下发生的，民众财富已无安全的安身之地，这是对民众财产权的最大挑战。财产权是民权的核心，对于民权的任何追求和坚持，在这样的经济体制中都将变得毫无意义。货币贬值不仅成为一种趋势，而且还会出现让人难以想象的数百倍、数千倍的贬值率而引起社会动荡或政权更替。

---

① 约翰·劳（1671~1729年），苏格兰经济学家，在担任法国财政部长期间，他主持了法国的货币改革，使法国货币从贵金属时代瞬间过渡到了纸币时代，并于1716年建立了一家名字叫"通用银行"的银行，承担发行纸币职能，深知货币游戏的真谛的他获得了大量利益。之后他创立了密西西比公司，并以此公司为平台，大量制造虚拟财富，形成了历史上三大金融泡沫事件之一的密西西比公司泡沫。（另外两个是荷兰郁金香和英国南海公司泡沫）

密西西比公司是一家贸易公司，约翰·劳以该公司的名义发行了大量股票，他的股票可以兑换国债，他以各种炒作拉动其股价上升，使密西西比公司股票与实体经济偏离越来越大，成为大规模投机活动，最终泡沫破灭，泡沫破灭后的股票价值顷刻为零。因为参与投机者众多，密西西比公司股票泡沫破裂，大批股民因此而破产，引起了广泛的社会动荡。约翰·劳一时成为全民公敌，只得化装逃脱，最终贫困潦倒客死威尼斯。

货币贬值的过程也是社会财富再分配的过程，在一般民众财富被洗劫的同时，一小部分社会强权却可乘机获取不义之财而暴富。这就是我们一直要强调社会公正、缩小两极分化，但现实是两极分化没有缩小而呈扩大之势的原因。社会两极分化矛盾已经是当前的一个重大社会问题，其往往能够凝聚为足以引起严重社会动荡的破坏力。古人因此总结道："不患寡，而患不均。"这个总结有些消极，但也是警示。

● 使人类社会财富交换具有极大的不公平性，等价交换的市场根本原则被破坏。公正、公平、公开是市场运行的三大原则，而市场的公正性是通过等价交换实现的，但在目前等价交换的原则已基本不能实现，原因是政府是货币的发行者，可以通过货币发行数量来调整货币的价值，进行人为货币贬值或增值操控，从而实现不等价交换，成为政府社会财富再分配的手段。正是因为如此，货币权成为各国政府的核心权力，并成了各国之间的国际政治与经济，甚至军事博弈的工具。

当今美元是全球中心货币，是最大的外贸结算和储备货币，拥有国际货币强权，因而美国是当今不等价交换的最大受益者，通过美元发行量和汇率调整，美国政府大量掠夺了全球财富。美国向世人显示的往往是其高科技、高端制造业，而实际上美元霸权是保持美国人世界一流消费和生活质量的更重要的支撑力。正是美元霸权使美国拥有了不劳而获的特权，对于美国来说这是一种国家优势，而对全球其他国家来说这是一种极大不公。

● 使人类社会经济具有更大的波动性和不确定性。对于货币价值的人为干预和对虚拟财富的过度追逐，使人类社会经济发展进入了一个快速膨胀，再到泡沫迅速破裂而经济倒退，不得不进行调整后又开始膨胀，再破灭，再调整的恶性循环之中。废止金本位制以后，人类社会经济波动的频率明显加快，每隔十多年就会出一次较大的区域性或全球性经济危机，而多数以金融危机为特征，或是以金融危机引发的多米诺骨牌效应。

人类呼唤诚实的财富

21世纪第一个十年是信用货币体系矛盾集中暴露的时期，这是信用体系三十年矛盾积累的总清算。2001年“9·11”事件美国受袭，这是对美国霸权的公开挑战，为了应对挑战，美国先后发动了阿富汗战争和伊拉克战争。这两场战争从表面看是以美国胜利结束，但战争的耗用也给美国增加了巨额的负资产，对美国国力造成了损害，美元的权威性并没有因两场战争的胜利而提升，因其国内经济依然起色不大。2007年美国次贷危机爆发，起初只是认为是一个小风波，但却引起了2008年美国百年不遇的金融危机，这表明了美元体系的脆弱性。更让人意外的是刚刚热烈庆祝了欧元诞生十周年的欧洲，因小小的希腊国债违约而导致了欧洲持续数年的欧债危机，至此全球两大信用货币全部陷入危机的泥潭。这表明不是一个国家的一种信用货币出了问题，而是整个信用货币体系出了问题，拖累全球经济进入了一个长达数年的经济萎缩期。

新世纪第一个十年信用货币体系矛盾集中爆发表明，不仅是个人的信用可以破产，机构、银行的信用可以破产，甚至被视为无信用风险的国家信用也可以破产，所以以信用纸财富为主导的今天是一个财富十分不安全的时代，因而人们更加渴望拥有“诚实的财富”，而再一次把期望的目光投向了黄金。黄金是大自然之子，其价值是人类社会劳动的凝集，不能人为操控，因而价值以黄金为本位可以实现交易公平原则，从而实现经济的稳定。在价值稳定这一点上“金本位制”的表现无疑是人类历史上的奇葩（见表1–1）。

表 1-1　各种货币在金本位制时期价值稳定年份

币种	金本位制时期	货币稳定保持年份
法国法郎	1814~1914 年	100 年
英国英镑	1816~1914 年	98 年
荷兰盾	1816~1914 年	98 年
瑞士法郎	1850~1936 年	86 年
比利时法郎	1832~1914 年	82 年
瑞典克朗	1873~1931 年	58 年
德国马克	1875~1914 年	39 年
意大利里拉	1883~1914 年	31 年

摘自：《黄金诱惑》，重庆出版社

新世纪黄金的现实表现同样让人印象深刻，新世纪第一个十年信用货币体系陷入危机之际，形成鲜明对照的是，黄金市场从 2002 年开始结束了长达二十余年的黄金熊市，开始了一个持续十一年的大牛市，在这期间国际美元金价由每盎司 271.02 美元上升到 1688.82 美元，增长了 5.23 倍，是 1980 年历史最高水平 612.56 美元的 2.76 倍，再创历史最高纪录，成了信用财富汪洋大海中人类财富的安全栖身之所，黄金忠诚地履行了在信用本位体制中的最后一个卫兵和信用危机关头用于紧急需要的准备金的职责。信用财富的危机映衬出了黄金财富当代的价值光辉，黄金财富文化指令因而得到了强化。

黄金价值的永恒是黄金有用性持久的最重要的表现，是黄金产业特殊战略地位的构成要素，其表现为人类数千年生产的黄金 97% 以上还有案可稽，但这是黄金物质存在的永恒性表现，而黄金价值的永恒是源于黄金文化的永恒。这是因为黄金价值归根结底要以人类认知判断的有用性为支撑力的，有用才有价值，价值的多少高低最终也是人类的判断认知的结果，而只有文化才能塑造人类的灵魂而产生价值评定标准，决定人类的行为。文化是高于满足人类基本生存的物质力量之上的行为规范力，正是因为人类对黄金有用性的持久认同，才使黄金具有了跨时空的永恒购买力。

罗伊·加斯特兰在《黄金的恒定值》一书中对四个世纪的黄金购买力重新鉴定评估，发现四个世纪中黄金实际购买力具有连续性，“20世纪中叶的购买力和17世纪差不多”，他指出，“在一个长的时间内，黄金始终会保持它恒定的购买力水平，每半个世纪，商品价格就会回复到恒常数量的黄金价值上去，而不是黄金的价值按商品的价值波动而波动”。

美国阿拉斯加州前财政厅长彼得说得更为直白，他说：“我不管美元的价值如何，一盎司黄金总可以买一套质量很好的男装，独立战争时是这样，南北战争时是这样，罗斯福总统当政时和今天也是这样。”

上面是两个黄金购买力恒定的表现案例，是以跨世纪黄金有用性的行为指令为基础的，因为黄金文化指令的稳定，其才有稳定的人类不变的行为选择，黄金物质对人类的魅力实际是文化为黄金注入了让人类折服指令的结果。黄金文化是发展变化的，我们说黄金价值永恒是指黄金在人类的历史中价值从来没有消失，但并不是价格不变。黄金价值变化是表现为金价的上下浮动，虽然从一个短期看几十年、上百年金价曾经十分稳定在一个价位上，但从长期看黄金价格一直在变动，只不过有时频繁有时稳定而已。黄金文化是黄金价值之源，它给我们的启示是黄金文化的创造就是黄金价值创造的一部分，而金价是黄金价值的表现，随价值的变化而上下浮动，这就为我们揭示了一条影响金价变化使之向有利方向发展之路，即通过文化的创建提高黄金的价值从而增加黄金产品附加值，进而提升价格，这对提高黄金产业的经济效益具有现实意义，这就是黄金文化创建的经济性。

建立在信用基础上的财富体系不安全性有日益增加之势，但我们还未找到最终解决之道，信用风险将长期与我们为伴，因而黄金财富指令的强化是我们正确的选择。今天这种黄金财富指令的强化不是要用黄金财富取代信用财富，对此人们虽有各种讨论，但恢复传统本金位制的前景还未看到。今天需要强化黄金文化指令的价值是基于需要增加信用货币时代经济的稳定性和生活的安全性的要求，从四十年前弱化黄金财富指令到今天转而强化黄金财富指令，也是人类对财富追求行为指令的一次调整。

新世纪黄金财富指令的价值就是在当今信用虚拟财富的世界里，黄金作为一种诚实财富而成为信用风险规避的安全港，是对冲信用风险的中流砥柱。黄金财富是人类财富的最大公约数，这一黄金价值定位在经历了近四十年的风雨洗礼之后愈显突出。黄金财富指令是黄金文化体系中的核心指令，而在 21 世纪因信用货币危机而又被赋予了新的内涵。

— 08 —
扬良驱恶是黄金文化创建的原则

黄金文化具有两面性，因而黄金文化的扬弃与创新一定要坚持扬良驱恶的原则。“扬良”就是与时俱进，发扬优秀的文化传统，正确地进行黄金当代的社会定位；“驱恶”就是扬弃已经过时或错误的文化指令，特别是要对以创新为名阉割黄金财富灵魂的理论保持警惕。

诚实是黄金财富的灵魂，正因黄金是诚实的财富，所以才能在信用虚拟财富贬值的大潮中闪烁出独有的光辉，黄金如失了诚实的灵魂就失去了自我，由此可见，对于黄金财富诚实性的任何亵渎都是错误的，然而现在已经或正在发生。

战后，自由市场经济的原则受到质疑，故人类对发展经济的行为原则做了调整，其标志是凯恩斯新古典经济学成为人类经济发展的“圣经”，有形之手对市场的介入成了一种常态，而有形之手的介入产生的一个严重问题是泡沫经济的泛起增加了经济的波动性，经济的诚实性受到挑战。为了将这种状况维持下去，于是出现了众多的理论论证经济泡沫的合理性，并在经济泡沫合理理论的基础上提出了众多的经济调控方法，这也就是当代金融学的基础框架。通过文化的塑造使泡沫经济变成了“真理”和“发展规律”，因而阉割黄金财富的诚实性也便成了金融家们的“创新”，然而这种“创新”对于泡沫经济的治理最终也只是“饮鸩止渴”。

20世纪70年代以后，黄金衍生品出现，并且交易量日益扩大，现在99%以上的交易量已是衍生品交易，实金交易不足1%，黄金市场的流动性的提供者不再是诚实黄金财富交易流转主导，而是虚拟财富货币流转主导，成为虚拟财富市场的一部分，所以已经使黄金市场功能发生了异化，因而也就使黄金市场失去了稳定的好名声。今天，我们应对此反思。

在不诚实财富肆虐的今天，诚实是黄金财富最大的闪光点，黄金产业因是诚实财富的生产者而在当代人类生产体系中占有一个特殊而重要的地位，如果黄金失去了诚实的灵魂，这一切都将不复存在，黄金产业也将从社会道义的制高点上陨落。因而，筑牢黄金诚实性文化指令，是黄金文化创建的重要工作目标。因此要大力发展实金市场，扩大实金的使用，把市场的流动性建立在实金需求的基础之上，而不是投机的基础上。

如果说新世纪黄金产业的“文化掘金运动”的出现是认识的突破，而“文化兴金战略”的确立则是我们认识的觉醒，透过黄金闪烁的光辉我们看到文化的支撑力：黄金产业的特殊社会地位要依靠文化的支持；黄金产业的永恒生命要依靠文化维系；黄金产业的发展需要依靠文化的力量推动。这就是黄金产业与黄金文化的不解之缘。

文化的本质是人类行为指令，文化的创建是指令的生成，指令的被接受是文化的推进，指令的持续是文化的维护，因而黄金文化是一个生成、推进、维护的过程，而文化指令一旦变成了人类的行为便成了改变社会现实的力量，在这里我们有希望、有期盼。

— 09 —
黄金文化发展历程简述

数千年黄金文化的发展历程的回溯，使我们对黄金文化形成了以下总体性描述：

- 文化的本质是行为指令，是人类行为之源。文化是人类基于生存的需要而产生的脑力劳动的成果，所以是人类的精神财富。黄金崇拜是人类的一种文化，是文化的创建了黄金崇拜指令，才产生了人类黄金崇拜行为，因而黄金崇拜并非产生于黄金，而是产生于人类自身，黄金作为一种客观存在的有色金属其本身并不神奇，而是人类文化的创建才使黄金具有了超越其自然属性的魅力。
- 黄金与人类相遇而被利用的历史已有万年之久，初始恰是人类文化理智判断时期，宗教是当时文化的最重大的成果，而黄金文化的创建就始于人类宗教信仰的需要，因而与当时社会权力的中心神权相联系，成为社会最高权力的标志而被赋予神性。被神秘化了的黄金自然被人类顶礼膜拜，而从此走进社会权力中心的黄金再也没有离开。人类数千年文明的权力中心先后经历了神权、王权、金权、人权时代。神权是人类愚昧状态的产物；王权是人类农耕文明的产物；金权是人类商品经济的产物；人权是人类自我解放的产物。社会权力中心的变迁标志着人类的进步，黄金在人类社会权力的每次变迁中都重新确立了自己在社会权力中心的地位，因而黄金崇拜指令延续数千年，至今仍存。黄金崇拜的本质是社会权势崇拜，因而只要黄金被人类赋予的社会功能存在凌驾于一般金属之上的社会权势，黄金崇拜就会存在，黄金社会功能变化但权势仍存，这也就是黄金崇拜长久存在的原因。

- 人类黄金文化的发展是一个不断扬弃与创新的过程，在这个过程中黄金神秘指令、权势指令、货币指令因时代变化和人类的进步，或被扬弃，或走向式微，唯有黄金财富指令仍顽强地延续至今，成为人类财富认知的最大公约数。因而黄金崇拜不能仅被视为人类愚昧的产物，而更是人类的一种本能，这就是对财富的需求本能，而对财富的需求是人类的生存的本能行为。黄金财富指令是黄金文化的核心指令，在当今仍具有特殊的价值。

我们说，黄金是人类财富认知的最大公约数是因为黄金财富的价值可以超越时空、超越国界、超越阶级、超越信仰，这种超越是人类任何财富都难以做到的，尤其是在当今虚拟财富不断贬值缩水的情况下，黄金财富的永恒价值更显可贵，因而不断地强化了黄金财富的文化指令。

- 近四十年来人类第一次将货币价值本位建立在国家信用基础之上，而不是实体商品之上，这是一次人类的试错探索过程，在这个过程中形成了以黄金为代表的实体财富与以美元为代表的虚拟财富的 PK 之势。由于新世纪初国家信用危机频繁爆发，虚拟财富的不断缩水使民众认识到个人资产的安全日益受到威胁，而开始了一场民众财产权的保卫战，黄金作为一种诚实财富的价值再次被发现。在虚拟泡沫不断被制造推高，又不断破灭，民众财富不断被洗劫的现实面前，黄金作为一种诚实的财富成为民众财产权的捍卫者。当代是人权时代，其权力核心价值是民众财产权的不可侵犯，而对于信用货币财富来说，这是难以做到的，所以黄金在当今的社会权力中心中又占据了不可或缺的位置，而使黄金财富文化指令得到强化。

● 当今人类社会已是由信用财富主导的财富格局，这是四十年来黄金非货币化的结果，而信用危机的频发使人类社会经济和人类生活充满了不确定性，为此人类开始反思自己的道路选择而提出了改革的要求，最终的目标虽还没确立，但方向是明确的，这就是人类必须自我救赎、克制贪婪。这是人性的提升。但这个目标的实现需要借助外力，形成制度与法规的硬性约束，其中黄金作为一种诚实的资产对虚拟资产泡沫的泛滥具有现实的抵制力而被人类寄予希望，因而新的黄金文化创建进程已经开始，未来虽不会再产生黄金神话，但黄金崇拜将会被赋予新的内涵而闪烁新的光辉。

● 黄金是一种客观存在的金属，和其他金属一样，可以被人类作为生产对象，加工成人类所需的用品，这是一切金属都具有的商品属性，但黄金不仅具有商品属性，而且还具有文化属性，即产生人类行为指令使人类产生崇拜行为，因而黄金是一种具有文化属性的特殊金属。黄金文化属性的打造和丰富是人类脑力劳动的产物，黄金财富的价值包括黄金商品价值和黄金文化价值两个部分，所以黄金财富的增值可以通过文化价值的挖掘来实现，这就是黄金产业与其他产业发展路径的不同之处。

到此我们对黄金文化做如下概括性描述：

黄金文化是人类根据需要而创造发展的一种精神财富，其核心是人类黄金崇拜的行为指令。黄金崇拜的本质是人类对社会权势和财富的追求，黄金文化发展的历史主线是财富指令的强化与再构。黄金文化史就是人性史，人类的善与恶都在这里得到释放，因而黄金文化的发展需要扬善抑恶，实现人性升华。数千年来黄金文化发展是一个扬弃与创新的过程，在这个过程中继承积累、不断丰富，因而黄金文化是继承传统的，是发展变化的，更是时尚创新的。

黄金是什么？

——黄金在当代的社会功能

黄金困惑之二

“黄金是什么”的困惑已存在了数百年，甚至更长。自然界存在着多种金属，但没有一种金属可以让人类充满了如此持久的好奇。答案总是有的，但人类总得不到满足而又产生了新的困惑，这是因为黄金与人类为伍的数千年里，在人类社会每一次重大的变革关头都能与时俱进站立于时代的潮头，因而黄金是传统的，也是时尚的。时代不同，具有不同的社会功能定位，“黄金是什么”的答案也不相同。近三百年来，是金本位制确立和发展的时期，“黄金是什么”的答案，是货币。而当代黄金已非货币化，黄金已不是货币，那么在黄金非货币化的语境下，我们应给“黄金是什么”一个怎样的答案呢？

在近三百年的多数时间里是金本位的发展确立的时期，黄金成为货币之王，并且黄金是货币的理念影响至今。但20世纪70年代推进了黄金非货币化，《国际货币基金组织协议》进行修改而剔除了所有黄金货币职能的规定，开始了所谓黄金商品属性的回归。于是非货币化语境中的黄金社会定位，成为一个需要讨论的话题。

— 01 —
黄金货币属性兴衰历程

黄金的货币属性并不是天生具有的一种自然属性，而是人类赋予的一种后天的社会属性，黄金货币属性的生成、兴盛、式微、消亡都是人类社会关系变化作用的结果。要对非货币化语境中黄金的社会定位给予定义就需要了解黄金货币属性的兴衰历程，将黄金置于人类环境体系的变迁中去观察。

人类是一种社会性动物，于是人与人之间会发生许多社会关系，如有以血源牵系的氏族关系，以信仰牵系的宗教关系，以文化牵系的民族关系，还有以交换牵系的经济关系。经济是人类生存发展的基础，因而经济关系也是人类最基本的社会关系，人的一生须臾不离。人类社会经济关系是通过交换关系实现的，而交换关系实现的工具是货币，所以货币在人类关系中占有重要地位而成为人类生存发展的重要影响因素。

货币的源起与更替

人类社会经济关系是通过交换实现的，因而人类的交换活动越频繁，人类的社会经济关系越密切。开始人类的交换并不频繁，只是偶尔进行，因为那时每个个体除自己消费之外没有更多的富余之物用于交换，而且偶尔的交换往往还具有拆借性质和赠予性质，所以是进行面对面的直接交换。但是，人类生产的富余物增多而使交换的数量和频率日益增加，但因供给和需求并不会完全同步，寻找直接可以完成交易的概率很低，所以逐步出现了以中介物为交换工具的间接交换，即将自己的交换物先变为中介物，再用中介物去交换所需的物品，这个交换的中介物就是货币。

只要交易者认同，任何物品都可以做交换的中介物，所以在人类的历史上有过多种货币，如牲畜、丝绸、食盐、巨石、巧克力等，但都逐渐被淘汰了，因为货币有自己的特殊要求：

- 因为货币作为交换的中介物而多次被用，要求货币一定要具有很好的抗磨损性和抗腐蚀性；
- 因为货币是处于不断流动之中，要求货币要具有更好的便携性；
- 货币的供给量要和交换增长的需求相适应，也就是货币的数量要有足够的供给。

经过岁月的淘汰，凡是不能符合上述要求的货币只存在了短暂时期，便逐步退出了历史的舞台，被人类大量使用的货币首先是贝币。贝币可以说是人类社会的第一种硬通货，今天在亚洲、欧洲、非洲、澳洲、美洲多个地方都有贝币出土，可见当时贝币使用之广泛。据说在非洲部分民族和太平洋的一些岛屿现在仍用海贝做货币，但这些只是贝币的少量遗存，而从全球看贝币早已退出了货币的历史的舞台。

在远古我们的先人们从何时开始使用贝币已无从考证，但在公元前 22 世纪夏王朝的仰韶文化和二里头文化遗址中已发现大量天然贝殉葬品，表明我们的先人们那时不仅已开始使用贝币，而据文字记载夏王朝已广泛使用贝币，到商王朝时衰微。因而贝币是我们先人们最早大量使用的货币，而之后西汉《盐铁论·错币》指出：“币与世易，夏后以玄贝，周人以紫石，后世或金钱刀布”，记载了我国早期货币的变迁。

贝币退出货币领域的原因有多种说法，我认为主要是贝币价值低，而后来因交易规模扩大使贝币支付量增加到用斗量车载的程度而带来支付不便，因而逐步被价值量更高的货币所取代，可以提供佐证的是金贝币的出现，即用黄金做成的贝币，以提高贝币的价值，用于大额支付，因而更高价值的金属货币取代了贝币。而之后贱金属货币又被贵金属货币取代的原因也在这里，我国大约是三千多年前的商朝中晚期进入了金属货币主导的时期。

黄金是最早被使用的金属货币，但由于稀有，难以大批量使用，大批量使用的金属货币，首先是铜币的使用，这也与人类冶炼技术进步有关，那时已有大量的铜金属供应可以满足铸币的需求。我国在商朝中期开始使用铜币，到春秋战国时期已有刀币、楚币、圜钱和布（铲）币四大铜币系列，表明那时我国铜币使用得广泛和品种得繁多。因而我国铜币的使用从公元前 15 世纪到 20 世纪初的民国初年存在了二千五百多年。放眼全球可能还要向前追溯一千多年，因为当今土耳其地区生活的右安纳托利亚人早在公元前30世纪就已进入了铜器时代。因而铜币先后存在了四千多年。

从全球的视野看，古埃及人在四千年前，即公元前20世纪就已使用黄金作为交换中介物，而金币的发展主脉是在欧洲，欧洲的历代君主继承了公元前7世纪古吕底亚铸金币传统最终在19世纪正式建立了金本位制，确立了金币的主导地位，到1972年以后国际货币基金组织推进黄金非货币化改革，因而黄金在人类社会作为流通工具使用的历史长达六千年。在中国，黄金货币登上历史舞台的时间几乎与铜币同时，也是在春秋战国时期。今天已有大量楚国那时使用的黄金货币——“郢爰”出土，但这只是小范围使用的货币，主流货币当时是铜币，而且在以后的漫长历史中，金币几乎没有在我国货币史上留下深刻的印记，白银是使用更泛的贵金属货币。

白银货币也是人类曾经使用历史较长的货币，在我国开始大量使白银为货币实行银本位制的朝代是明朝，一直延续到1949年中华人民共和国成立，前后六百余年。而在欧洲，如果以公元前211年古罗马人进行货币改革废铜币改银币算起，到1816年英国正式确立金本位，金银双本位终结，银币流通使用的历史达二千多年，所以使用历史年份低于铜币和金币及贝币。

金属货币时代结束之后，信用纸币成为人类社会的主流货币，国际纸币体系的建立可以从1971年美元与黄金脱钩，美元以美国政府信用为基础成为国际中心货币算起，至今不到五十年，但纸币诞生的历史可以上溯到中国北宋时期（1023年）成都发行的人类第一张纸币——交子。交子是由商人发行的票证，比欧洲纸币的出现早了六百多年，但即便如此，纸币的历史也仅有九百多年的历史，因而是人类使用历史最年轻的货币。

货币因交换而生，因交换的发展而变化。总的来看，人类货币可以分为贝币、金属币和纸币三个历史阶段，贝币的使用历史有四千多年，金属货币以铜、金币使用历史最长，达六千多年，而纸币使用历史不足千年。黄金货币使用的历史不仅悠久，而且在人类货币上占有最重要的地位和对后世拥有最大的影响力，其对人类生产力的突破做出了彪炳千古的贡献。

黄金货币功能发育历程

黄金货币功能不是黄金天生具有的自然属性，而是后天人类赋予的社会属性。黄金货币属性的发育和其自然属性密切相关，首先黄金的化学属性非常稳定，抗腐蚀性强，因而自然界就存在着自然金块，不需冶炼就可以直接使用；另外，在物理属性上，柔软延展性好，容易加工，所以黄金是最早用于制造货币的金属之一。但是，因黄金在地球上的赋存量很少而影响了黄金在人类社会中广泛的使用，另外更因其价值非常高，只能在有大批量、高价值交易时才使用，而且产金地分布十分不均衡，也影响了金币的普遍性使用，因而金币使用的初期具有小批量和局部地区的特征，所以金币长时期是人类社会的一种辅助性货币。虽然马克思评价货币天然是黄金，但长时期货币属性都不是黄金主要的社会属性，其货币属性的发展经历了一个长期的过程。

从金块到金币是黄金货币属性发展的突破，从现在已出土的文物和文字记载看，人类最早使用金币的国家是处于小亚细亚中部的吕底亚古国。因为吕底亚国地域广阔，连接爱琴海和幼发拉底河，远到远东的交通要道，商业发达，其首都是当时富商云集的国际都市，交易规模大，而且频繁，所以有使用高价值金币的需求。而且，古吕底亚国又盛产黄金，其境内的巴克图鲁斯河有丰富的砂金矿藏，因而在公元前 700 年左右吕底亚国即生产了人类最早的白金铸币，其 2/3 为金，1/3 为银并得到广泛使用，距今已有 2700 年的历史。

几乎同时在我国春秋战国时期也开始使用黄金作货币，主要是处于现在湖北区域的楚国，但楚国金币还是属于金锭范畴阶段，使用时还需切割。今天在河南郑州博物馆可以看到切割的实物，虽然金块上有印戳文字，以标明产地、重量，但与吕底亚金币比较，在小型化和标准化上还略逊一筹。战国时黄金货币品种已有金贝币，即用黄金人工制造的贝状货币、马蹄金、麟趾金等。而据史书记载，我国大量使用黄金是在汉代，之后各朝代用金量大大减少，反映了我国是长期缺少黄金的贫金国家的现实。

又过了数百年，公元前 221 年秦国统一中国，十年后秦始皇进行货币改革，规定以秦币为天下之币，废除以前所有诸侯国铸造的金属货币。规定以黄金为上币，由上层阶级使用，而民间日常使用的是铜币，形状是外圆内方，取“天圆地方”之说，重量为 0.5 两，故称秦半两，铜币外圆内方的形制一直保持到民国初年。秦国币制虽然确立了金币在国家货币体系中的崇高地位，但在使用的层面上铜币是占主导地位，而金币居附币地位，而且在之后的中国历史中这一情况也一直没有变化，金本位制从来没有在我国扎下根成为持续性的国家货币制度。

从全球的角度看，在人类数千年的历史中，年均黄金产量竟不足 2 吨。黄金的稀有性也一直困扰人类对黄金货币更广泛的应用。古埃及是人类第一个盛产黄金的地区，古埃及努比亚地区黄金产量在美洲 16 世纪发现黄金以前一直居全球之冠，但用今天的观点看产量也很低，每年也就是有 1 吨多，而在那时全球产量也不足 2 吨的情况下，已是一个让世人眼红的成绩了，因而古埃及人是那时使用黄金最广泛的民族，但绝大多数黄金是作为君主的财富储藏，用于宣传君主权势、富有以及与神祇密切联系的媒介，另一个主要用途是用于宫殿装饰和权贵们的佩饰，而非用于交换的中介物——货币。虽然古埃及那时已有这方面的使用，而真正在黄金货币的使用方面取得进步并发展成主流货币制度的是在欧洲。

人类使用金币已有二千七百多年的历史，而将黄金做货币用于交换的历史要上溯到四千年前，当时古埃及人就铸造金条做货币，并制定了金银交换比率，但黄金货币一直不是人类社会货币的主流，而是居于从属地位，是一种边缘化的货币品种，原因除黄金稀少而难以广泛使用外，还有一个使用便捷性商贸规模小、对高价值货币需求不大等问题，而正是这些个问题的解决，使欧洲实现了黄金货币从从属性货币向主导性货币的转变，成为吕底亚金币的继承者。

古吕底亚铸金币的诞生及使用，使黄金的社会功能在神祇祭祀、财富宣示和装饰功能之外，又增加了价值尺度和交换中介的功能，从而推动了黄金大众化趋势。虽然那时一般民众一生很少见到，甚至一生也没有见到过黄金，但其毕竟已不再只是神祇和帝王们的神圣的专有物和特权，而进入了更广泛的社会层面，成为富有阶层的储藏。此前人类主要把黄金作为与神相通的神秘物资和王权的标志物，不是作为交换中介物，而铸金币的出现把黄金的神性和王权的神圣集为一体，而成为统治者国内巩固统治和加强对外经济联系的工具，因而为此后的波斯帝国、古希腊帝国和古罗马帝国所继承。

铸金币首先是为公元前6世纪出现的波斯帝国大流士所效仿，并推出了大流士金币，将自己的头顶王冠，手持弓、矛的肖像印制到金币之上，通过金币的流通将其权势宣扬到广袤的地区。而将其击败的马其顿亚历山大大帝如法炮制发行了亚历山大金币，其父菲力普发行的菲力普铸金币印有主神宙斯头像，亚历山大则将以强健体魄和力量闻名的赫尔克里斯头像印在自己发行的金币之上，使王权和神权浑然一体的金币具有了宣传和公关的职能，并用其金币作为统一的流通支付货币将其广大的占领区的经济紧密地联系在一起。亚历山大金币一直广泛流行了150年，比马其顿帝国的历史还要长。

古罗马帝国更进一步提升了金币在其国家的政治与经济生活中的作用，他们用金币为其雇佣军发薪水、奖金及慰问金，成为保持自己政权的稳定和开疆扩土的有力武器。在古罗马的后期，黄金货币甚至成为获取更大政治权力的敲门砖，以拥有金币的多少衡量财富多寡和社会发言权的大小。因而黄金货币化引发了古罗马人对黄金的追逐，古罗马的扩张基本上是围绕这一目标而展开的。为了占有黄金古罗马人从公元前264年至公元前149年先后三次进行了持续百年的“布匿战争”。公元前1世纪古罗马的统帅凯撒用黄金敲开了最高社会权力的大门，在成为古罗马统治三巨头之一后便发动了一次又一次的黄金之战，先后征服了埃及、希腊、叙利亚、北非等地。公元前46年凯撒返回罗马举行盛大的凯旋仪式，将他掠夺的上千吨黄金集中做了展示。其征服了高卢以后，更将十万战俘变为奴隶开采意大利的金矿。因而著名黄金史专家格林评论说，古罗马文明是由黄金所扶植起来的。

古罗马崩溃后，人类社会开始进入了第一个千年，进入了拜占庭时代，对于这个时代《黄金简史》的作者伯恩斯坦评述道：“尽管拜占庭皇帝的所作所为在道德和政治上有损于帝国政体，但是，拜占庭金币的完整性、纯度、声誉以及可以接受度，却是这些君主们心目中的一切。拜占庭帝国的整部历史，就是以黄金为焦点的历史——黄金不仅作为货币，而且作为至高无上的财富得以宣扬。”此时，金币在集神权与王权于一体之后，又将货币与财富的功能集于一身。货币的有用性是支付的工具，而财富的有用性是人类以备未来之需的储备，货币是流动的，财富很少流动，两者存在着差别，但因金币集货币与财富功能于一身，使人类产生了货币是财富的理念，其影响至今。从公元 5 世纪至公元 11 世纪是后来史学家们认为的广义上的人类黑暗时代，这是一个令人恐怖的时代，充满了不确定性，因而储藏金币和金条成为贯穿这个时代大部分时间，上到帝王下到百姓的共同行为，黄金对人类的重要性进一步提升。

黄金登上货币王位之路

随着金币在人类社会生活的作用与地位的提升，人类社会在第一个千年的中后期进入了贵金属时代，但并不是金本位时代，而且金银双本位时代，金银货币成为支付的主流货币，而贱金属货币成为辅助性货币。这一转变原因主要有两个：一个交易规模的扩大而造成了支付货币量的增加；二是通胀使价格上涨，也造成货币支付量的大幅增加。这些因素使贱金属货币与贵金属货币的地位发生转换，而这个转变使人类对于金银的占有欲望也空前高涨，因为金银已成为人类的高端财富，追求披金挂银实际是一种富有的宣示，因而也进一步催生了“黄金崇拜之树”的成长。

贵金属货币时代东西方发展的路径不尽相同，当时东方最大的经济体——中国，从一开始便走上了银本位的路，白银是交易的价值标准，是社会使用主导性货币，而附币是铜币，用于零星小额支付，从而构成了银本位制国家的基本货币体系。我国银本位制的建立大约是在 16 世纪的明代，其标志是当时宰相张居正“一条鞭法”税制改革的推出，白银成为社会主导性支付手段，铜币退居辅币位置，而以英国为代表的西方国家长期实行的是金银双本位制。

在金银双本位货币体制中，黄金货币和白银货币都是交易的价值标准，因而商品具有两种价格，黄金和白银两种货币固定的兑换比率是维持金银双本位制货币体系稳定的前提条件。实行金银双本位制可能有出于解决贵金属供给不足矛盾的考虑，但形成金银固定兑换比率却具有很大的现实难度。两种货币因供求情况的变化而使两者的兑换率必须随之变化，如不变化就出现投机套利活动，造成金银双本位货币体系的波动，解决这个问题甚至成了一个世纪性难题，长期不能解决从而暴露了金银双本位制存在体制性缺陷，因而双本位并轨变为一元金属货币本位是客观的发展要求。

16 世纪末到 17 世纪初欧洲西班牙黄金与白银的兑换比率是 1 : 12.5 到 1 : 14，而在中国的金银比率是 1: 5.5 到 1: 7。中国白银比欧洲贵一倍多，而引起了久禁不绝的投机套利活动。办法就是以 1: 12.5 到 1: 14 的兑换率在欧洲用金币兑换银币，熔炼成银锭，走私或输往中国，按 1: 5.5 到 1: 7 的比率兑换黄金或购买茶叶、瓷器、丝绸运回欧洲，就可以获得大量盈利。这种套利活动对欧洲的影响是造成大量的白银流失，致使欧洲银币长期短缺，进而造成了欧洲金银双本位制的不稳定，所以白银走私对欧洲经济也有很大的负面影响。

1717 年深受白银走私困扰的英国政府向大科学家牛顿提出寻求帮助的请求，当时牛顿已离开剑桥大学到伦敦制币厂就职，并从 1699 年就任伦敦制币厂厂长已达十八年，于是牛顿开始着手研究金银的比价问题，并提交了最终报告，其提出的具体建议是：

"窃以为，金衡制下 1 磅黄金，含 11 盎司合金，折合 44.5 几尼金币；1 磅白银含 11 盎司又 2 英钱纯银，以及 18 英钱合金，折金 62 先令。据此比率，1 磅纯金，等值于 15 磅 6 盎司 17 英钱 5 先令的纯银。由此推之，1 几尼金币等值于 1 先令 6 便士银币。"

他得出的结论是出口的银锭比银币的价格高 2~3 便士，是白银走私出口的诱因，因而建议降低几尼金币价格 10~12 便士，也就是将几尼金币价格定为 21

先令，他认为这样就可以使金币与银币的比价平衡，而使投机者失去套利的机会，将白银走私杜绝。英国财政部采纳了他的建议，规定禁止以低于21先令价格进行金币交易。但实际牛顿对白银的定价仍然偏高，白银走私并没停止，仍持续了三十年，直到银币退出货币流通之后白银走私才停了下来，但1717年所确定的黄金一盎司3英镑17先令10 $\frac{1}{2}$ 便士的价格一直保持到1931年英镑由于经济危机而贬值之前达214年。这表明市场已接受了金本位制，而扬弃了银本位制，由金银双本位制过渡到了金本位制，而金本位制被官方认定正式成为英国货币制度则为百年之后的1816年了。银币退而成为辅助性的代用货币。

从18世纪中后期开始英国在工业革命的推动下迅速崛起，19世纪成为占有全球1/4面积的日不落帝国，政治与经济的巨大优势，使其他各国也纷纷向金本位制靠拢，所以，1867年（即英国正式实行金本位制五十年以后）在巴黎召开的一次国际会议上通过决议，确认黄金是唯一的世界货币，英镑随金本位制的发展也由一国货币变为了世界货币，如同1944年在布雷顿森国际货币会议后的美元。到20世纪初的1914年第一次世界大战前夕，全球已有59个国家实行了金本位制，包括了当时除中国外的全球主要经济国家，金本位制成为人类社会主导性的货币制度。

至此黄金完成了从金属到货币，从辅助货币到主导货币，从一国货币到世界货币的发展过程，成为货币之王。黄金货币属性也从无到有，从萌芽发展成为遮天大树，深深地扎根于人类社会。这个过程是一个缓慢的积累过程，是多种社会关系发展变化的结果，当然最基本的因素也包括其自然属性，这个过程始终是人类化物为奴的过程。但是，随着交换对人类生活的日益重要，甚至成为人类的一种生活方式，用于交换的工具——货币获得一种社会权势，即拥有货币即可获得自己想获得的一切，因而货币成为可呼风唤雨的“神圣”，于是产生了货币崇拜，自然作为货币之王的黄金更成为人类顶礼膜拜的对象。黄金与人类的社会关系也由此发生了变化，黄金成了人类孜孜追求的目标，从而黄金作为人类的交换工具成了人类生活的目的，因而也成为拜金主义的滋生土壤，而大文豪莎士比亚对黄金的文字激扬的讨伐就是对拜金主义的批判。这也是黄金走出神秘，进入人类日常平凡生活中黄金崇拜仍存的原因，而这种崇拜在商品经济的社会关系中将长期存在。

随着黄金货币社会地位的提升，黄金崇拜日益彰显，诱使人类掀起了争夺黄金的一次又一次的黄金之战，且不乏持续百年的战争。那时盛产黄金的国家往往会因强者的觊觎而引来杀身之祸，而强者之间的争斗可以持续几百年，甚至因此而结下世仇，至今仍未平息。第二个千年开始之际，欧洲人便前后进入了9次历时二百年的十字军东征。十字军东征高举的宗教战争的旗帜，以捍卫宗教和夺回圣地为口号，但东方黄金遍地的传说和迅速暴富的憧憬才是真正的动力，虽以失败而告终但并没有因此而偃旗息鼓，一旦条件成熟，追逐黄金之梦便又会死灰复燃。15世纪欧洲黄金极度短缺的现状更将欧洲人对黄金的渴望提升到了忘我的程度，于是开始了一次次航海探险活动，期望在东方能找到黄金如饥似渴，先后持续了四百年。拜金主义被钉在人类文明史上的耻辱柱上：他们不仅将土著民族的黄金抢掠一空，摧毁了那里的历史文明，而且又将土著民视为奴隶，迫使其在极其恶劣的条件下为其开采黄金。欧洲黄金产量很少，而金本位制得以在欧洲建立，是以对弱小民族进行黄金掠夺为基础的。纵观人类的发展史，黄金是人类民族关系和国家关系的一部分，这是黄金货币属性更为重要的人文价值，它成为联系人类政治与经济关系的重要纽带。

黄金的货币属性另一个重要的人文价值是进一步强化了人类的黄金财富观，

并促使人类建立了货币财富观。对人类有价值的东西皆为财富，财富的价值表现是对人类的有用性，而黄金货币化使黄金在祭祀、装饰、赠予、贿赂、彰显权力和富有的有用性的基础上又增加了交换支付的有用性，这是一种有更大社会影响力的有用性，因而极大地强化了黄金的财富属性，而黄金之所以能成为货币，并最终胜出成为货币之王又与黄金的稀有贵重的财富属性密切相关。因黄金集货币与财富于一身，人类的货币等于财富的理念便产生了，并成为当代金融发展的基础理论。当代金融业的运管与发展都是在这个理念的基础上展开的，而当货币是金银时这一等式是成立的，因为金银的价值是客观的存在，而当货币变为纸币时这一等式就成了问题，因为纸币的价值是人类赋予的，价值随时可以消失变化，这是引发当代金融危机的根本原因。

黄金货币属性的衰微

1867 年黄金被确认为是唯一的世界货币，是黄金货币属性发展的最高峰，黄金从一种金属发展成为货币之王经历了近四千年的时间。黄金走向货币属性高峰之际，由盛转衰的社会条件也开始酝酿成熟，正如所有事物一样，盛衰转换是一个客观存在的永恒，金本位制也不例外。而使黄金货币属性衰微的就是人类的货币是财富的理念，因而黄金货币的替代品出现了，而使纸币崛起。最早是商业机构发行的黄金及其他金属币的寄存凭证，凭证出现的原因有两个：一是金属货币，即使其的小型化、标准化带来了使用的便捷性，但运输保管对大量的交易来说仍是一件比较困难费力的事，而使用纸凭证则可免除这种困难。二是金属货币出现短缺而纸凭证则可以成为替代的结算手段。

最早的凭证是在我国四川出现的“交子”，“交子”泛指的是交易的票据。

公元960年宋朝建立，五年后吞并蜀国，原蜀国用铁钱，宋则废蜀铁钱而改铜钱，而蜀缺铜，不仅铸造铜钱昂贵而且数量不足极度短缺。为了便于交易，于是出现了“交子铺户”，商人将流转的铁币存入，使用时交一定的管理费可随时提出，存钱而开具的凭证即为“交子”，因为“交子”证明确实有钱，交易时不用铁钱，只用“交子”即可，这样“交子”就具有了流转抵押的功能和独立于铁币的流通功能。1005年时任益州(今成都)知府的张咏选择了16家商号，将他们发行的票据收齐变由政府统一印制，并加盖公章，统一发行的“交子”，因加入了政府诚信支付，具有了官方发行货币的雏形。此后，1023年政府建立了专门的管理机构“益州交子务”并发行交子125.634万贯，准备金为发行量的29%，诞生了世界上的第一种纸货币，向全国发行。1069年王安石变法，推动经济改革取代地方发行的“交子”，在全国范围内发行统一纸币，这是最早的国家发行的统一纸币。

之后的金朝、元朝也都发行纸币。1260年，成吉思汗的孙子忽必烈即大汗位，发行大统宝钞，禁用金属货币开元朝纸币使用之风。1368年明朝建立，开国皇帝朱元璋延续元朝纸币制度禁金属币，而强行使用纸币——“大明宝钞”，但到了1522年被十二世皇帝世宗嘉靖所废止。中国是纸币的发明者，但纸币却没有持续而最终又回到了金属本位，原因就是统治者利用发钞权而无限制地超发货币，引起了严重的通货膨胀，最终不得不废止，看来纸币超发造成恶性通货膨胀不是当代特有的现象，在古代纸币诞生之日起就是一个顽症。货币必须要有价值，没有价值的货币就失去了有用性。失去了信誉的纸币即不是财富可以用于储藏，也不是货币可以用于交换，而成了一张废纸。但是，这并没阻止纸币最终成为人类使用的主流货币，而纸币的弊端也日益影响人类的经济活动，而演变为社会重大的政治问题。

欧洲货币受中国的影响，稍后也出现了货币的纸币化发展趋势，那时欧洲市场流行的金币品种有数十种，每种规格都不同，所以换算十分复杂，带来了使用上的不便。纸币的概念传到欧洲后，在13世纪出现了银行汇票，从而使用汇票结算而不是金币，货币的概念出现了变化，过去是政府发行的印有不同图案的金币，而现在成了各种私人机构推出的信用工具，再一步的发展是以黄金为基础的具有法定含金量的国家发行的纸币成为主要的交易工具，而金币流通量越来越少，只在大宗交易和处理国家间的贸易逆差时才会使用，这就是1922年热那亚国际会议建立的国际金汇总本位制，而且也是多用金块而非金币。在实行金汇总制的国家纸币成为人们日常使用的货币，而黄金则退居后台成为国家储备用作纸币发行的基础。

19世纪初英国正式建立的金本位制就是黄金与英镑形式固定比价，以纸币英镑作为日常支付工具，而黄金是英镑纸币发行的基础。市场上的商品（包括黄金）是以英镑标价，日常交易也使用英镑作结算工具，和今天纸币的差别仅是不以信用为价值基础，而是以黄金为价值基础。货币纸质化趋势推动传统的金本位制很快发生了变化，有人认为变化是因黄金供应不足，为节约黄金使用而做的改革，我认为追求使用便捷性是更重要的原因，因而国际货币体系由传统的金本位制变为了金块本位（以黄金作纸币发行基础，但只能兑金锭）与金汇兑本位（以黄金做纸币发行的基础，在国内不能兑黄金）并列格局。

金块本位制下虽然黄金依然是国际贸易结算的货币，而国内交易使用的主要工具已是纸货币，纸货币发行数量以黄金储备为基础，具有法定含金量，只有作特定用途时流通纸币才能兑黄金，而且不再是金币而是400盎的标准金锭。20世纪20年代英国、法国、荷兰、西班牙这些黄金储备多的国家实行的都是金块位制，而其他国家则是实行金汇兑本位制。金汇兑本位制国家是将自己的黄金和外汇存入实行金块本位制的国家，本国货币与金块本位制国家货币挂钩形成固定汇率，在进行国际贸易时如使用黄金必须按法定汇率将本国货币兑换成金块本位制国家的货币，用该国货币兑换黄金，而本国国内交易全部使用纸币，虽然纸币具有法定含金量，但任何时候也不能兑黄金。这一时期虽仍属金本位制时期，但金币基本退出了货币流通领域。

此时虽然金本制仍存，但黄金已不是国内交易的主要工具，而成为主要流通支付工具纸币发行的基础，黄金的货币功能由明转暗，而且也失去了跨境自由流动的机能，从而废除了金本位制实现国际货币平衡的市场机制。1944 年布雷顿国际货币会议建立的就是一个以美元为中心货币的金汇兑本位制，不仅各国国内交易已全部使用纸币，并不能自由兑换黄金，而且国际贸易结算也主要使用纸币（美元），只是在贸易结算平衡时才使用黄金。但美元发行与黄金挂钩，而各国货币与美元挂钩，从而形成以固定金价为基础的国际固定汇率，实现国际货币体系的稳定。战后以美元为中心的布雷顿森林货币体系进一步压缩了黄金货币的支付功能，此时黄金已不能自由流动，民众禁止拥有和使用黄金，黄金成为从一个山洞里挖出来，又在一个山洞里藏起来被严加看管的国家储备。到 1971 年 8 月美国总统尼克松宣布美元和黄金脱钩，并停止履行以 35 美元官价兑一盎司黄金的国际义务，割断了黄金与货币的唯一联系，从而彻底地清除了黄金的货币功能：既不能作为支付工具在国内流通，也不用于国际贸易结算。

对于黄金非货币化，《国际货币基金协定》的修正案于 1978 年通过，黄金不再是货币评价定值的标准，国际货币基金组织不再干预市场，固定官价被废止，金本位制被废止，从此人类第一次进入以国家信用为基础的纸币时代。金本位制的衰微废止，与纸币的诞生成长是相辅相成的，两者的地位转换并非是 1971 年某一天突然发生的，而是一个长期的发展过程。如果从我国宋代出现的

"交子"算起，纸币已经过了九百多年的发展期。纸币的发展是人类交换关系发展的需要，从这个意义上讲美元霸权的出现不是幕后阴谋的产物，而是发展的必然。当然信用本位与金本位一样也存在着不尽如人意的地方而需改进、改革甚至扬弃，但这一切都必须在了解和认识客观发展规律的基础上进行，而不是以阴谋一言蔽之。纸币的一切问题皆源于人类的自私和欲望的无限膨胀，这是公开的"阴谋"，为此人类需要有自我克制的能力，但这不是我们要讨论的话题，让我们把关注点再转向黄金。

货币化语境使当代黄金社会功能定位迷失

黄金被人类用于制造货币有四千年的历史，使用黄金做交换中介的历史有近六千年的历史，而人类发现黄金的历史已有万年。黄金最早并不是用于制币，而是用于制作祭器，而后成为帝王们权势与财富的象征，而成为帝王们的专有物。由于人类交换活动日益频繁，黄金开始成为上流社会交换使用的"上币"。这是黄金货币属性发育的初期，那时还不是黄金主导性的社会功能，而从属于黄金财富社会功能，是人类拥有的财富的一部分。黄金只是在一个很小的社会空间中做交换的中介物，但那时并没有黄金货币的概念。公元前 7 世纪古吕底亚国铸金币诞生，才使黄金与黄金货币分离为两个概念，黄金货币独立于黄金成为人类的交易工具的一种，而黄金则是人类的一种财富，用于装饰，制作首饰等。此时使用于交换的黄金中介物不再是金块，而是印刻有特殊图案和图形的金币，由于其流动性的增加，民众日益频繁使用和接触金币的现实生活，从而极大地强化了黄金是货币的概念。

在漫长的历史中黄金货币的使用只是一种辅币，只是随着人类商品经济发展，交易规模的扩大，使货币数量需求大幅增加，高价值的金币也逐步由辅币变为主币，并且金本位制逐步成为世界上一种主导性的货币制度。人类社会近三百年来是金本位制确立、发展、式微的过程的发生期，在这个时期黄金货币功能发挥由弱到强再由顶峰到低谷，最终是非货币化的完成，因而随着黄金货币功能的变化，黄金的社会定位也是不断变化的。

18、19 世纪的这二百年，黄金货币功能因金本位制的发展而不断强化，黄金由一种具有神性的金属成为制造货币的金属，走入民众的日常生活成为交换的工具。黄金的货币化极大地扩展了黄金的有用性，在增强人类黄金财富文化指令的同时因商品经济发展，货币在人类社会经济中的地位如日东升，从而又增强了黄金社会权势的文化指令。人类的货币崇拜延伸为黄金崇拜，那时的黄金社会功能定位是：金币是货币之王，黄金是绝对财富。

20 世纪前半叶基本上是金汇兑本位制时期，社会流通支付手段主要已是纸币，而对黄金实行管制，黄金成为国家严格控制的战略资源，只是用于国际贸易的支付平衡，因为这时黄金的社会功能主要是作为国际货币，所以硬通货是当时黄金的社会定位。纸币加辅币为现金，即是在国内交换时可使用的货币，俗称通货，而可以超越国家主权，在国际进行交换时也可以使用的货币被称之为硬通货。无论是战前的英镑汇兑本位，还是战后的美元汇兑本位时期，社会交换使用的都是纸币，而不再使用金币，但纸币具有法定含金量，在国内使用，国际贸易则用金锭进行最后结算支付，因而这时黄金的社会功能定位是硬通货。这也是我国在 20 世纪 90 年代以前的官方定义。

金汇兑本位一直维持到 1971 年美元纸币与黄金脱钩，纸币不再具有含金量，不仅在国内交易中使用纸币，而且在外贸结算与储备中使用的也是纸币，废止了黄金是货币评价定值标准的规定，这也就是黄金非货币化。黄金从硬通货变为了非货币，黄金的社会功能定位就要调整，但由于战后新古典经济学成为全球发展经济的“圣经”，货币政策成为政治家干预经济的主要手段，虚拟经济成为金融家们生存的“土壤”，从而形成了强大的排斥和贬低黄金在当今社会经济中作用的力量。

著名经济学者萨廖尔森在其所著的《经济学》对黄金非货币化之后的黄金的评论是：“多数专家认为黄金已经过时，浪费资源去挖掘地下的黄金，随后再将它存入美国政府的金库中，这种行为是荒唐的，为何要制订这样一份计划，为南非、苏联，投机商以及私人或官方囤积者谋取暴利呢？”他的结论是“从经济学的角度看，就对工作、投入、利息、通货膨胀、终身储蓄而言黄金一点也不重要”。今天看来其对黄金的评价是如何的武断与浅薄。

在这种大的社会氛围中，黄金商品论流行，对我国的思想界也产生了很大的影响。

1949 年新中国成立之初，我国就已实现了黄金非货币化，国内从人民币诞生之日起就与黄金脱钩，并实行黄金管制，黄金从来都不是人民币发行的基础，之后之所以将黄金社会功能定位于硬通货，是因用于对外贸易的需要，因此，在 1957 年国家决定大力发展黄金生产，提高黄金产量的目的就是增加国家硬通货的支付能力，而黄金硬通货的社会定位也成了我国长期实行黄金管制的理论依据，这一社会功能定位一直保持到 20 世纪 90 年代，因而使我国黄金市场化进程大约滞后了三十年。

20 世纪 90 年代初我国开始了黄金市场化改革进程，1993 年国务院 63 号函确立了黄金市场化改革方向。在黄金货币化的语境中，黄金管制的理论依据既然是黄金硬通货论，那么要实行以解除黄金管制为前提的黄金市场化改革就一定要破除黄金硬通货论，因而提出了黄金商品论。在这一段时间里黄金商品论的兴起不仅成了黄金生产者挑战黄金管制的武器，而且成为我国黄金市场化改革的指导理论，因而将建立一个黄金商品交易市场作为改革的最终目标。黄金商品论的出现与当时我国经济改革确立发展商品经济，建立市场经济体制的大环境有关。黄金商品论者甚至认为黄金已成为和当时北京市民每年的冬储大白菜、大萝卜一样的一般商品。

黄金商品论很快就表现出了它的局限性，而难以成为我国黄金市场化改革持续推进的指导理论。这是因为当时国际上虽已实现了黄金非货币化，但黄金市场并不是一个商品市场，而是一个金融属性主导的市场，是金融市场体系的一部分。如何认识这一状况呢？一种意见认为这是一种暂时性黄金货币遗存的表现，应加快推进消除这种遗存的进程；另一种意见认为黄金货币遗存将是长期的，也是必要的。之所以是长期的，既有历史文化沉积因素的原因，也有现实需要的原因，基于后一种认识而提出黄金是具有金融属性的特殊商品的这一理论概括，这一理论概括本质上是认为黄金是仍有货币属性的隐性或边缘性货币。很快这一理论概括不仅成为新世纪流行而主导性的黄金功能定位论述，并且成了我国在完成黄金商品市场化改革之后推进黄金金融市场化改革的指导理论。

黄金市场是一个金融市场，之所以黄金市场是金融属性的市场，是因为黄金具有金融属性，这样推理似乎成立，但是当今黄金市场之所以是一个金融市场，是因为市场交易的主体是黄金衍生品，黄金衍生品的本质是货币而不是黄金，所以黄金市场交易形成的主要是资金流（为99%以上），而黄金物流不足1%。正因如此，黄金市场是一个货币流主导的市场，所以才是一个金融市场，而黄金在这个市场中已被边缘化，只有不到1%的交易量，所以对市场的属性已不能起决定性作用，或者说与黄金的属性无关，这是其一。

其二，黄金在黄金市场的表现又是如何呢？不仅是黄金仅为市场交易的不足 1%，而且即使黄金市场中不足 1% 的黄金交易中的 90% 仍是属于商品性交易，是用于商品消费领域需求，而用于金融投资领域的黄金仅为其中的百分之十左右，即总交易量的千分之一，所以黄金本身并没有表现出强烈的金融属性，而是商品属性主导，从这个意义上讲黄金已是商品。详见 1992 年至 2001 年黄金投资需求量及比重（见表 2–1）：

表 2–1　　1992 年至 2001 年黄金投资需求量及比重

项目＼年份	1992	1993	1994	1995	1996	1997	1998	1999	2000	2001
投资金条需求（吨）	284	330	236	318	189	327	377	425	217	232
投资金币需求（吨）	91	121.3	72.2	86.8	63	98.5	126.9	133.2	47.8	56.2
对冲投资需求（吨）									15	147
黄金投资总需求（吨）	375	451.3	308.2	404.8	252	425.5	503.9	558.2	279.8	435.2
黄金总需求（吨）	3501	3477	3320	3626	3531	4238	4103	4157	3970	3868
投资需求占总需求（%）	10.7	13	9.3	11.2	7.1	10	12.3	13.4	7.0	11.3

资料来源：《黄金年鉴 2002》，英国黄金矿业服务有限公司

黄金市场的金融性并不是源于黄金的金属性，所以不能因黄金市场的金融性而得出黄金是具有金融属性的特殊商品这个理论概括，这仍没有正确地对黄金的社会属性做出概括。那么，当代黄金是什么？回答这个问题的前提是当代黄金已非货币化，因而要在非货币化的语境中确立黄金的社会属性，这个黄金新语境就财富语境。

— 02 —
财富语境中的黄金社会功能再构

语境是人类思维模式的固化和思维逻辑的规范，因而语境是对人类思维空间的限制，故人类思维的突破首先要求语境的突破。之所以数十年来对黄金社会功能定位的种种努力未能解除困惑是因为当今黄金已经实现了非货币化，但我们的思维仍在货币的语境之中思维受限，所以要走出困惑必须调整语境。那当代黄金的语境在哪里?

非货币化：黄金财富属性回归

黄金货币功能的产生、发展、式微构成了黄金货币语境，我们在货币化语境中，对黄金货币发展的不同阶段的黄金进行了不同的社会功能定位。虽每个阶段的定位都不同，但都是在货币语境思维中进行的，所以，给已不是货币的黄金作社会功能的再定位便遭遇了认识上的瓶颈而难以走出困惑，那么，我们应建立什么样的新语境呢?

我们先要看非货币化后的黄金存在现状。

从 1971 年美元割断与黄金的联系算起，当代黄金非货币已达四十多年，黄金既失去了流通支付功能，也不再是货币发行的基础，但是四十年后的今天，各国央行的黄金储备有增无减。到 2013 年全球有 21 个国家的央行增加了黄金储备，全球官方储备总量达 3.25 万吨，约为人类数千年黄金总生产量的 18.87%；2004 年至 2013 年全球官方黄金储备占外汇储备中的比重年平均为 10.10%，而经济发达国家2013年更高达23.7%；而且不分大小贫富全球绝大部分国家至今都保有黄金储备，国家数量达百余个。黄金仍是国家财富储备的选择。

再看看民众持有黄金的情况（见表2–2）。除了官方持有人类数千年生产的18.87%的黄金和已消失的不足3%的黄金，也就是还有近八成的黄金是由民众持有，到2013年人类总计生产17.7万吨黄金，这意味着民众现在总共拥有近14.36万吨左右的黄金。而在近十年每年平均仅有不足1%（0.94%）的民众存量黄金又进入市场变现，而99%多的存量黄金是处于静止状态，为民众所储藏。

表2–2　2004年至2013年民众储金与上市量表

年份 项目	2004	2005	2006	2007	2008	2009	2010	2011	2012	2013
民众黄金存量（万吨）	12.41	12.65	12.93	13.21	13.44	13.62	13.83	14.05	14.28	14.62
入市交易量（万吨）	0.096	0.104	0.099	0.121	0.141	0.147	0.144	0.146	0.147	0.122
入市量占总持有量(%)	0.77	0.82	0.76	0.92	1.05	1.08	1.04	1.04	1.03	0.84

资料来源：根据《世界黄金年鉴2014》数据计算所得结果（四舍五入）

这表明黄金非货币化后的黄金不再是流通支付的工具，也没有成为一种消费性商品而被消费，而是成了人类的一种财富储藏手段。无论是官方，还是民众都把资产储藏作为黄金的第一大应用领域，我们把这一变化称之为黄金财富属性的回归。如再做更长历史的考察，其实黄金财富属性的发端早于其货币属性，并且是黄金货币属性的缘起，并且因黄金货币属性的发展而在多层面上强化了黄金的财富属性，两者有着密切的相关性：黄金货币是流动的黄金财富；黄金财富是储藏的黄金货币。

当代是一个黄金财富属性回归的时代，因而需要建立黄金财富语境，要进行思维模式的调整。对于黄金而言，其最早用途并不是制币，而是用于对神祇崇拜的表象物，进而因黄金的稀有和珍贵而成为人用于馈赠和储藏的财富，并因黄金的神圣与珍贵的社会属性使黄金财富具有了高端性，长期成为权贵的象征，为社会高层阶层所专有，而黄金货币的高端性也是以黄金财富的高端性为基础的。货币的有用性主要是充当交换的中介物，是实现交换的工具而黄金财富的社会功能则呈多元化，主要功能有：

赏赐。在古埃及的废墟的壁画中就常常发现国王将黄金奖赏给他的大臣的画面。一幅壁画旁的文字还记载了国王的话："把黄金悬在他的脖颈的前面和后面，系在他的脚上，因为他在这宏伟的宫殿中注意倾听法老在阿吞神庙的圣堂中讲的关于阿海塔吞每句话的教训。"这是发生在六千年前的事，黄金不是用于交换，而是用于赏赐，可见那时黄金财富的理念已广为流传，并为社会广泛接受才有了上面的一幕。在当代黄金仍是最高的奖偿，如以金牌对各种竞技比赛冠军的奖励；1999 年我们给予"两弹一星"功臣们每人的奖励是 1 千克重的黄金奖章。

供奉。除黄金财富用于赏赐外，还用于信徒对神祇的供奉。锡克教徒一生生活清贫，缺衣少食，但他们为了表示对神祇的信仰虔诚而大量奉献黄金，用 300 吨黄金将他们最神圣的哈里神庙装饰成了一个黄金之庙。为了使这座历史悠久的神庙在未来的五百年仍能熠熠生辉，又将要添加 200 吨黄金，这些黄金全部是由全球锡克教信徒奉献的。今天，信徒贡奉黄金修建寺院，装饰佛像在我国也不罕见。

贿赂。因为珍贵，黄金往往又会用于行贿，成为打开权力大门和获取不当利益的工具。罗马帝国的凯撒大帝就是靠其搜刮到的黄金，从一个小官员一步步攀上了权力的最高峰。我国汉朝高祖刘邦与项羽争天下就屡次用黄金收买项羽部下，这在史书上有清晰的记载。专家对唐宋黄金用途的研究表明，贿赂是那时黄金的第一大用途。这种行为延续至今，当今已公布案件中就有多个涉案数十千克黄金的案例。

贮藏。人类要实现持续生存发展，财富储藏是十分重要的。由于黄金稀贵性和优良的抗腐蚀性，成为人类追求的最高财富储藏方式。二千四百年前古罗马人就有将黄金藏于朱庇特神殿的习惯，并严加看管，与今天美国将自己的黄金储备置于军事基地内由数万名士兵看守并无两样。当今黄金已非货币化，不再是交易的支付手段，但无论是官方还是民间，藏金仍是财富储藏的优先选择，当今黄金主要是被个人或机构作为财富储备而存在。

炫耀。炫耀是人类精神满足的需要，因为拥有黄金财富是权力的象征，公元前 331 年亚历山大在伊苏斯会战中击败了波斯王大流士，进入其野战帐篷观看了大流士黄金战车、黄金御座和黄金浴缸后感叹道："这些是君王的题中之意啊！"罗马凯撒大帝远征埃及归来举行了黄金游行，在罗马城公开展示他的黄金战利品。之后拜占庭历代国王竞相用黄金装饰宫殿和教堂，目的都是用黄金宣示帝王的权势和富贵。炫耀之风延续至今，甚至已经成为一种生活的常态，如房屋装饰追求金碧辉煌，以披金挂银来宣示家庭富足等。

人类黄金财富文化指令延续数千年，持续而稳固，并没有因黄金非货币化而消失，相反，因黄金非货币化而诞生的信用货币体系所暴露出的体制性缺陷，而更加强化了黄金财富对人类的有用性，使黄金又一次占据了人类社会权力的制高点。

黄金财富与货币财富

黄金与货币对于人类都具有用性，因而都是人类的财富，两者具有关联性，又有各自的特性。黄金财富是神圣的，因为它曾是神祇的象征；黄金财富是富贵的，因为它曾为帝王所专有；而黄金货币是平凡的，因为它是民众使用的交换工具，因而黄金的货币化使黄金财富走出了庙宇，走进了社会大众。黄金货币的民众普及化大大增加了黄金财富的流动性和使用的广泛性，从而扩大了黄金财富在人类社会的存在和社会功能的延伸。而金本位的建立则使金币成为凌驾于其他货币之上的货币之王，对此伯恩斯坦在《黄金简史》中写道："在某种意义上，黄金成为货币的转变，促成了黄金的大众化。由于货币制度的出现，在吕底亚之后，黄金的拥有和使用不再是王室的特权——即便只有最为富有的人才能触摸和体悟黄金，将其藏于家中，凭之购买器物，支付债务，诚如他们将黄金装饰自己的耳朵、鼻子，或缠绕于颈项上；不久他们以黄金支付税负，但黄金已确凿无疑地流转于大众之手。因此，权力与财富的观念交织并浑然于一体。"黄金财富也因此成为凌驾于其他财富之上的人类绝对财富，集财富与货币与一身。

货币是财富的理念是在货币是商品，特别是在金银的社会条件下产生形成的，在这种条件下，说货币是财富就指金银是财富。货币是财富的文化指令之所以能稳定地存在了上千年，一个重要的原因是这个时期人类货币制度是建立在金银本位基础之上，无论是金银双本位制，还是单一的金本位制或银本位制，纸币都是从属于金银货币的，或作为流通辅币，或以金银为发行基础，纸币具有固定的金银含量，都是金银财富的代表。所以那时无论是金属币，还是纸币，在金属本位的条件下都是财富。

19 世纪金本位制呈推进之势，而银本位制走向式微，到 19 世纪末金本制已居主导地位。银本位的式微也使白银财富的理念式微，白银退出了货币领域之后白银财富的理念也逐渐淡化，今天，认为白银是一般商品的理念已占主导地位，而黄金财富理念因金本位制的强势推进而得到强化，具有了凌驾于一切货币、一切财富之上的社会权势，而且并没有因20世纪70年代推进黄金非货币化而使黄金财富指令消失。

基于便于使用的最基本的要求，全球货币出现了纸质化的趋势，因使用纸币可极大地减少因使用金属货币产生的储存、搬运、计算之烦。而纸币之初是金属货币的存单或拥有固定金属含量的凭证，并可以自由兑换金属货币，因而纸币具有金属货币的价值，仍代表人类持有的实体财富，这种情况直到1971年之后才发生了变化。

1944年布雷顿森林国际货币会议确定的战后国际货币体系，是以美元纸币为中心货币，其流通支付和储备的工具都是美元纸币，但在前期，因美国有大量的黄金储备而承诺可以用美元官价兑黄金，美元是黄金的凭证而称美元为美金，但那时美元纸币的价值依存于或等同于黄金价值，具有一体性，并且美元价值对黄金具有从属性，所以美元纸币即使被视为美金也不能对黄金财富指令的权威性构成威胁。

1971年美国尼克松总统宣布停止履行以官价兑美元的国际义务，割断了美元与黄金的联系，美元变为了美钞，这一字之差发生了根本性变化，美元不再是美金而成一张纸，由此也影响全球进入了一个纸币时代。进入纸币时代货币还是财富吗？这是当代货币财富出现的新问题。

纸币：价值不稳定的财富

纸币的历史也很悠久，已有近千年的历史。历史上在局部地区也曾存在建立于国家信用基础上的纯纸币，但今天全球性的纯纸币时代是人类历史上的第一次，因而具有探索性，也具有很大的风险。

不以黄金为基础的纸币只是印了各种图案的纸片，其价值之源是政府的诚信，因纸币是政府开出的一张欠条，允诺民众在付出劳动后获得劳动成果价值的纸币可在交换时得到等值的财富，这是政府与民众建立的一个契约，而纸币能否使民众得到等值的财富的关键是政府能否诚信履约。遗憾的是，四十年的实践告诉我们没有一个政府践行了自己的诺言，所有国家发行的纸币都走上了一条持续贬值的不归路。这是因货币政策作为一种调控经济的手段，在缺乏制衡的情况下，基于现实的需要政府有一种超发货币的冲动。而纸币持续贬值，对一般民众来说意味着货币已经成为一种不可靠的财富，尤其是货币财富储备充满了巨大贬值风险。

人类社会进入了价值不稳定的纯纸币时代，也使人类社会的政治、经济关系发生了重大的变化。商品价格及汇率由稳定变为剧烈波动，在形成大量经济泡沫的同时也对实体经济的发展造成了冲击，因而金融危机和经济危机频繁出现。而且因为纸币财富是一种不稳定的财富，其价值是可以人为调整的，这就为社会强权打开了掠夺民众财富的方便之门。而使金融成为转移和分配社会财富的主要手段，这种转移和分配是隐性的，在无声无息的平静中个人财富便可消失。社会财富向金融强权聚积而扩大了社会贫富的两极分化，加剧了社会矛盾。在纯纸币时代的四十多年里，社会财富虽有了很大的增长，社会文明也得以进步，但社会矛盾有增无减，原因就是社会财富分配的不公加大了社会的纷争，其一个重要的原因是纸币财富价值可被人为操纵转变，所以，纸币时代是一个财富不安全的时代，也是一个缺乏公平的时代。

人类在 20 世纪经历两次世界大战之后，已有近七十年的和平期，虽然局部的战争和小的冲突不断，但相关方对战争的规模都很节制，并没有使局部性冲突发展成为全球性的战争，除力量的均衡因素外，另一个重要的原因是强权国家有了一个比战争更好的掠夺全球财富的方法，就是金融战。之所以金融战可以奏效，其原因就是强权国家可以利用自己所拥有的货币定价权和交易规则制定的话语权，通过改变汇率实现不等值交换，从而获取不当利益，并通过全球经济一体化将这种金融强权的影响力扩展至全球，将国内金融强权推展到国际，所以，金融博弈已成为当代国家间实力比拼的重要形式，金融业上升到当代经济的核心地位，成为国家的战略产业。

美元是当代使用最广泛，而且占全球外汇储备 60% 以上的纯纸币，因而美国是当今最大的金融强权国家，自从美元割断了与黄金联系之后，美国便开始了以制造虚拟财富（纸币）生活的国家。2013 年其国债已超 170000 亿美元，2010 年美国每人平均承担的国债利息即达 4140 美元，而且债务还在增长。有人指出美国已无力偿还如此巨大的债务了，但美国国内却能保持极低的通胀率，物价保持在较低水平。不仅没有破产，反而保持着让世人羡慕的生活水准和经济活力，原因就是美国利用其拥有的金融强权将通胀风险输往国外，美国超发美元的后果有相当大比重是由其他国家分担了，这就是美国在全球是唯一一个可以用超发纸币解决双赤字的国家的秘密。

我国是最大的外汇储备国，2015 年初外汇储备超过了 40000 亿美元，其中有 80% 为美元资产，是美国最大的债权国，因而是美元贬值的最大受损国。美国的应对之策就是不仅超发美元，持续贬值，还以各种名义打压人民币升值，这就意味美元对人民币的更大贬值，从而使美国债务实际实现减负。作为国际中心货币发行国，美国的货币政策表现出了强烈的自私利己主义，因现在美国是负债国而超发美元，使美元持续贬值，以损害债权国的利益，获不当利益。相反在其是债权国时则是实行坚挺的美元货币政策，以保证其资产的价值的稳定和借出美元的等价回收，这就是金融战的一个实例。

人类纯信用纸币时代的实践已有四十多年历程，现在还不能说已经失败，但对货币是财富这个文化指令已产生重大挑战。虽然还不能得出纸币不是财富的结论，但已经表明纸币是不稳定的财富，故纸币储藏充满巨大风险。货币的纯纸币化是一把双刃剑，在使用便捷化和增加经济活力的同时也具有极大的副作用和破坏力。因而现在虽废除纯纸币体系的时机尚未成熟，但改进纯纸币体系的课题已经提出。

增加对政府超发货币的制衡力，实现纸币的价值稳定是改进纸币体系课题的基本诉求。如何达到这个目标呢？人们又把目光投向了黄金，因金本位制下的货币稳定对人类影响深刻，与纯纸币体系的动荡形成了鲜明对照，因而提出了要建立新金本位制，即在纯纸币体系中增加黄金财富的权重，为纯纸币体系增加稳定之锚。从而因信用财富危机而极大地强化了新世纪黄金财富指令，使新世纪第一个十年逐步形成了一个黄金财富价值回归潮，黄金财富再次回归人类财富体系中的王者地位。

黄金财富重返王者之位

黄金的价值是社会劳动的凝聚，其价值是客观真实的价值，是诚实不会违约的财富，不会依人们的私欲变化而变化，因而黄金财富储藏可以使人类获得并保留一个稳定的劳动价值。另外通过政府有形之手操纵黄金市场价格也比较困难，如 20 世纪 60 年代美国政府曾强力干预黄金市场，但不仅流失了数千吨黄金，而且最终宣告失败，因而黄金财富具有更大的安全性。所以，黄金财富文化指令在黄金非货币化的条件下，因纯纸币危机的频繁出现而得到强化，并非因此消失，并且通过比较成为人类财富认知的最大公约数。

黄金之所以是人类财富认知的最大公约数，就是因为黄金财富的文化指令已被多数人类所接受，这是黄金价值稳定的基石，并经数千年的文化积累使黄金财富具有巨大的人文魅力，从而使黄金财富具有了凌驾于人类一般财富之上的社会权势。其具体表现是：

黄金财富价值可以超越信仰。

人类的信仰是多元的，不同信仰的人群对价值判断标准存在差异，甚至完全相反，我们说黄金是人类财富认知的最大公约数，也就是说黄金是人类财富信仰的最大公约数，所以黄金的价值可以超越信仰的差异，而为不同信仰人群认可。这与黄金文化创建形成的初期与人类宗教的形成发展存在着密切的关联性有关，对此《黄金简史》有这样的记述：

“所罗门和耶和华都不是第一个以黄金来作为获取他人敬畏手段的人，古埃及人可能为以后宗教生活确立了基调，并为犹太人所仿效。犹太人信奉一个上帝的神教，很容易与膜拜着2000位神灵的古埃及的众神教相比较，埃及神教中的许多神灵，都或多或少地与全能的太阳神有关。大量黄金的使用，是为了让人们确信二千多位神灵无所不知和无所不能。然而只信奉一个上帝，但有着数千位元圣人需膜拜的基督徒也面临类似的问题。”

《圣经》记载的一个故事也为这个论述提供了佐证。《圣经·旧约》的《出埃及记》记录了摩西带领以色列人逃离埃及，向迦南进军的故事。在行进的途中摩西应召独立攀上西奈山，聆听上帝谕旨，接受十戒，但他回来后发现以色列人像埃及人那样正围着一只黄金铸造的小公牛顶礼膜拜。摩西大怒，把刻得有上帝十诫的牌匾摔得粉碎，并决定对信奉歪门邪道的臣民进行处罚。但上帝要求摩西不仅要传播十诫，还要建立教堂让以色列人进行礼拜，并要求在教堂中设置神龛，对神龛的要求是“汝当履以黄金，内外包以纯金，四周镶上金牙边”，进而要求家具、器物以及饰物都应饰以黄金，还详细地描绘了其中对灯台的要求是：“灯台的底座、柱子和上面的花朵、花萼和花瓣都由同一块金子锤制出来，灯台的两个枝子上有3朵花……整个灯台都是用纯金镀制的，又用纯金制作蜡剪、蜡花盘和7个灯盏。”经计算制作灯台及应用器具满足上帝的要求，总共用纯金高达34公斤。

摩西根据上帝的指示，按照上帝要求建造的教堂和神龛已无处可寻，但当今一些教堂的金碧辉煌仍然可以使人想象当时那种震撼，这个故事使我们看到以色列人和埃及人的宗教信仰不同，甚至是水火不容，但黄金是上帝和异教徒共同的崇拜物，是不分宗教的人类共同的信仰。

除对宗教的影响外，黄金财富对人类的经济学理论的产生和发展也有重要影响，虽然有许多学派对黄金财富的价值存在着不同的认知，人类现代经济学体系是以17世纪欧洲古典经济学为奠基的。那时欧洲经济正是以黄金财富为核心的，重商主义的出现反映了当时崇尚黄金的时代风貌，当时的经济学的各流派虽然并不都像重商主义唯黄金马首是瞻，但连最具革命性的马克思主义对商品经济的分析都是在金本位的基础上展开论述的，因而黄金财富在人类经济理论的思辨中占有重要地位。列宁曾宣布革命成功后黄金无用而会用黄金修几个厕所，但他话锋一转说现在还要与狼为伍，要学会用高价卖金，低价买金。正如当代的一些经济学家一方面说黄金无用，另一方面又总会小心翼翼为自己留下一条退路，如凯恩斯认为金本位是野蛮的遗存，反对恢复金本位制，但他又说：“黄金是我们制度中具有重要的作用，它作为最后的卫兵和紧急需要时的准备金，还没有更好的东西取代它。”不同经济理论学对黄金财富的一致认知，也是黄金财富价值超越信仰的反映。

当代在经济学领域中，黄金价值争论仍然存在，黄金财富边缘化的推动力加大，但在现实的社会层面已经出现日益增多的黄金财富需求而引起对黄金非货币化的反思，新金本位思潮已经出现。进入新世纪的种种事件表明即使在法规层面上黄金完成了非货币化，《国际货币基金协定》已经修改，但将黄金清除出人类财富体系也并非易事，当今，黄金依然是人类财富认知的最大公约数，这也就是经过数千年变化沉积形成的牢固的人类财富信仰。

黄金财富价值可以超越国界。

当今是信用财富的天下，而国家信用是受国家主权支撑的，超越了国界后国家主权就失去了效用，国家信用财富就失去了价值，而因黄金财富是人类的最大公约数，为众多人类所认可，为不同国家的人所使用，所以它的价值可以超越国度，成为国际的硬通货而全球流通。现在虽然黄金已不是货币，已不再是流通支付的手段，但因仍是人类财富最大公约数而极易变现，而可以成为特殊情况下的求生手段和保有财富的手段。

可能我们不会想到今天美国特种伞兵在配备枪械之外还配有黄金装备：给予空降大西洋的伞兵的黄金装备是 1 枚 1 英镑的金币、两枚半英镑的金币、1 枚 20 法郎的瑞士金币、3 枚金戒指。用于空降东南亚的伞兵的黄金装备是一条金链、1 条金链环、2 枚金币和一块金表。黄金装备是以备紧急时刻逃生的，就是因为全球人类对黄金都有共同的价值认知，故在不同的地域和国家都可以成为交换的媒介，因而黄金装备对于跨国境活动的特务人员求生来说是与枪械配备一样重要的装备。

黄金财富的这一特性使黄金占据了人类财富体系中的制高点：在和平正常的环境中黄金财富比信用资产有更好的保值性，而在动乱的非常时期黄金是便于携带的护身符。20 世纪 60 年代美国在越战中失败，越南西贡市（现胡志明市）沦陷，大量越南难民涌入美国。在这时南越政权发行的信用资产价值变为了零，成了废纸；而所有不能移动的固定资产又只能抛弃，只有黄金可以携带逃难。美国人在难民营做的第一件事就是开办黄金收兑处，将难民携带的黄金变为美元，而拥有美元的难民不仅可以维持日常生活，还可以投资兴业，走出困境。20世纪如此，百年前的19世纪也是如此。

19世纪初爆发英法大战，为了维持战争，英国通过向大众发行债券筹集了大笔现金，但是当时英国军队已进入西班牙，这些现金对于远方的西班牙战场的军队却没有一点用处，因为当地供应商品拒绝接受现金汇票，当时的战场指挥官威灵顿公爵急需一种可以被普遍接受的货币。于是英国政府委托银行家内森·罗斯柴尔德用最隐蔽的办法在德国、荷兰、法国大规模兑换法国金币，然后把这些金币送到停泊在荷兰港口的英国军舰上，再运送给威灵顿公爵。从1814年1月至5月罗斯柴尔德为英国政府运送了120万英镑黄金，使英国军队能获得充足的货币供应，从而保证了军队的物资供应，为英军1815年6月在比利时滑铁卢击败拿破仑做出了重要贡献，黄金作为人类可以跨国界使用的通用货币在这一历史重大时刻的表现光彩夺目。

20世纪上半叶发生在我国的国共战争是一场国内战争，但国民党政权对共产党建立的“苏区”和后来的“解放区”实行了全面经济封锁，而打破封锁获得急需物资的支付手段只能依靠黄金，这实际也是黄金财富可以超越国界的一次实践。为此当时毛泽东亲自指导建立了苏维埃金库，这些存金在之后的长征中发挥了重要作用。在解放战争时每一支大部队行动前都要配发一定数量的黄金，以备特殊支出。因而可以说黄金财富是中国共产党取得政权的一个重要的参与者和有功之臣。

20世纪70年代推进的黄金非货币化，黄金财富的功能被压缩，但它的魅力仍存，原因就是黄金可以在特殊情况下发挥特殊的作用，派上特殊的用场，因而为人类所不能或缺。黄金财富价值可以超越国界就可以规避国家政权更替的风险，这一点在政治动乱时期尤为重要。

黄金财富价值可以超越种族。

人类有不同的种族，而各种族之间的文化、习俗都有所不同，因而有不同的价值观，但对黄金的价值认知却有惊人的一致性。最能表现这一点的是全球近二百个国家多数都有黄金储备，遍布全球五大洲，这些不同族群的国家都将黄金作为自己国家的重要储藏财富。中国人和印度人在外貌和风俗上有很大差异，还有边界分歧，但对黄金的热爱却高度一致，可以说藏金是一种不分种族的全民运动。黄金是人类历史各时期文明主体追求的共同目标，从新石器时代开始延续到当代。

古埃及人和以色列人有着不同宗教信仰，并有世仇，但对于黄金的崇拜两个民族是一脉相承；黄金打造了古埃及文明的辉煌，而古罗马人占领古埃及后，更将对埃及黄金的占有作为最大武功。公元前46年罗马统治者凯撒大帝远征归来在罗马城游行炫耀他的黄金财富：金币65000塔兰特，约为1950吨；金冠2822个，每个8千克，约255.26吨。有人计算当时全球人类仅生产了5000多吨黄金，所以，表明那时几近全球50%的黄金为凯撒拥有。之后古罗马崩溃，以君士坦丁堡为首都的拜占庭王朝延续一千多年，古罗马的黄金光辉在拜占庭得以光大，彼得·L.伯恩斯坦在《黄金简史》中写道：“拜占庭帝国的整部历史，就是一部以黄金为焦点的历史——黄金不仅作为货币，而且作为至高无上的财富得以宣扬。黄金是皇帝们在幅员辽阔的版图内，残酷、高压地维持帝国统一的关键性工具。金光灿灿的拜占庭金币，为帝国的进口贸易、军事机器以及其他国家联盟提供了支持。”

同一历史时期的阿拉伯人与欧洲人和拜占庭人有不同的黄金财富观，他们不是将黄金作为货币，或用于商品交换的中介，或作为赢得更多货币的投资工具，而是用黄金交易食盐，在许多交易中是 1 盎司盐换 1 盎司黄金，在今天看来或许十分不解，对此史学家指出："食盐是他们国内民生基础，也是对外交往、贸易的基础。如果不理解食盐对当地人安宁福利有多么重要，也就不能理解土著人生活的任何方面。"这实际是黄金财富的另一种表现形式，即将黄金作为维持自己生活方式的手段。

之后在欧洲发生的无论是十字军东征，还是航海冒险寻找新大陆，都标志着人类开始突破地域造成的藩篱，走向全球经济融合的进程，促进了东西方贸易的加强，推动了世界商品经济的发展，使货币的使用日益频繁，规模日益扩大，从而进一步提升了黄金财富在人类财富体系中的地位。随着国际金本位制的建立，黄金财富成为人类财富体系的中心，并成了一种不同种族共同认知的"世界语"。由于黄金财富价值可以超越种族，即使今天黄金已不是法定国际货币，但黄金的流动性仍然极强，仍是一个全球性的市场体系，仍是全球 24 小时不间断交易和全球价格形成机制，显然这是其他金属所不具有的。

黄金财富价值可以超越阶级。

人类具有不同的种族，而且又分为不同的阶级，社会资源的占有量的差异、文化程度的差异和社会政治地位的差异，使不同的阶级人群有不同的嗜好和不同的品位，而产生价值观的差异。黄金首先是作为权贵的象征而为统治阶级所占有、所认可，但统治阶级是社会物质财富的占有者，也是精神财富的占有者，因而那些没有精神生产资料的人们的思想一般是受统治阶级支配的，所以统治阶级少数人对黄金的占有并不影响黄金价值观的向下传播扩展，恰恰相反，统治阶级对黄金财富的执迷成了拜金主义社会思潮形成的推动力。由于黄金与社会最高权势的密切关联性，在人类社会形成的初期黄金财富就成了一个全民的共同认知，以拥有黄金为荣甚至是一生的生活追求目标。

随着黄金生产力的提高，黄金产量的增长，全球黄金供给能力日益提升，黄金逐步走出神庙、宫廷、国家金库而为广大民众拥有，成为民众可选择的财富储藏方式。20 世纪 30 年代上海是我国的经济中心，沉积了当时中国一半以上的黄金财富。在上海出现了一个黄金投资潮，社会的上层阶级以拥有黄金为时尚，而社会的下层，即使是佣人、保姆也总是要有几件金货，以备不测。1949 年国民党政权败走台湾，在仓促撤离之际仍然没有忘记将大陆黄金掠往台湾，前后达四百余万两，以此做反攻之本钱。而此时随从撤离的阎锡山已失去军权，成了一个贫民的他形影不离地守护着两只箱子，这是两只装有黄金的箱子成为他在台湾度过残生的依仗。同时也要离开大陆的国民党元老丁维汾赴台时，也不忘将仅存的 6 两黄金放在内衣口袋里。这时无论是官是民，是当权者还是落泊者都将黄金视为唯一可靠的护身符，即使在当今，藏金作为财富储藏的选择也是不同阶级共同参与的全民行动。

对于黄金财富价值的认知，人类走过了从理念的形成到行动的一致的历程，在阶级对立、争议纷纭的现实中，对黄金财富价值的认知是为数不多的可超越阶级的人类共同的认知。黄金财富是不同阶级追求的共同目标，在不同阶级维护和捍卫自己利益时黄金都可以成为自己的朋友，这是黄金是人类财富价值最大公约数的反应。

黄金是人类最早发现使用的金属，在与人类为伍的数千年间曾在人类社会中承担过多种角色而产生了多种黄金文化指令，但随着社会的变迁，黄金的社会角色也在变换，所以有的黄金文化指令消失了，有的变化了，唯有黄金财富指令愈久弥坚，成为黄金文化的核心指令。因而黄金非货币化的推进，虽使当代黄金不再是货币，但也并没有使其变为一般商品，而是实现了财富属性的回归。在当今信用财富的汪洋大海中，黄金财富又成安全和稳定之锚，为黄金财富文化指令增加了新的时代内容，从而丰富和发展了黄金财富文化指令。当今无论是官方储备，还是民众收藏，皆是出于财富积累之目的。当今作为人类财富认知的最大公约数的黄金，其强大的社会权势让美元财富也不得不俯首称臣——这并不是凭空想象而是现实。

— 03 —
“美金”是一个神话

战后美国一直在向世界宣传，美元的价值稳定如同黄金，是黄金唯一替代品，因而称为美金，因而国际货币基金组织开始推进黄金非货币化，使美元拥有了货币霸权，然而“美金”只是一个神话，真相是美元因黄金而稳定，使美国经济走向复兴，美元由国际弱势边缘货币成为国际强势货币，而当割断与美元的联系之后，美元的麻烦也便开始了。

美国：当今唯一的超级强权国家

美国是当代唯一拥有可以进行全球军事投放的战争能力的霸权国家，虽近半个多世纪世界总体是和平主导的局面，但局部战争不断，而其中多数都是由美国主导和积极参与的：20 世纪 50 年代的朝鲜战争（1950 年），60 年代的越南战争（1961 年），80 年代的海湾战争（1990 年），90 年代的波黑战争（1992

年）、科索沃战争（1999年），21世纪的阿富汗战争（2001年），伊拉克战争（2003年）。几乎平均十年美国这个世界警察就要开动一次战争机器，而且几乎没有可以制衡者，其自认为负有维持全球秩序的责任和能力。

美国还是第一大经济强国，拥有最大的经济规模和最先进的科学技术体系，因而他是全球贸易规则的制定者和科技引领者，其经济发展模式成为一种典范而为其他国家所学习效仿。美国拥有全球最大的经济总量是最大的进口国，长期是全球经济增长的引擎，因而对于全球经济，可以说已达到“美国感冒，世界就打喷嚏”的地步，美国经济的任何风吹草动，都会牵动各国领导人的神经。

美国的生活方式已成为全球的流行文化，为世界众多人群所追逐，美国文化强权是美国的软实力，这种软实力不仅使美国的文化产品成为重要的出口产品获得了丰厚的经济利益，而且成了对外攻城掠地维持霸权的利器。美国正是用这种文化的力量建立了所谓价值观相同、体制相同的国家经济同盟和国家军事集团，并将美国利己行为变成了人类社会的规则，挑战美国者便被视为犯规而受到异口同声的讨伐。

美国军事强权、政治强权，文化强权造就了美元强权。美元作为国际货币体系的中心货币，是当今国际贸易结算的主要工具和国家财富储藏的主要方式，因而美国占据了国际金融体系的制高点，成为国际金融规则制定者，凭此特权，美国在获得铸币税的同时，成为全球唯一一个可以用超发纸币的方法解决外贸赤字和国内财政赤字的国家，从而获得了巨额的经济利益。因而美元霸权是支撑美国强权的核心力量，金融战已成为克敌制胜或嫁祸于人的法宝，这是美国的国家核心竞争力。

美国创造了一个历史空前的强权帝国和货币王国，充当着今世界警察的角色，弱小民族不得不看其脸色，仰人鼻息，或者是卖身投靠，摇旗呐喊，于是美元财富开始挑战黄金财富权威。在美国的主导下世界货币基金组织开始推进黄金非货币化，树立美元财富的绝对权威，从表面看已在一定程度上取得了成功，但美元还远远不是人类财富认知的最大公约数。而且无论是美国的立国，还是美元的崛起，都有黄金这个重要的因素参与，在美国的发展史上留下了深刻的、挥之不去的黄金情结，美国强权的构建离不开黄金的支撑力，过去是，今天是，未来也会是，有以下事实为证。

以黄金立国的美国

1776 年美国独立宣言发布，标志着美国建国，但立即受到宗主国英国的镇压，独立战争爆发，因战争需要经费美国发行了“大陆币”，这种无金银支撑的纯纸币很快陷入严重贬值的泥潭，退出流通而重构货币体系。双方开战历时七年，到 1783 年英国承认美国独立，英军撤出。在战争期间美国经济受到了严重地破坏，英军撤离后英国又对美国实行经济封锁，禁止美国商品进入其属地，试图以经济扼杀美国，而此时美国内乱又起，四年后的 1787 年又发生了农民起义。因而，美国是在一个农业萎缩、商业凋零、经济混乱的一穷二白的情况下开始建国的。

年轻的美国政府面临的紧迫任务：一是制定宪法，确立国家根基，二是发展经济，稳定民生。1787 年完成了美国宪法的制定，而发展经济是以建立统一的货币开始，1785 年十进位的美元诞生，吸取了发行大陆纸币的教训，美元实行金属本位。美国宪法第一章第十节规定，独立州在偿还债务时可以用黄金和白银作法定货币，除此之外不能用其他东西，所以 1789 年宪法生效，国会行施货币发行权时确定美国为金银复本位制。

在第一位财长汉密尔顿的大力推动下，1792年美国国会通过了《铸币法案》，规定美国法定货币为黄金货币和白银货币，由美国造币厂生产，美元正式进入市场流通，这是美国立国的重要之举。美国建立全国统一的货币体系时，黄金就是一个重要的存在，但因美国银矿很多，有较充足的白银供应，银币的使用更为广泛。金银双位带来的一个问题是，金银比价经常波动而造成了美元价值的不稳定，不稳定的货币是不能成为被信任的货币，所以金银双本位制的建立统一了美国的货币，促进了美国经济的发展，但美元在国际上是一个弱势货币。在19世纪末美国就已超过英国成为第一大经济国，但美元却不是国际储备货币。1912年美国已是第一出口国，但在外贸结算中的使用仅占第九位，也不是国际储备货币。那时各国外汇储备的50%为英镑，法郎占30%，德国马克占15%，其他5%是荷兰盾和瑞士法郎。而最终使美元成为被人信任的硬货币的主要原因是美元金本位制的建立。

1848年加利福尼亚黄金的大发现，使美国的黄金供应量大增，并因全球国际贸易逐步变为金本位，美国随后于1873年也停止了白银货币的流通，在国内实行了金本位制。而只在1861年内战爆发时，国家和银行全部脱离了金本位而发行纸币，内战结束后立即停止了货币纸质化，1879年又恢复了金本位制，再到国会1990年颁布《金本位制》与英国主导的国际金本位制衔接，从而为美国经济走向世界提供了法律保障。美元与黄金挂钩的金本位制为美元的稳定提了支撑力和价值基础，从而使美元迈开了走向世界货币的第一步。金本位制成为年轻的美国发展经济和参与国家竞争的基石。

对于金本位制的评价，奥地利经济学家路德维希·冯·米塞斯在其著作《人的行为》中指出：“在资本主义时期，金本位制是各国的通货标准。这一制度可以增加财富、自由以及政治和经济上的民主。在自由贸易者眼中，它可以满足国际贸易和国际货币资金市场交易所需的国际标准，它是一种兑换媒介，通过这种方式，西方工业主义和西方资本主义将西方文明传递到了地球上最遥远的地区，摧毁了所到之处存在的具有旧社会色彩的偏见和迷信，播撒了新的生命和幸福的种子，解放了思想和灵魂，创造了从来没有的财富。西方自由主义随之取得了前所未有的进步，为各国联合起来形成共同体创造了条件，各国可以在这个共同体中和平地开展工作。所以，很容易理解为什么人们将金本位制看作历史最伟大、最有益的改变。”

金本位制虽是一种货币制度，但它的作用与影响不只是用于交换的中介，而且是维系和推动新的生产方式和社会关系建立的有力工具。因而金本位制的建立使美国获得多方面收益，使这个年轻的国家迅速地从贫困走向富裕，实现了统一稳定，所以近百年以后的1932年，美国共和党在其国家论坛上宣称：“共和党建立金本位制将继续支持这一制度，反对任何削弱政府信用和损害国家货币完整性的措施。通货膨胀并不能真正解决问题，通过结果可以看出它带来的缓解是不可靠和不真实的。”

美元崛起中的黄金

从1900年开始美国就已成为全球第一大经济体，也正是这一年美国国会通过了《金本位制》实行货币金本位制，为美元成为国际货币奠定了基础，但英镑仍是那时的世界中心货币，因而英国拥有全球贸易规则制定权和话语权。1914年第一次世界大战爆发，金本位制被迫终止，却进一步提升了英镑的地位。在战争期间，英联邦及其盟友给了英国以无限的信贷额度，为英国及其军队提供各种资源和物资；英国及其盟友又将自己的大量美元储备用在美国购买物资，所以，战争结束时各国官方储备的英镑远远超过了美元，两者比例达到了 2∶1，英镑仍是主要的国际储备货币，美元仍处下风，但英镑的这一优势地位是不稳定的，是依靠外汇管制而不是维护黄金自由兑换取得的。战后，英国的债务已六倍于其所持有的黄金和外汇，已难以对英镑给予有力支持，但这还不是英镑面临的最困难的时刻。

第二次世界大战爆发，美英成为盟友，但美国远离欧洲，后期才参战，不仅避免了战火的波及，而且成了欧洲战场的军需物资的供应者而拉动了国内经济大幅增长，但是，对于英国所需物资采购，美国要求必须支付现汇和黄金，如无现汇就必须以英国在美国的资产做抵押，其目的就是把英国的黄金和外汇储备压缩到最低程度，使英镑战后失去与美元竞争的能力。经过第二次世界大战的浩劫，英国经济与金融实力已大不如昔，主导战后国际货币体系已力不从心，但还要一搏，这就是 1944 年召开布雷顿森林国际货币会议前的形势，因为没有了黄金，英国虽是战胜国，但英镑没有再恢复昔日的辉煌。

形势完全变化了，当英镑一步步失去了黄金的支撑，国际中心货币地位岌岌可危之时，美国成了黄金流入国，并通过黄金管制建立了大量的国家黄金储备，即使在极其困难的战争时期也保持了外贸的黄金窗口的开放。第一次世界大战来临，各国纷纷停止实行金本位制，传统的金本位制国家英国也于 1919 年宣布禁止黄金出口，美国 1917 年参战后也停止了黄金出口，但 1919 年与英国反其道行之又恢复了黄金的国际支付。战后英国开展了重建金本位的努力，但只持续了六年，到 1931 年便不得不放弃了，而美国坚持到了 1933 年，而且不同的是在停止实行金本位，在国内实行黄金管制的同时，1934 年又向特定的国家和机构开放了黄金出口，也就是在全球各国实行黄金禁令时美国始终坚持了以黄金支撑美元国际贸易支付的政策，正是这一政策建立起美元价值稳定的信心，美元开始了日益加速的国际化进程，并决定了1944年在布雷顿森林国际货币会议上与英镑博弈的最终结果。

虽然在英国有最悠久的金本位制的历史，也有最深厚的金本位制的历史情结，但战后已经没有黄金，如在战后重建国际货币体系再举金本位之帜只是为他人作嫁衣，因而反对恢复金本位制而提出了创建世界货币即“班柯”的概念，建议建立一个以“班柯”为计量单位的清算同盟，因“班柯”是有额度限制的，所以每个国家不能长期处于顺差，对顺差国家要进行处罚，使之尽快实现收支平衡。这个方案的目的一是为战后缺乏外汇黄金硬通货的英国人为创造出大量外汇头寸，以满足战后重建的需要，二是对存在大量外贸顺差的美国进行控制。这个方案是由新古典经济学代表人物凯恩斯提出的。

美国在第二次世界大战期间吸收了全球大量的黄金，总量达2.2万吨，为当时官方储备的3/4，大约是1944年之前人类数千年黄金总产量的四成多。有黄金做依靠，美国提出的方案是废除国际货币“班柯”，建立国际货币基金，各国按份额将自己货币存入该基金，而美国提供最大份额基金。在国际贸易结算时由该基金借出存入的国家货币，美国并承诺以35美元兑1盎司黄金的国际义务，将国际货币体系建立在黄金基础之上，以保持各国汇率的稳定。美国的方案目的也很明确，就是要使美元取代英镑成为世界中心货币，这是美国建立强权的关键一步。

最终美国的方案被通过，布雷顿森林国际会议成为美元登上王位的加冕礼，而其通向王位之路是由黄金铺就，从此奠定了战后货币体系的基本格局，美国成了西方集团的领袖。对此1944年布雷顿国际会议两大主角之一，美国代表怀特心知肚明，他在一篇论文指出，“使当今世界对美元极具信心的一个因素，毫无疑问的就是我们有大量的黄金储备”。但美国举金本位之帜是美国的战术之举，为美国方案赢得了众多的拥护者，而实际美国早已抛弃了金本位的内核，对黄金进行了全面管制，此时黄金已不能自由流动，距离建立美元强权只有一步之遥了，所以美国的战后金本位制只不过是建立美元强权的前奏，黄金才是美国实现美元强权的关键性因素。

美元未来命系黄金于一线

高举金本位的大旗，美国占领了话语权高地，从而实现了美元取代英镑成为新的国际中心货币，但这并不是美国的最终目的，其最终目的是用美元取代黄金为建立霸权扫清道路。怀特在同一篇文章中写道："作为国际价值和支付标准的黄金的替代品或基于国际记账单位的替代物，将会从现有的货币中出现。在战后的经济形势下，它将必然是美元。"20世纪70年代开始推进的黄金非货币化将这一战略目标付诸了实践。

美国依靠黄金登上了王位，而在1971年又抛弃了黄金开始逐步建立美元强权，从此美国成为黄金非货币化始作俑者，因而黄金无用论泛起，进入了美元霸权时代，对黄金财富权威形成挑战。但美元可以取代黄金吗？或许我们需要把表面的喧嚣和喧嚣背后的战略判断区别开来，美国有以黄金为上的清醒判断，因黄金财富指令在美国社会中留下的历史记忆是深刻而难以消除的，所以在美元和黄金之间美国仍是把最后的信任票投给了黄金。这是与其表面喧嚣不同的真实的当代美国黄金观，在下面我们将予以揭示。

不只是美国，2010年欧洲爆发了国债危机，不少国家面临债务违约的风险，急需获得现金增加支付能力而向国际货币基金组织寻求贷款，因此必须答应极其严苛的条件，进行紧缩财政减少支出，过苦日子，但即使如此也很少有国家采取抛售黄金储备的办法渡过难关。像意大利是全球第三大黄金储备国，储备量达 2452 吨，始终不愿以出售黄金储备筹资。相反欧债危机的教训使全球央行不仅不再出售黄金储备，而是开始持续增加黄金储备，因为黄金是充当着国家经济安全的最后一个卫兵的角色，所以，在金融危机之时，应以增加本国货币的稳定性为要务，因而应增加黄金储备，不是万不得已就不动用、减少黄金储备。这表明当今虽是信用资产的汪洋大海，信用货币被当今金融家们视为人类须臾不能离的宝物之时，黄金仍然是人类的最爱。

再看美国的表现。美元是国际贸易的结算货币和储备货币，全球通行，但美国仍要求与其进行贸易往来的国家不仅支付美元，还必须将自己的部分国家黄金储备抵押在美国，这一行为清楚地表明美国是将黄金作为信用风险最后屏障而格外重视。现在被美国抵押的各国黄金总计已超过了 7000 吨。这些黄金储存在纽约美联储的金库中，可以让人参观。但是美国自己的黄金储备是与独立宣言、美国宪法原稿一起被放在诺克斯堡军事基地的堡垒内，用数万军人严加保护，美国人将黄金视为国家安全最宝贵财富，跃然纸上。美国黄金储备高达 8134 吨，占美国国家外汇储备的 75%，储备量与占比皆为世界第一，即使在黄金无用论泛起的 20 世纪 90 年代，欧洲银行纷纷抛售黄金储备，美国也不为所动没有出售 1 两黄金储备，可见美国对黄金的信任程度，所以我们必须将美国说的一套和做的一套区分开来。

美国的黄金储备加上各国被迫存放在美国的黄金总计达到了 16000 吨左右，这意味着当今全球一半以上的官方黄金储备为美国所控制，因为全球官方黄金储备总量近十年一直在 30000 吨至 32000 吨之间。如此巨大的被美国政府掌握的黄金存量，为美国经济安全提供了有力支撑，更何况美国拥有最大的黄金期货交易市场，对黄金价格变动拥有话语权，2013 年美国黄金市场交易量达

15000 吨，占全球总交易量的近四成。

2009 年 3 月 17 日至 18 日由美国国防部主持，应用物理实验室在绝密的条件下进行了一次模拟的金融战，为此组建了四个参与金融博弈编队，即美国编队、俄罗斯编队、中国编队和泛太平洋编队。在这次模拟金融战中的四个编队分别代表不同利益主体与美元进行博弈，在博弈中俄罗斯频频打出黄金牌对美元发起冲击，最后的结果是中国做得最少，收获最大，俄罗斯和东亚实力有少量提升，而美国是最大输家。

模拟金融战的参与者詹姆斯·里卡兹的总结是："战争演习给五角大楼带来的启示之一是，即使美元完全坍塌，美国仍然有大量的黄金储备可以依靠，一个有趣的事实是，美国几乎所有的黄金储备不是放在民间银行的金库，而是放在军事基地——肯塔基州的诺克斯堡和哈得逊河岸的纽约西点，这说明国家财富和国家安全之间的某种联系。"

了解美元软肋的政治家向美元发起挑战往往都是以黄金为武器。利比亚卡扎菲作为一时的非洲政治强人处于美国敌人的位置，其挑战美国的动作之一，就是 2003 年便推出金第纳尔货币，并计划联合其他伊斯兰国家建立以金第纳尔为价值基准的新的伊斯兰通货体系，发行非洲统一货币，卡扎菲挑战美元因而触到了美国的核心利益，对此，美国的应对之策竟是不惜国家信誉损失而罗织罪名，发动了对伊战争使卡扎菲死于非命，从而绞杀了卡扎菲的宏图大略。美国对黄金挑战美元的高度警惕，甚至不惜一战，恰恰反映了黄金财富对美元财富具有巨大优势。

欧洲是美国政治与军事上的同盟伙伴，但同时也是经济上的竞争对手，为了获得竞争优势，欧洲也时时用黄金敲打美国以获得更大利益。20 世纪 60 年代法国戴高乐将军就是以恢复金本位制为号召向美元发起挑战，并领导欧洲各国将所掌握的美元全部兑换成黄金。欧洲开始由黄金的流出地变为了流入地，欧洲再次成为官方黄金储备最多的地区，奠定了未来诞生与美元并驾齐驱的欧元的经济基础，并因此明确黄金在欧元资产中占比 15%，高于全球平均占比高 6 个百分点，成为欧元的稳定之锚。戴高乐将军一针见血地指出："美元拥有优越的地位，因为它曾汇集了世界最多的黄金，如今已经失去了这种基础。"戴高乐将军清醒地指明了美元权威的基础是黄金，而 1971 年尼克松宣布美元与黄金脱钩之日，也便是美元开始走软之时，从此美元开始了持续贬值下跌的进程，从美元挑战黄金财富权威开始到自损美元权威结束，历史就是这样无情和具有讽刺性。

美元与黄金差距的本质是文化

黄金财富对美元财富的强势，归根结底是黄金财富文化对美元财富文化的强势存在，这是本质上的差距。美国建国仅二百多年，而美元霸权从 1944 年成为国际货币起至今仅有七十年历史，而从 1971 年美元与黄金脱钩算起仅有四十三年历史，在历史的长河中仅是一瞬，其文化的沉积是浅薄的，美元能够占据国际中心货币地位只是人类文化比较的选择，但还未经历文化扬弃的过程。经历过第二次世界大战的浩劫，日不落帝国——英国元气大伤，英镑作为昔日货币霸主已风光不再，而美元因美国经济那时是无人可比的老大而锋芒外露，占据了上风。因而第二次世界大战结束前夕的 1944 年，布雷顿森林国际货币会议上人类扬弃了英镑而选择了美元，使美元取代英镑的地位，成为新的国际中心货币，这是美元与英镑两种纸币价值比较的结果。

美国远离第二次世界大战的战场，不仅避免了战火的蹂躏，而且乘机发展成为最大的战争物质供应国，经济规模远远超过了英国，这是美元坚挺的最大物质支撑力。但不能回避的另一个重要原因是美国大发战争财，在战争结束时美国已将全球75%的官方储备收入了自己的囊中，数量高达2.2万吨，因而美国敢于承诺承担以35美元官价兑黄金的国际义务，成为美元取代英镑地位的重要砝码。这一事实揭示了美元可以取代英镑成为新的国际货币体系的中心货币的一个重要原因是依仗了黄金的社会权势，是把美元的价值建立在了黄金价值的基础上，由黄金做美元价值的最终护身符，所以当时人类对美元的认知是与对黄金财富的认知联系在一起的，故称美金，即美国的黄金。所以1944年国际中心货币的更替是建立在对黄金价值认知基础之上的，反观英镑之所以退出了国际中心货币的地位也是其缺少了黄金财富支持的结果。在布雷顿国际货币会议上，如果那时美国无黄金，美英博弈的结果可能又当别论了。

1971年美国人割断美元与黄金的联系，美元不再是美金，而成为美国政府印发的一张欠条，从而美元和其他非中心货币一样成了政府的承诺，失去了黄金财富支撑的美元从本质上也就失去了与其他国家纸币的比较优势。在纸币同质化竞争中，美元苦苦挣扎，实现稳定，但和其他纸币一样走上了持续贬值的不归路，其价值开始被质疑，于是美元的替代货币开始跃跃欲试，欧元是最先出现的美元替代品，但至今仍问题多多，还有一些区域性货币的推出仅是在讨论之中，所以近期还没有一种单一的货币可以取代美元的位置，成为新的中心货币，但未来这个前景是明确的，而且在近期出现区域性多元化国际货币体系是最可能的前景，美元霸权随时可能被扬弃，而城头变换大王旗，黄金则已经历数千年扬弃的考验打造成了屹立不倒的金刚之身，所以美元财富和黄金财富确实不在一个文化层次上。

黄金之所以是人类对财富价值认知的最大公约数，就是因黄金的价值是固有的，且是数千年人类文化塑造的结果，而美元不是，现在美元只是一种纸，是国家发行的一张欠条，它没有实际的价值，其价值是美国国家信用，事实表明不仅个人的信用可破产，机构的信用可以破产，国家的信用也可以破产。20世纪20年代著名剧作家诺贝尔文学奖获得者乔治·萧伯纳就一言中的：“要相信黄金的自然稳定性，要么相信政府阁员的诚实和睿智，在这两者之间，你只能选择其一。出于对那些绅士的了解，我建议你，只要资本主义制度存在，就应该相信黄金。”

黄金并不是无所不能，它不能解决人类社会的所有问题，不能充当救苦救难普度众生的“观世音”，但是它是真实的价值，是人类财富价值认知的最大公约数，在当前信用资产的汪洋大海中就可以提供一个安全岛，当风暴来临时这个人类避难的栖身之地，仅此一点就能使对于黄金的任何蔑视和攻击都黯然失色。这就是在黄金非货币的语境中，各国央行仍保留了数量巨大的黄金储备、中国大妈入市扫金的原因，因为无论是国家，还是家庭都需要有一艘“诺亚方舟”。因而种种事态表明在财富的语境中黄金财富的文化指令没有消失，也没有弱化，而是得以强化。

黄金财富文化指令的强化对于信用纸币体系而言，为金本位制两个世纪的稳定运作提供了道德的示范，无节制地贪婪驱使的滥发货币，最终导致信用纸币体系瓦解。基于滥发货币而造成的货币贬值，是对民众财富的掠夺和对人权的粗暴践踏，应被置于人类道德的批判台上而受到批判，并应警示自己在行为上做出克制。而黄金财富以其忠实的品质成为人类克制贪婪的警示器和人类贪婪的阻止器。人类科学判据的本质是利害的比较，趋利避害，美国深知命系黄金于一线的价值是其发展的战略观使然。

黄金是人类财富认知的最大公约数，而美元是一种纯纸币，“美金”只是一个神话而已。

黄金困惑之三

金本位制的本质是什么？

——美元与英镑昔日的博弈对中国今天的启示

金本位是一种以黄金为价值标准的货币制度，这虽没有错，但其过于表面化而不能对金本位制产生的困惑做出深入解答。实行金本制历史最为悠久的是英国，但在二战后国际货币体系重建中却是金本位制的否定者，而美国则高举金本位制的大旗，实现了改朝换代，美元取代英镑成为国际中心货币，但是，之后不久美国又抛弃了金本位制，使人类第一次进入了信用时代。今天我们透过频频发生的城头变换大王旗的纷乱表象去探索金本位制的真谛，去挖掘隐藏在金本位制存废背后的国家利益博弈的秘密，就会发现金本位制远非我们回答的那么简单。难道金本位已是与人类分道扬镳的不会再回眸一笑的情人了吗？

今天我们关注和讨论金本位制的命运是在人民币国际化推进的大背景下进行的，而人民币国际化的潜台词是人民币要由一国货币变为一种多国使用的国际货币。目前有五种货币具有国际货币的特征，即美元、欧元、英镑、日元、瑞士法郎，而人民币还是一种潜在的后来者。而在人类历史上先后成为国际中心货币的只有两个，即英镑和美元。而这两种货币从国内货币向国际货币转变都与金本位制有着密切的关系，因而金本位制的兴衰命运也为人民币的国际化提供了一个特别的观察视角。

— 01 —
国际货币：从贵金属币到纸币

货币诞生于交换的需要，国际货币诞生于国际贸易的需要，国际货币是用于国际贸易结算的工具，因而随国际贸易的发展而发展，18、19 世纪是国际贸易快速发展时期，那时开始国际贸易使用的货币是黄金和白银，而 19 世纪中叶随着国际金本位制的形成，黄金成为主导性的国际货币，白银成为辅币，后来纸币成为使用的主导性工具。

金本位制的坚持与异变

人类的国际货币最早是由金币承担的，从公元前600年的古吕底亚金币，再到古波斯、古希腊、古罗马金币都曾是跨境流通的国际货币。由于黄金稀缺使作为国际辅币的白银使用增加，而出现金银双本位制，但金银双本位的比价稳定遇到很大困难，而回归于单金属本位制。在欧洲，1717年英国建立了金本位制度，并最终在1867年确立黄金是世界货币的唯一形式，黄金作为国际货币的历史悠久而漫长。金本位制具有黄金自由铸造、自由流通、自由进出口的三特征，这“三自”特征构成了金本位制的运行和平衡机制。在传统金本位制时社会使用的流通支付的手段就是金币，如英国的金几尼、达卡金币、拜占庭金币等。

格雷欣定律是说货币流通的过程中存在着劣币驱逐良币的现象，即人们总会把价值稳定的货币储存起来，而使用价值不稳定易贬值的货币，久而久之，市场使用流通的是劣币，而良币则退出了市场。金本位制时也面临相同的情况。金币逐渐被储备了起来，原本是黄金存单，票据和银行卷也变为了支付工具，并在此基础上出现国家发行的纸币，逐渐纸币成为支付流通的主要手段，只有大量支付时才使用黄金，这一变化的推动也有很大的货币使用便捷化因素，之所以纸币与黄金挂钩，有法定的含金量，传统金本位制转变为金汇兑本位制，从金汇兑本位制再到寸纸币制，对于纯纸币的接受有一个发展过程。

实行金汇兑本位制的国家都发行纸币作为流通支付手段，纸币具有一定的含金量，但只有在符合条件的情况下才能兑换黄金，因而失去了黄金跨境自由追索权，所以大部分纸币只能在国内流通使用，而只有少数纸币可以作为国际硬通货用于国际结算，英镑和美元先后成为国际货币体系的中心货币，即在多种纸币中占有绝对信任优势的纸币。各国纸币根据含金量多少与中心货币形成固定汇率进行国际贸易结算从而构成了国际结算体系。这时纸币成为流通结算的主要手段，而黄金成为储备资产，流动受到限制，金币则退出了流通。具有含金量的主权纸币取代了黄金成为国内流通支付和国际贸易结算工具，因而传统金本位制此时已发生了变异。

因发行国际中心货币的国家承担着国际贸易最终黄金头寸的兑换责任，因而虽流通使用的是本国主权发行纸币，但要求国际中心货币发行国，不仅其国家的外贸总量要有足够的大，使该国纸币在全球有足够大的覆盖面，才能保证中心货币具有足够大的使用市场优势。另外还必须要有足够多的黄金，以满足纸币兑付黄金的要求。英镑在 19 世纪能够成为国际中心货币就是满足了以上两个要求，而 20 世纪英镑的中心货币地位的丧失也是因英国丧失了上述两个条件的结果，美元成为其替代物。

20 世纪美国作为一个新兴经济体，早在 1900 年就已经超过英国成为全球最大的经济体，但直到 1944 年第二次世界大战大局已定时，美元才取代英镑成为世界中心货币，相隔了近半个世纪，美元取代英镑成为国际中心货币有其必然性，但这个过程是一个充满了博弈的过程，并不是一个自然的过渡过程，有权谋，有意志比拼，有宣传舆论战，但最终还是经济实力说话。我们所说的经济实力也包括了美国已是当时最大的黄金拥有国，因而可以承诺履行以固定官价兑换黄金的国际义务以确保美元的稳定。

美元成为国际货币体系的中心货币，标志着美国成了全球经济领袖。美元和黄金挂钩，保持 35 美元 1 盎司黄金的固定比值，其他各国根据本国货币的含金量与美元形成固定汇率，这是二战后建立的布雷顿森林国际货币体系，但仅去过了不到三十年，因美国双赤字的出现而导致美国黄金大量外流，到 1971 年已没有能力维持这一货币体系，而宣布美元与黄金脱钩，布雷顿森林货币体系宣告瓦解，美元也走上了称霸之路。

美元霸权日益显现

美元和黄金脱钩后，国际货币进入了纯纸币时代，其价值基础由黄金变为了国家信用。而美元失去了黄金的硬性约束后美国货币政策表现出了日益强烈的利己性，但因现在还没有更好的美元替代品，所以美元中心货币的地位依然如故，结果是美元霸权日益显现。

何为美元霸权？也就是美元拥有了让全球各国服从于美国利益的权力，即利用美元发行权通过对美元的价值人为调控改变汇率，实现对全球财富的掠夺或政治的操控，使全球经济处于不公平状态。货币发行是国家主权，各国的货币发行和货币政策服务于国家经济发展的需要，但如成为国际中心货币就要在获得货币优势的同时也要对国际经济发展承担义务，其国家的货币政策要顾及国内与国际两个方面的要求，这要求具有极高的平衡技巧而且很难做到，这就是当今国际货币体系的结构困境，尤其是中心货币发行国经济出现问题时，受贪婪驱使往往会利用自己的特权将矛盾外移，而采取损人利己的货币政策引起了诟病和质疑。美元霸权的出现暴露了战后布雷顿森林货币体系结构性缺陷，改革的呼声四起，尤其是 2007 年美国次贷危机爆发以后，这种呼声尤为强烈，而如何才能改变这种不公平状态，人类还在探索没有定案，但不公平的状态总是要改变。如何走出用一国货币承担世界货币的困局目前还不能解决，还有可能出现让我们更为担心的是美元不公平即使解决了会不会又来了一个新的不公平，如美元取代英镑只是转移了权力中心，并没有解决不公平，反而是增加了不公平。这是国际货币纯纸币时代面临的最大困境。

解决之道的货币多元化格局

面对美元霸权，利益受损国纷纷提出改革现有国际货币体系的需求，希望美国改变以邻为壑的货币政策增加自我约束，以保证自己外汇资产的安全和维护自己的正当权益。一是通过现有体制、机制与美国交涉，迫使其自律，但多数情况有益而无效，难以改变美国霸权的我行我素；二是推进现有货币体系的改革，有人提出要推进“新金本位制”，为美元为中心货币的国际货币体系增加一个稳定的黄金之锚，更为革命的提议是推出“世界货币”，重构国际货币体系。现在看来，不要说这些意见的可行性，就是已同意的国际货币基金组织的投票权比重的调整也已拖延至今，更大的改革条件尚未成熟，难有进展；三是推进区域性货币体系建设，形成多种国际货币的制衡机制，以限制和扼制美元霸权的泛滥和影响，因而出现了多元货币中心的发展趋势。

国际货币多元中心发展是对美元霸权的直接抵制力，欧元的出现是一个实证，虽然还不能完全取代美元，但已有所获，占有了全球储备货币的三成多份额，但 2010 年希腊国债危机爆发以后，欧元一直处于守势，甚至出现了一定程度上的颓势。亚元也在设想之中，但目前亚洲的政治形势已将这一设想推迟到未知的将来。还有一些区域货币在讨论设想的阶段就被扼杀，如卡扎菲金北纳尔伊斯兰通货。所以多元货币中心的发展并不顺利，虽有进展，但还不能撼动美元霸权地位。或许多元货币中心还有很长的路要走，那么现代另一个选择就是增加在美元持有国在货币体系中的话语权，提高美元使用的自主性，可称为美元运营多中心化。在这方面，我们已有行动。我国主导推进的金砖国家发展银行已选址上海，并开始筹建，亚洲基础设施投资银行已确定落户北京。但这些努力无一例外的都是以美元作为运作的资本金，从本质上讲仍是美元货币体系的一部分。那么人民币国际化在这个多元化大变局中成为一个令人关注的选择。

我国是美元的最大储备国和最大美国国债的拥有者，因而也是美元霸权的最大利益损失者，特别是随着我国经济规模的扩大，且有超越美国之势，因而我国日益成为美国最大的潜在竞争对手。美国对我国在军事上、经济上的围堵日益显现，作为应对之策我们必须高度重视货币的独立性，这是增强国家金融竞争力的关键，而金融国家竞争力在很大程度上是国际资源的分配转移权，这就是提出人民币国际化的宏观背景，人民币国际化推进是抵御美元霸权的更高阶段，道路将是曲折而漫长的，这是一场改写人类金融史的改革。推进人民币国际化对我们来说是一个全球性的课题，所以历史的借鉴是十分重要的，可以为我们提供历史借鉴的案例是英镑和美元。

— 02 —
大英帝国的王冠黄金打造

18世纪以前，英国经济和货币在世界，乃至欧洲均居次席，那时欧洲的西班牙、葡萄牙都具有比英国更强的国家实力，甚至小国荷兰也可以向其挑战，而18、19世纪却成了英国的世纪，最终形成了一个经济总量和国土均占全球四分之一的庞大帝国。究其原因，大家一定会提到科技革命和机械化社会大生产方式的建立，但英国货币改革推动的金融业进步也是一个非常重要的原因，其货币改革的最重要的成果是金本位制的建立与发展，金本位制对大英帝国的贡献是巨大而深远的。

在试错中发展的英国货币

货币是商品交换的产物，同时也是商品生产的条件，没有货币便不能交换，而不能交换就不能进行以交换为目的的大工业生产，因而货币是大工业生产方式发展的前提。马克思在《资本论》中曾指出，交换是商品生产者危险的一跳，就说的是交换能否顺利实现，对商品生产者生命攸关，而完成交换就需要货币的供给保证。如果不能保证，而要退回到不用货币的直接交换，那就是对社会生产力的直接扼杀，因而由英国的货币改革而推动的金融业发展为英国社会生产力的突破提供了动力。

英国的货币制度是在不断试错的探索中发展的，欧洲长期是使用贵金属货币，但存在货币供应不足的问题而极大地影响了经济的发展，原因是贵金属供给不足，另外是低效率的手工制币，也影响了货币的供给。还有一个问题是金属币被偷锉、品相甚差、重量不足，这实际是货币贬值，质量的不稳定也影响了货币的使用和储藏。对挫币行为，虽然政府规定了严格惩罚的法规，甚至绞死，但仍不能绝禁，更出现了专业的锉币工匠。

改革和创新也在进行之中，17 世纪初巴黎铸币厂首席雕刻师尼古拉斯·贝利奥改进了铸币的设计，在铸币的边沿刻了纹理或铭文，因此只要对铸币偷锉便能立即现形，因而可以对偷锉铸币行为产生强大的抑制力。之后在 17 世纪中期巴黎铸币厂开始使用马匹牵引的机械铸币机，从轧平金属，到刻印图案和防止偷锉的高缘扎纹的成型均可通过机械加工完成。但是这些改革和创新却受到了传统势力的抵制而拒绝使用，故英国的铸币大部分仍然是手工打制而成。这一情况随着 1660 年查理二世复辟王位才有了改变。

1661 年查理二世下达枢密令，要求“所有的铸币应尽可能地以机器铸就，其边缘应饰以纹理和文字”。根据查理二世的命令，伦敦造币厂将被排挤走的贝利奥又请回，并与他签订了一个长达二十一年的合同，但遗憾的是并没履行完他便于 1662 年去世了，不过他改进铸币的设想全部被英国铸币厂所接受，并成为当时英国独有的造币技术而保密，使英国货币生产能力和质量达到了欧洲的前列。1663 年圣诞节前夕，查理二世又下达枢密令，要求新生产的金币需全部通过机械加工生产。1695 年又进行铸币改革排除阻力回收了全部残币铸造新币，产生的损失由税收弥补，将英国铸币重量又恢复到一百五十年前的水平，从而极大地提高了英国货币的权威。

当时欧洲货币存在的另一个问题是因当时欧洲实行金银双本位制，而欧洲与亚洲（主要是中国）贸易存在巨大逆差，使欧洲的白银大量流向了实行银本位制的亚洲。而且亚洲的白银因需求旺盛而价格高于欧洲 30% 以上，因而以金币换银币，然后将银币熔成银锭，输往亚洲成为可获得巨大盈利的买卖，而引起大量白银走私。白银走私减少了欧洲银币供给，另一方面这种套利活动所反映出的货币制度缺陷也不能长期地存在。

面对白银持续不断的走私潮，英国政府向大科学家牛顿求救。因为牛顿 1696 年已结束了在剑桥大学的学术生涯而进入伦敦造币厂担任总监。三年后的 1699 年成为厂长，货币问题成了他主要研究的方向。而牛顿 1717 年接受解决白银走私，稳定货币市场的政府求助要求的背景是：

1663 年英国用在西非的非洲公司提供的黄金原料生产了几尼金币，重 8 克，币面值 1 英镑，相当于 20 先令银币。由于白银走私而造成英国市场货币流动量减少，金几尼金币价格上升，英国金贵银贱更加剧了白银套利的行为。牛顿在分析了各国的货币价格之后认为白银出口价格比银币价格高 2~3 便士是出口白银和熔化银币的诱因，并建议“几尼金币减值 10~12 便士似乎是极为必要的。这样，英国金币的含银量就与欧洲其他国家在贸易和兑换中比率相一致”。根据牛顿的建议，英国财政部确定金几尼的价格为 21 先令，禁止任何人按照不同于 21 先令的价格交易金几尼。

按照牛顿的建议确定金几尼价格为 21 先令并没有使白银走私停下来，直到三十年后的 1747 年，英国银币完全枯竭而退出货币流通之后才停了下来，但是 1 盎司黄金价格为 3 英镑 17 先令 10.5 便士不可思议地从 1717 年到 1931 年稳定保持了二百一十四年，而到 1969 年黄金度量单位与公制衡单位接轨，国际金价又由英镑变为以美元定价，因而 1717 年被认为是英国实际进入金本位制的元年。

金本位制的意义与贡献

白银货币的退出，金几尼的稳定极大地推进了英国金本位的发展，金几尼的使用范围日益普及和扩展：用于流通支付、用于储备、用于纳税。金本位制的实施保证了英国国内货币与物价的稳定，从 1750 年至 1914 年的 165 年内英国的总体物价只上涨了 48%，年均仅有 0.29%，而在纸币本位制中年均上涨 3%，已经是十分正常了，两位数的涨也会时时出现，不可思议地上千倍、上万倍地上涨也是有过的事实。金本位制并不十全十美，仍有许多问题，但在超稳定这一点上至今令人怀念不已。

对于金本位的信任使人们在即使经历了黄金挤兑风潮和经济危机之后仍对金本制的恢复或改革寄予希望。所以在牛顿确定了事实上的金本制百年之后的1816年英国国会通过《金本位制法案》，英国成为正式的金本位制国家。而金本位制的实行表明黄金已在人类经济生活中占据了核心地位，它不再是一种金属，而具有了一种可以左右人类行为的文化指令。与黄金挂钩，以金本位为存在基础的英镑也因此而成为强势货币，而使英国受益匪浅。

英国金本位制的建立使英国货币——英镑成了一种稳定的强势货币，为各国所乐于接受，成为英国扩大全球贸易和殖民扩张的有力武器。在英国实行金本位制之后，荷兰就立即跟随于1818年实行了金本位；1871年德国与日本实行金本位制；随后是1873年法国及拉丁同盟国；1875年北欧各国；而阿根廷是1881年，俄国是1893年，美国是赶上了18世纪的末班车，于1900年实行了金本位制，到20世纪初第一次世界大战前夜的1914年已有59个国家实行了金本位制，包括了除中国之外的当时所有主要经济体国家。

金本位制从英国一国货币制度扩展到全球成为一种国际货币制度，并不是由某一个国际法规定强制性推行的，而是自愿加入的，因金本位制体现了对市场的尊重，其收支与价值的调整平衡是通过市场黄金的自由流动实现的，而不是某一个国家强权干预的结果，所以它体现了平等与自由。而此后我们在20世纪看到的以美元为中心货币已与以英镑为中心货币时的国际货币体系的存在环境并不完全相同，第一次世界大战后传统的金本位制已不复存在，已变为中心货币与黄金挂钩的金汇兑本位制。

1810年英国国会成立了一个黄金委员会对黄金储备与英镑、外汇的变化进行研究咨询，这个委员会在提交的报告中这样写道：“当货币完全由贵金属组成，或者由能够兑换为贵金属纸币组成，那么，在世界上所有不同的国家间根据商业自然进程所建立起来的交易，就会影响到每一个具体的国家，使之能够将货币流通量调节到实际需要的水平……如果货币及其流通的自然体系被放弃，不顾自然体系的优点，任意发行纸币，任何有关纸币审慎和精确发行的规定都是枉费心机的。”这个报告在二百年前得出的结论，在今天仍有巨大的指引价值。也正是在这样认识的基础上，1816年英国国会正式通过法案，在国家法律层面上确定金本位为国家货币制度。

在二百多年前，就已对金本位制对超发纸币的阻击机制说得十分明白，二百年后的今天对金本位的攻击说穿了都是为超发货币辩护和寻找理由，超发货币今天已是常态，成为一种嗜好，但这是一种危险的嗜好。人类热爱和追求自由平等，所以体现自由平等交易的金本位制，是人类货币制度中的一种世界语，不同的人群共有的语言，而借助这种世界语，英国的货币——英镑成为国际承认的硬通货；英国的语言——英语成为商业国际通用语。英镑走向世界的需要而使伦敦迅速成为全球金融中心，而其市场形成的规则更成了全球金融的规则。其金融的优势使英国可以用最低的管理成本管理他的庞大殖民地维持其全球贸易的优势地位。这些软实力即使英国在已不是世界经济的领头羊，大英帝国已经没落的今天其先进的具有竞争力的金融业仍使其受惠多多。据《帝国》（尼尔·费格森著）的数据表明，19世纪末（1890年）正是大英帝国兴盛时期，当时英国有陆军21.5万人左右、海军24.8万人，只有不足50万的军队，每年的军费总预算也只有四千多万英镑，占当时英国国民净值的2.5%，与之可以比较的是美国为维持其全球霸权每年的国防开支，从1948年至1998年的五十年平均占国民总值的6.8%，也就是美国的维持成本是英国的2.72倍。而以金本位制形成的金融竞争优势是英国低成本管理全球秩序的重要原因，因而帝国王冠黄金打造并非言过其实，金本位制给英国及世界的影响是多方面的，也是深远的，金本位至今仍是我们进行国际货币体系改革的重要参照系。

金本位制是人类金融业发展的一个历史高峰，金融即货币流通，金融业主要业务就是货币借贷。而货币借贷曾是人类最为鄙视的行为，12 世纪借贷收息者要被逐出教会；14 世纪货币借贷者死后不能埋入圣地，以示惩罚；直到 16 世纪在大文豪莎士比亚的《威尼斯商人》中的货币借贷者夏洛克还是一个地地道道的反派人物，而今天金融已被视为是当代经济的核心，真有天壤之别。18 世纪是全球金融业大步推进发展时期，而金本位制的建立则是金融业发展的重要推手，从而使英国迅速地实现了后来居上。

金本位制促进了现代金融业的发展

金融业的发展已有千年以上的历史，而现代金融业是伴随商品生产的发展而起来的，而那时货币是金银。当代金融业是建立在纯币的基础之上的，但纸币的诞生和发展都与金银货币存在着千丝万缕的联系，所以当代金融中仍存在着诸多的黄金因素，金本位制是当代金融业发展的重要推手。首先是推进了金币与纸币的分离。在金本位时期，为了安全英国居民的金几尼大部分是存放在金匠处或英格兰银行的金库里，这种需求促进了银行的货币兑换与保管业务的发展，并产生了银行的票据业务，票据也可以作为流通支付工具，这是纸货币的初始形态，在此基础上又逐步出现了放贷业务，即金库只保证存放一定的货币用于应对柜台取兑所需，多余的则贷出以收取利息，因而演变出金融史上的重要创新：准备金制度。

准备金制度的建立加快了货币周转，从而增加了市场的货币供应量，英国工业革命对资本的大量需求因这一金融创新而得到满足，这是英国首先推进工业革命的重要条件。现代金融业进一步地发展是金币完全退出了流通，纸币成为流通的主要工具，而纸币与黄金挂钩以保证纸币的价值稳定，这是纸币信誉形成的初期形态，因而美元具有法定的含金量，金汇兑本位制保证了现代金融业交易工具纸质化发展的落实。之后当代金融业的发展创新都是延着交易标的纸质化的方向推进的，在金本位基础上的金融创新使19世纪初伦敦成为欧洲金融中心取代了荷兰的阿姆斯特丹，金融家们成为当时最有权势的阶级，那时各国君主也必须仰其鼻息。

19世纪，我们还不能说英国已经完成了工业革命，因为到今天的人类工业化仍是一个现在进行时，虽然今天它的形态和任务的确已发生了重大变化，然而说英国是19世纪首先进入了工业时代的国家是没有问题的。机械化大生产的推动使英国社会生产力呈现爆炸性增长，占有了当时全球四分之一的经济总量。英国殖民地遍布全球，号称日不落帝国。在其崛起的过程中和维护其帝国的运行的过程中金本位制都发挥了重要作用，以黄金支撑的英镑成为国际贸易结算和外汇储备主要工具，为大英帝国带来了多重利益。

英国并不产金，其他欧洲国家产金也不多。英国及欧洲可以实行金本位制原因就是16世纪美洲金银矿的发现，欧洲殖民者以极其残忍的手段对美洲金银进行了掠夺。从而美洲黄金作为低价资本成为欧洲工业化的第一桶金，而白银则通过贸易流向了中国，但这只是暂时的，因为之后西方的坚炮利剑又使中国签订“城下之盟”，以赔款的形式将白银又送了回来，这就是近代世界财富的流转路线。最终的结果是欧洲这个原来的二等火车票的乘客，一跃成为司机，而中国成为坐在驴车上的拼命追赶的落伍者。发生这一变化，金融业发展的差距是一个重要的原因，现代金融业是国家富强的不可或缺的要素。

— 03 —
羽毛不断丰满的美元

20世纪是美国的世纪。1870年美国的商品和服务生产已超过英国，成为全球第一大商品生产国；从1900年开始，美国成为全球第一大经济体；1912年其商品出口超过英国，成为全球第一大出口国。但美元的表现缺乏可陈，在国际贸易中地位很低，仅能到第九位，英镑、法郎、马克、瑞士法郎、意大利里拉、比利时法郎、澳大利亚先令也排在其前。那时在各国外汇储备中，英镑占50%、法郎占30%、德国马克占15%，其他5%为荷兰盾和瑞士法郎，但并没有美元，这就是20世纪初的第一次世界大战前的状况。而使美元从弱势转为强势，从国际化边缘货币变为国际中心货币，黄金发挥了重要作用。

美元在国际上成为弱势货币的一个重要原因是其价值不稳定，从1785年美元诞生到1914年第一次世界大战前夕的128年中，据统计发生了14次金融危机，平均9年左右一次，而由弱势货币转为强势货币是美元国际化的前提，其关键又是美元价值要实现稳定。虽然美国建国之初黄金就是法定货币，但长期实行的是金银双本位制，两种金属的比价经常变动，造成美元的价值的不稳定，所以那时在国际市场人们更喜欢使用以黄金为本位，“像金子一样”的英镑，而不是价值不稳定的美元。

1900年美国国会颁布了《金本位制法》将美元的价值与黄金联系在了一起，美元具有了固定的含金量，显然这可以大大提高美元的价值的稳定性。但金本位制维护并非易事，可贵的是美国是这一货币制度的最终坚持者，而这一坚持将美元的国际化大大地向前推进了一步。

第一次世界大战来临，欧洲多数国家停止实行金本位制，英国 1919 年宣布禁止黄金出口，也放弃了金本位制。美国 1917 年参战后也禁止了黄金出口，但与英国不同的是 1919 年又恢复了黄金的国际支付，战后（1922 年）热那亚国际会议之后进入了金汇兑本位时期，由此黄金虽又恢复了中心货币地位，但仅维持到 1929 年。1929 年华尔街金融危机以及在欧洲引起的连锁反应，引起黄金挤兑潮，英国被迫放弃了金汇兑制，欧洲各国也相继跟进，美国是最后一个，于 1933 年才宣布法令在国内禁止黄金交易和出口，但一年后的 1934 年又允许出口给指定的外国银行和政府机构。

如果说英国是曾经的金本位的坚持者，而现在是美国。那时虽然为大势所迫，在美国国内金本位也被废止，但却始终坚持了对外黄金窗口的开放，始终将对外贸易结算与黄金挂钩，这一制度安排一直维持到 1971 年 8 月。从而使美元在外贸结算中使用受到欢迎，而给美元国际化带来了正能量。在美国，攻击金本位制的力量很大，甚至成为总统竞选的主题，但幸运的是这些纷争并没有改变美国货币政策的方向，而这种坚持终于有了丰硕的回报。英国卷入了“一战”损失惨重，而到 1924 年英国出口转战下降了 25%，美国则拥有了最大的黄金储备，使美元表现坚挺。自 1925 年起，英镑价值开始处于剧烈波动状态，因而外贸合约以英镑作为结算回报而具有很大的风险，市场需要一种价值更为稳定的替代品，所以，仍然与黄金挂钩的美元自然成为了一种新选择，美元与英镑的对决在 1944 年布雷顿森林国际会议上爆发，英国放弃了金本位，而美国坚持美元与黄金挂钩，这是 1944 年美元能在布雷顿森林国际会议上击败英镑登上货币王位的重要原因，因而黄金为美元价值的重要支撑力。

— 04 —

抓住机会：榨干英国，美元上位

19 世纪黄金生产出现了突破，一个世纪的黄金产量超过了之前的数千年，这次黄金生产力大突破的代表国家是美国、澳大利亚、加拿大、南非，而这些国家多是英国的殖民地，英国拥有这些国家黄金的控制权，所以 19 世纪全球黄金产量多数流入了英国，从而改变了英国黄金长期短缺的状况，为英国的金本位制提供了足够的物质保障。16 世纪拉丁美洲的金银发现成为欧洲工业革命的第一桶金，而 19 世纪黄金生产力大突破则为英国提供了建立世界金本位的物质基础，大英帝国的王冠闪烁着黄金的光芒。“花无百日红”，进入 20 世纪英国开始由黄金流入国变为了流出国，而使英国走上了衰败之路的直接原因是两次世界大战的浩劫。

20 世纪英国遭遇两场大战浩劫

1914 年第一次世界大战爆发，各国开始对黄金的流动实行控制，金本位制失去了运行的条件而遭破坏。第一次世界大战结束，英国军费支出近 100 亿英镑，国民财富损失 1/3；国家债务增加到了 10 倍，仅债务利息就占据了中央政府开支总额的近 1/2；出现了巨额贸易逆差，迫使英国变卖了海外投资的 1/4，即 10 亿英镑来补偿，由债权国变为了债务国；而且引以为豪的机械化生产因机械的老化，而在与欧洲和美国企业竞争中由强转弱，因而英镑的强势受到质疑，英国元气大伤。

基于金本位制对英国的国家战略价值而对一战前夕金本位制的崩溃，英国并不甘心。为了重振英镑的权威和维护英国全球金融中心的地位，英国国会战后决定 1925 年前恢复金本位制，但因英国黄金储备已捉襟见肘，所以，议会通过的《1925 年金本位法案》并未完全按照原传统金本位铸造金币，而是只能按官价兑换金块，这是金块本位制，但也仅维持到 1931 年。因 1929 年至 1933 年发生了全球性经济危机，各国纷纷向英国挤兑黄金，黄金储备大量流失，到 1931 年 9 月库存黄金仅能应对数天的兑付了。在这种情况下，9 月 23 日由财政大臣菲利普·斯诺登宣布终止实行金本位制，而于四十年后的 1971 年美国尼克松总统又重新上演了这历史的一幕。然而，1931 年并不是英国面临的最困难的时刻，更大的挑战还在后头。

1939 年第二次世界大战爆发，英国又成为主要的参战者，卷入到了这场血与火的洪流之中，结果是战后英国政府几乎破产，沦为了二流国家。经济严重萎缩，1950~1973 年在世界制造业出口总产值占比由 25% 下跌到 9%；造船吨位在全球的比重由 33% 下降到 4%；钢铁出口量由 15% 下滑到了不足 5%，由此我们可以看到，英国在第二次世界大战中经济损失之严重。

美国远离欧洲战场，虽其是同盟国成员，但却一直避免直接参战。直到 1941 年珍珠港事件爆发以后，这种情况才有了改变。在之前美国弥漫着孤立主义的气氛：1935 年美国国会通过了中立法，禁止向交战双方提供武器，实行武器禁运；1936 年又进一步禁止向交战双方提供贷款和信用担保。尽力与交战双方都保持距离，避免引火烧身，以“坐收渔翁之利”。

第二次世界大战开始以德国为首的协约国势如破竹，节节胜利：1940 年 4 月占领挪威、丹麦；5 月攻入荷兰、比利时、法国；5 月 27 日至 6 月 4 日致使英国远征军溃败，不得不实施跨海大撤离。6 月意大利从南部进入法国后，美国才有所行动，派出了150架飞机参加战斗，但还未到达目的地法国已宣布投降。而这时英国的金融资产储备已近枯竭，为了应付战争之需，急需美国援助，但美国另有打算，并不急于出手相助。

美国为战后谋篇布局

我们看到现在美国与英国的关系是亲密的兄弟关系，但那时还不是，对于美国原来的宗主国和殖民者的英国，美国人民并无太多的好感，而是充满了怨恨。英国是唯一一个入侵到美国国土并火烧美国白宫的国家，2014年9月英国驻美大使馆还准备召开一次火烧白宫二百年的纪念活动，而使社会舆论大哗。1814年8月24日，英国军队占领华盛顿，并放火烧掉了包括美国国会大厦和白宫的数栋建筑，迫使当时美国总统和妻子落荒而逃。在美国崛起的过程中，英国是主要的竞争对手，并是美国崛起的主要打压者，经济摩擦不断，两国之间存在着众多的历史与现实的矛盾，故美国从其发展的战略要求出发，作为盟友伙伴而应向英国施以援手，但作为竞争对手所提供支援并不是无偿赠予。美国的行为原则是以榨干英国，让英国从此丧失未来与美国竞争的能力为目的，而陷入第二次世界大战泥潭的英国不得不吞下这一苦果，结果是英国并没有因最终成为战胜国而重现大英帝国的辉煌，而是战后美国取代英国成为西方世界的领袖，美元取代英镑成为国际中心货币，美国作为战胜国实现了全部的国家战略目标。

战前英国有45亿外汇储备，到1940年底即使征用和变现英国人在美国的资产，实际金库也已空空如野，但美国财政部仍要求英国财政部提供一份英国在美的控股资产、证券、黄金以及直接投资的完整清单，以免有“漏网之鱼”。

美国要求对英国的物质援助必须付现金，这对于外汇储备已尽枯竭的英国来说等于不得不登上绞刑架。为此英国首相丘吉尔不得不直接向美国罗斯福总统求情。丘吉尔至罗斯福的信函写道：

“我相信，你会同意我的观点，即使在这场斗争的紧要关头，将英国所有可以出售的资产剥夺一空，以至于在用我们的鲜血赢得了这场战争之后，在人类文明得到拯救之后，在为美国争取时间充分自我武装以应对一切不测之后，我们将被剥削得一干二净，这样做不仅原则上是错误的，而且实际上对双方都不利。”在晓以大义之后，丘吉尔对美国人的高尚情操又寄予希望，他写道：“……而且我也不相信，美国政府和人民认为，将他们慷慨承诺的军需物资和商品援助限制在有关费用可以立即支付的前提下，这么做符合他们的指导原则。”美国真是具有丘吉尔所希望的那样的高尚情操吗？

当时，英国已向美国订购了50多亿美元物资，但英国已没有现金可以支付这些款项，面对战争的现实压力，罗斯福总统也认识到必须要解决这个问题而提出《租借法案》，允许在收到现金货款前可以先将这些物资租赁出去，但立即受到了国会的反对。在经过多次修改，确立了各项限制之后，于1941年2月8日，以260票对165票在众议院获得通过。欧洲对《租借法案》给予了很高的评价，被丘吉尔称为“有史以来最圣洁的法案”。但仅从法案的正式名称——《促进美国国防法案》，就可以看到“美国情操”的本质了。

《租借法案》通过后，国会还必须通过一项70亿美元的拨款法案，使之具有可操作性。这个法案就增加了一个限制条件就是1941年3月11日以前的订购货物不能使用该款项，因而美国财政以要通过法案为由，要求英国清算更多的资产变现，以偿清之前货款。美国人造丝公司是当时英国在美国拥有的最大和盈利最好的公司，但不得不为此仅以实际价值一半的价格卖给了一家美国公司，以满足美国偿债的要求。

此后，美国财政部不断地利用租借法迫使英国在金融和经济上让步，因为要确保租借出的物资一定要能以实物和资产的形式直接偿还，或以总统满意的方式直接或间接地偿还。对此英国经济学家，即将成为布雷顿森国际货币会议主角之一的凯恩斯指出，美国人就是要在“租借法生效前尽最大可能地剥夺我们的流动资产，从而使我们手头的储备降到最低限度，堪堪够满足战争余下阶段租借法所不能涵盖的大量债务”。凯恩斯一言中的，榨干英国就是美国的国家战略，而英国二战对美国债款直到 2006 年才还清了最后一笔，为 8325 万美元，至此二战已结束了 61 年。

不作对英国的施舍者，不作赔本生意的小气的美国人只是一种表面现象，在这种现象的背后隐藏着美国人的一个大战略，即要联合伙伴取得战争胜利，但也要让英国战后丧失与美国的竞争的能力，扫清自己成为全球霸主的主要障碍。黄金和外汇以及资产储备对战后维护大英帝国的完整和保持其影响力至关重要，所以必须乘机榨干，不让英国的剩余资产超过在战争中存活所必需的最低水平，并将英国战后的竞争力削弱到无足轻重的程度，后来的事实表明美国的这一战略目标完全得以实现。

一场战争的两种结局

1941 年珍珠港遭偷袭后，美国不得不由观火者变为了参战者，为战胜法西斯做出了贡献，付出了代价，但美国的收获是经过这次大战成了世界领袖，建立了美国霸权，而英国则衰落为一个二流国家，现在英国已是看美国脸色，唯其马首是瞻的小兄弟。美国借第二次世界大战之机榨干英国，将英国的黄金、外汇及资产储备最大限度地掠夺到手，使其失去了战后称霸的条件，所以不仅战时英国因战争物质供给而求助于美国，战后重建所需要的资金也必须求助于美国。两个战胜国出现了两个结局：大英帝国因战火的蹂躏而陨落了，而美国则在第二次世界的战火洗礼中实现了涅槃，从这个意义上讲美国是“二战”唯一的战胜国。这是实力的比拼，也是战略谋略的胜利。

我们不得不佩服美国人，面对纷飞战火而危机重重之时，他们已经把自己的眼光放到了战后，为战后的政治与经济结构谋篇布局了，因而才能在应对现实危机的同时也获得长期利益的保障。我想我们不应过分地指责美国人的自私，而应更多的是佩服他们的智慧，这恰是我们所欠缺的，战略观就是大局观，将危机变为机遇，是人类的最大智慧。

20 世纪大英帝国王冠上的黄金之光暗淡了，英镑颓势已定，而美元的光芒则因黄金而冉冉升起。第二次世界大战使英国失去了黄金储备，而美国在这期间聚积了全球 3/4 的官方黄金储备，数量高达 2.2 万吨。战争使其他国家一贫如洗的时候，美国却完成了财富的积累过程，成为战后世界经济与政治的领袖。面对的是同一场战争，而结果是英国因此而破产，而美国因此而强大，对于这两种完全不同的结果历史学家已有详尽的分析，透过那些客观条件的差异，我们是否也可以看到政治家们战略把握的差异因素呢？显然人的因素也发挥了重要的作用。历史不能重复，但教训应吸取。

美国取代英国成为全球第一大经济强国的标志是美元取代英镑成为国际中心货币，承担起国际通用货币的功能，构成了美国全球霸权的核心，从此真正拥有了控制和调节全球财富的能力，而拉开这一货币王位更替大幕的是 1944 年召开的布雷顿森林国际货币会议。

—05—
布雷顿森林国际货币会议的美英博弈

1944年在美国布雷顿森林公园举行的国际货币会议为美元登上王位举行了加冕礼，但这次会议的目的并非如此，这只是会议的副产物。30年代发生的席卷全球的经济危机产生的影响是极其深刻的，危机来临，各国纷纷自保，以邻为壑，相继推出竞争性货币贬值以转移危机，因各国缺乏合作，致使全球迟迟不能走出危机。以美国为例，1934年美国国内生产总值比20世纪30年代初的水平下降了28%，贸易量下降20%，失业率飙升到22%。所以开始有日益增多的政治家认识到面对全球性经济危机必须要团结，而要统一行动，就需要建立国际性的协调组织，而停止“货币战争”。建立调节债权国和债务国利益的国际组织和机制是布雷顿森林国际货币会议的主要议题，而战后国际中心货币的确立只是会议的成果之一。这是一次对战后国际政治与经济有重要影响的会议，也正是这次会议改变了传统的政治格局确立了美国战后的领导地位。

会议的两个主角和两个方案

英国和美国自然是会议的主导者，而分别代表英国的凯恩斯和代表美国的怀特成为44个国家的700余名代表中的主角。一个是具有国际影响力的英国经济学大家，一个是迅速蹿红的美国财政部的技术官僚。

凯恩斯那年61岁，已是一个具有国际影响的大经济学家，他出身英国一个上层社会家庭，从小受到了良好的教育，毕业于剑桥大学。25岁时从剑桥大学开始了他的学术生涯，先后撰写了大量的学术报告，而将他的学术地位推向高峰的是1936年出版的《通论》，这是一部至今仍有重大影响力的经济学著作。本书的核心观点是：经济不会自然趋向充分就业，如果政府不强力介入以提振消费需求，高失业就会长期存在，仅靠中央银行提供廉价货币还不够，政府应实行赤字财政，加大公共投资，刺激经济的发展。这也就是提出了市场这种无形之手具有缺陷而应发挥政府这只有形之手作用的理论，这些经济学观点，已成为当代各国政府执政行为的律条。但这是对19世纪自由市场促进社会团结的古典经济学信念的批判而具有极大的革命性，因而凯恩斯被尊为新古典经济学的开创者，并从而确立了宏观经济学的科学地位。凭借其学术声誉，凯恩斯广泛地参与了英国财政部的工作，介入到一战英国债务处理的方案设计和落实之中，并在国际上也建立了广泛的人脉，因而他作为英国利益的维护和捍卫者成为布雷顿森林国际货币会议上英国利益的代表人物是实至名归。

那年，哈里·怀特52岁，比凯恩斯小9岁，1936年《通论》发表后在美国也引起极大的轰动，怀特也是《通论》赞同者，但基于各自的国家利益的不同，在会议期间却是针锋相对的对手。怀特出生在美国的一个工人阶级家庭，家境贫困，但经过努力小有积蓄，其父开办了数家五金商店，怀特曾担记账员，也曾参军入伍，直到32岁才从斯坦福大学毕业，41岁时其博士论文《法国1880~1913年国际收支账户》成书出版，从此开始了国际货币体系的研究。在1935年进入美国财政部，其才能逐步得到赏识，相应职务逐步提升，最后担任了财政部长特别助理而开始广泛参与美国货币政策的制定与谈判工作。这一年，他曾被派往欧洲就稳定汇率问题进行调研，在这期间与凯恩斯相遇并志同道合，都主张英镑应在一个更低水上稳定下来，但出人意料的是他后来被揭发是苏联的特工人员，据其揭发者说怀特的秘密工作始于1935年，那年他刚刚进入美国财政部，一个苏联的特工成了苏联对头美国利益的坚定维护者，说明了这个世界的光怪陆离和复杂多元。

虽然这次会议讨论的主题是建立战后国际货币协调机制，但每一个与会者都是为维护本国的利益而来，而会议的主角美国和英国早在1941年就分别提出了“怀特计划”和“凯恩斯计划”。两者虽都是基于对三十年代竞争性货币贬值的反思，但两个计划的内容和目的却貌合神离，这是因为美国和英国当时的国家利益、目标存在差异。

怀特方案是提议建立一个“国际稳定基金”，各国按比例将自己的货币存入该基金，美国提供最大比重的资金。在国际收入短期出现失衡时，为有关国家提供贷款以稳定汇率，恢复到固定汇率，从而保持国际货币体系的平稳。将黄金及美元视为整个国际货币体系的稳定之锚，将资本管制视为进行国际经济调整的手段，也就是将政府对市场的干预法规化。由于美国控制着当时全球75%的官方黄金储备，是黄金最大的拥有国，又是最大的美元债权国，因而在该方案中可拥有最大的话语权，所以这一方案的宗旨是建立以美国为领导，以美元为中心货币的战后国际货币新秩序。

凯恩斯的方案是提议建立一个“国际清算联盟”，并设立一个名为“班科”的超主权国际货币。国际清算银行为各国央行之间国际贸易收支余额进行多边清算，并以透支的方式为各国战后重建提供一笔重建基金。要求各国以外贸收支平衡为目标，不能长期保持顺差，为此要对顺差国实行处罚。这个方案显然是基于二战已使英国破产，要在尽量多地保留英国剩余的储备资产的同时，能够获得战后的重建资金，并摆脱金本位制对英国国内经济政策的束缚，因而提出了推出超主权货币的主张，并以财政赤字的方法筹集公共项目投资的资金，以应对战后百废待兴重建的需要。

这两个方案对金本位制的评价是不同的，美国坚持战后国际货币体系要建立在金本位制的基础之上，以实现货币体系的稳定。而英国否定金本位制，认为它是造成30年代货币紧缩的元凶，而要解决战后重建资金必须要使各国有更多的发债权。但这两者并不存在高深的理论差异，而是各自的现实选择：美国是全球最大的债权国一定会努力稳定货币才能保证战后其借出的美元回收时不贬值，这符合美国的利益最大化，而美国又是黄金的最大拥有者，所以可以坚持金本位制，使黄金成为国际货币体系的稳定之锚。而英国的黄金和外汇储备已丧失殆尽，因此英国不仅无力维持金本位，而且是最大的美元债务国，故美元贬值反而符合自己的利益，因而英国不关心战后货币的稳定性，而追求货币的供给增加，以解决其战后重建资金。两个方案不同，但目的相同，都是各自追求本国利益的最大化，但是要达到各自目的首先是要创建新的文化指令，当新的文化指令被接受成为实际行为之后，也就是预定目标达成之际。

新古典经济学是战后经济发展新文化指令形成的标志，英美方案分歧并不是对新古典经济学的歧见，而是领导权的争夺，即是美国还是英国是战后国际货币体系重建的领导者。凯恩斯是金本位制的批判者，而凯特是金本位制的肯定者，但这只是表面现象，因为美国的战略目标是美元取代英镑登上货币王位，而对于金本位的肯定也只是实现其货币变天的手段和工具，因而我们必须认识到美国坚持建立的金本位已是被阉割了灵魂的金本位制，并非是传统的金本位，因为黄金自由流动早已被美国扼杀了。

1816年至1913年是古典金本制统治世界的时期，国内与国际经济活动的很大部分是由市场的力量驱动的黄金追索权跨境转移行为调整和实现进出口及货币需求的平衡。但是30年代出现了通货紧缩而导致经济危机，各国纷纷将黄金管制了起来，黄金不能再自由流动，1931年英国极不情愿地放弃了金本位，之后又有25个国家放弃了金本位制。美国坚持到1933年，也宣布放弃，而且将黄金控制权由央行变为了财政部，从而废止了黄金的货币流通结算功能，而成为国家控制的战略性资产，也就是废止了黄金自由跨境追索权。

1934年1月罗斯福总统根据国会通过的《黄金储备法案》所授予的权力，将美元的价格由每盎司20.67美元上调到35美元，使美元贬值59.06%。此后美国财政部宣布每天将以34.75美元买入黄金，以35.25美元卖出黄金，但交易的对象只限于实行金汇兑本位制的国家和央行，这一价格一直保持到1971年，并在国内实行黄金管制。因而美国政府1934年已在国内切断了黄金与货币的一切联系，禁止民众拥有和交易黄金，并以国家政令的方式将民众的黄金一掠而空，全部集中到国家金库之中，成为国家严格管制的专有资产，成为仅是用于外贸平衡的手段。

我们可以看到，经历了30年代经济危机之后，无论是宣布放弃金本位制的国家，还是宣称实行金本位制的国家都废弃了黄金跨境追索权，然而这恰恰是金本位制的本质。金本位制本身并没有什么神奇的力量，而是一种规则，当人们愿意遵守这种规则时，它就能发挥作用，这是一种拒绝人为干预的市场的规则，相信市场具有自我实现平衡的能力，而对于30年代经济危机的反思产生了否定这一市场规则的思潮，主张“废除黄金对我们暴君式的统治”，凯恩斯是主要的代表人物。新的文化指令已经确立，所以对于金本位制的扬弃只是时间问题了，黄金非货币化的前景已显现。

凯恩斯为什么反对金本位制

1930年，凯恩斯的两卷本《货币论》出版，在最后一章是论述国际货币管理，在这里他就提出了建立超主权货币的设想，所以周小川行长提出超主权货币概念是七十年以后的旧话重提，并不是什么新理论。金本位制的反对者设想用这种超主权货币取代黄金，成为国际结算工具，而金本位被视为是一种不合时宜的历史遗存而应被废止。否定金本位制的本质是凯恩斯认为，他的理论主张的含义是，货币当局为了稳定价格需要积极干预并持续调整货币的供应量以及银行的准备金的比率，这也就是现在我们所说的政府的货币政策，是对“有形之手”的肯定，隐含的是对“无形之手”的否定，这在当时多数人仍然认为金本位制是货币稳定的中流砥柱时，凯恩斯对金本位制的否定引起了极大的震动。今天政府实施货币调节虽已成常态，但争论仍在继续。凯恩斯也并不是金本位制的天然反对者，是什么原因使凯恩斯成了金本位制的否定者呢？正如毛泽东主席所言，没有无缘无故的爱，也没有无缘无故的恨。

1919年6月《凡尔赛合约》签订，标志第一次世界大战的结束，凯恩斯当年晚些时候出版了一本针对此合约的专著《和约经济的结果》中写道：“各种货币对黄金的价格及相互间的汇率都保持在一个稳定的基础上，这在很大程度上促进了资本和贸易的流动，其全部价值只有我们今天失去这些有利条件之后才能认识到。”而在之前的1917年7月28日的一次内部讨论中凯恩斯为英镑与美元挂钩的做法画了一条底线，他指出：只有在美元剩余的情况下才应当维系挂钩机制；一旦英国的美元储备耗尽，就应当停止英镑的可兑换，以保护英格兰银行剩余的黄金。以上的论述和言论都表现为凯恩斯对黄金货币作用的肯定和重视，但在1930年出版的《货币论》出现了变化，转而否定金本位制。他又经历了什么样的心路历程呢？

凯恩斯并不隐讳否定金本位制的原委，他承认19世纪金本位制的表现可圈可点，但现在不是19世纪，情况已经发生了变化，是战争（第一次世界大战）导致了一个糟糕的结果，世界上大部分货币黄金都转移到了美国，如果恢复金本位这个“野蛮的遗迹”，将会导致我们的价格水平以及操纵信贷周期的权力转到了美联储的手里。凯恩斯反对英国1925年恢复金本位制理由相同，他说：“大英帝国的其余部分全部会抛开我们采取相同的行动，而结果仍将是金本位，但是不是以英镑为基础，而是一个美元的金本位。”原来凯恩斯否定金本位制虽是针对黄金，更是针对美元，他反对的是将来的美元金本位，并不否定过去19世纪的英镑金本位制，因为20世纪英国已无黄金，那么金本位制将是美元的金本位。美国怀特之所以要坚持金本位，是因为美国有黄金，因而可建立一个美元金本位，很清楚凯恩斯之所以否定金本位制是出于对大英帝国利益的维护，并没有什么更多理由，原来如此！但是一旦文化指令被接受就要成为一种“真理”或无任何怀疑理由的常识。

创建超主权货币是一个伪命题

凯恩斯是一个经济国际化的赞成者，但却是一个金融国际化的反对者，1933年他在《耶鲁评论》上写道：“思想、知识、科学、好客、旅游——这些东西从本质上应是国际性的。但是，只要是合理且便于实现，就应让货物在本国出产，以及最重要的是，让金融以本国为主。”他并不主张可超越主权的货币国际化，因而，凯恩斯超越主权的国际货币的提议就是一个伪命题，黄金货币本身就具有超越国家主权的特性，正是基于对黄金货币的这一属性的扼杀才导致了“金本位制”的废止，现在只不过因黄金货币主导权由英国转为了美国，英国已无黄金，故而凯恩斯在反对恢复金本位，但同时又提出创造黄金的替代品——超主权货币班柯，是要避免在国际货币体系重新构建的过程中由美国主导未来的世界金融的话语权，而这也是美国针锋相对坚持高举金本位之帜的原因。

其实，美国也早已将金本位的本质黄金跨界索取权废止了，对于美国来说传统金本位是已徒有其名，对此布雷顿森林国际会议美方代表怀特十分真诚地承认“使当今世界对美元极具信心的一个因素，毫无疑问就是我们大量的黄金储备。”黄金只是提高人们对美元信心的工具，凯恩斯的世界货币是一个虚拟尚未诞生的“班柯”，而怀特的世界货币则是现实的美元，他分析货币的未来是“作为国际价值和支付标准的黄金替代品或某种基于国际记账单位的替代物，将会在现有的货币中出现。在战后是经济形势下，它必然是美元”。至于20世纪70年代特别提款权的推出——也是建立超主权货币的努力，但已经是美元割断与黄金联系之后，显然只是为巩固美元中心货币地位而建立的国际金融的辅助力量。因而那时被美国否定的凯恩斯超主权货币，20世纪70年代以后又为美国所采纳。

实践证明所谓超权货币至今也不能说是成功的，而我们了解了凯恩斯方案提出的背景，就不难理解为什么美国那时要否定超主权货币方案，之后又采用超主权货币概念了。而我们了解了凯恩斯否定金本位的理由，就不难理解为什么之后美国又要抛弃金本位制了。所谓的超越主权货币的提出都是以让渡货币主权为前提的，然而这恰是各国政府不愿失去的。

1943 年两个方案分别对外公布，在美、英两国进行了艰苦谈判后，1944 年 4 月两国达成协议，同意以怀特方案为蓝本达成了《关于建立国际货币基金组织的专家联合声明》，成为布雷顿森林国际货币会议的基本文件，并在此基础上最后形成了《国际货币基金组织协定》。

— 06 —
美元从中心货币到霸权货币

1944 年美国在布雷顿森林会议上实现了战略的完胜，这就是将这次会议与美国超级大国的抱负相捆绑，会议为美元登上了王位举行了加冕礼，并将传统大英帝国从未来可能的最强竞争者的位置上抹掉。战后我们可以看到英国只能是作为美国的小兄弟，忠心服从于左右。人类历史上也第一次不是通过战争，而是通过没有枪炮的金融战完成了世界货币霸主的更替，凯恩斯对于金融的力量是一个先知先觉者，他有一句经常被引用的话是："以及最重要的是，让金融以本国为主"，即每个国家要有金融的主导权和控制权。显然美国人也看到了这一点，所以美英在会议上的美元与英镑的博弈就是世界领导权的争夺。此后美元开始了从世界中心货币到世界霸权货币的发展历程。

战后建立的国际货币体系存在结构性缺陷

会议博弈的主角是美、英，其为各自的利益而激辩、指责、威胁，甚至凯恩斯在会议上心脏病发作，而大部分国家是看客，但协定一旦敲定实施，就再没有了看客，会议决定就成了每一个国家的责任和行为原则。因对每个国家的影响不一，而对布雷顿森林会议的评价呈两极化。肯定者认为会议确定了开放、非歧视的贸易原则，因而建立了一个健康的国际经济秩序，从而保证了战后全球经济的复苏和增长；否定者认为这次会议只是美国利用其债权国和经济优势地位确立其战后霸权的工具，而且所确立的美元本位制存在先天性的缺陷而成为战后经济发展的困扰。

1944 年通过的《国际货币基金组织协议》确立美元是国际中心货币，而美元与黄金挂钩，各国货币与美元挂钩，从而形成固定汇率，并且为了保证汇率的稳定美国承诺以每盎司 35 美元官方价格兑换黄金的国际义务，因而这一制度安排使黄金成为这一货币体系的稳定之锚。

布雷顿森林国际货币体系是让美国一个国家的货币承担国际支付和国际储备货币的方案，而货币是每一个国家经济的核心，每个国家的货币政策都是为本国经济利益服务的，因而会出现国内货币政策与国际货币政策需求的矛盾，以本国利益为本的货币政策往往会表现为美元发行国美国受益，而美元使用和储备国受损，这是不公平的但矛盾无解。另一个先天性制度缺陷是美元的供应矛盾，如要保持美元充分的国际供应，美国应保持外贸逆差，而使境外有足够的美元流动性，但直接的后果是美元贬值，而要避免美元贬值那么就应保持顺差，则又会造成美元的短缺，而到今天为止，人类还没有找到一个能使货币的供给与需求达到完美平衡的办法，因而这一矛盾也是无解。

因这一制度安排存在以上先天性制度缺陷，《国际货币基金组织协议》必然会是一个短命的协议，果然 27 年后的 1971 年便宣告终结，使这一协议终结的始作俑者、最大的受益者是美国。这一年尼克松总统宣布停止履行以官价兑付黄金的承诺，美国的违约动摇了布雷顿森林国际货币体系的原有国际清算机制，而使国际货币基金组织开始推进黄金非货币化，将国际货币体系稳定之锚黄金清除在法定清算工具之外。从表面上看，美国的违约是出于无奈，而事后的事实表明这是一个美国追求的战略目标，在当时不存在美元替代品的情况下，这种违约不仅没有风险，反而强化了美元地位，从此美元成了唯一的国际结算工具而拥有了国际货币的垄断权。

1944 年通过的《国际货币基金组织协议》将黄金与美元并列为国际清算货币，并且美元与黄金挂钩，及美国承诺兑换黄金的国际义务等规定，因而布雷顿森林国际货币体系是以美元为中心货币的金汇兑本位制。金本位制运作的核心是跨境的黄金追索权，通过这个索取权的市场作用实现货币的供求平衡和货币价值的稳定。但是，这一机制已失效，因从 1933 年美国便已实行了黄金管制，直到 1974 年才宣布解除，所以，1944 年确立的国际货币体系是在实行黄金管制，而不是自由流动条件下的产物。这时即使黄金仍具有法定货币功能，但因管制已失去了跨境追索权，或这种追索权已非市场化，所以已不是严格意义上的金本位制，是以可兑换黄金之名确立美元本位之实，这是美国在布雷顿森林会议采取的战术之举，并不是真正对金本位制的坚持，对此美国并不隐讳。所以美元与黄金脱钩，让美元成为唯一国际货币才是美国追求的真正的战略目标，但黄金与美元挂钩的制度安排成了抑制美国超发纸币的美元强大力量，这是这一制度安排的价值所在。

黄金制约了美元霸权膨胀

布雷顿森林货币体系是以美元为中心的国际货币体系，实行的是美元本位而不是金本位。黄金在这个货币体系中的作用，一是辅助性的国际清算手段和资金构成；二是美元稳定和实现交易公平的卫兵，虽然黄金兑换受到重重限制，不能起完全的保障作用，但所能发出的报警作用也是十分重要的。这实际是形成了黄金与美元相持对立的关系。

美元兑黄金的承诺虽是美国为确立美元本位的策略之举，但这一承诺实际也构成了美国政府干预和操控美元价值的现实阻击力，从而限制了其超发美元的冲动。如20世纪60年代美国双赤字的出现使美元面临贬值风险，但又拒不贬值的情况下，以法国戴高乐将军为首的欧洲国家便抛售美元挤兑黄金，因而使美国黄金储备下降了数千吨。所以为了避免美国黄金储备的大量流失在美元与黄金挂钩时期迫使美国实行强势美元政策，从而抑制了美元的超发冲动。而当这种关系割断以后情况便出现了根本性变化，美国政府从此可以对美元汇率进行公开肆意的干预，使美元走上了持续贬值的不归路，全球汇率也由固定变为浮动。为应对美国损人利己之举，各国也纷纷走上了货币竞争性贬值之路，全球经济的不确定性风险大大增加。

人类进行信用货币的探索历史已有数百年，但从全球的视野看都是局部性的探索，只有这次美元本位才是人类历史上第一次将全球货币体系建立在信用之上。信用货币是极易受到人为干扰的货币，故是不稳定的，原因是人类的私欲和贪婪对不当得利的追求，而破坏了公平交易原则，因而需要建立一种制衡的力量，这种力量应是客观的，是超越国家主权的，因而有人们先后提出超越主权的世界货币的概念，特别提款权可以视为是这一概念的实践，但到今天还没有看到实质性的进展。其实黄金是已经经过千年实践历练的超主权世界货币，即使作为辅币它也是信用货币体系的一个最后卫兵的角色，从1944年至1971年也忠实地履行了二十七年的责任，但后来人类拒绝了它的忠诚。

1971年以后脱离了黄金束缚的美元越来越丧失了国际货币的光彩。美国一个州的财政部长说得明白，“美元是我们的货币，是你们的问题”。美国将自己的国际义务抛之一边，而将自己的一国之利置于国际利益之上，表现出了日益增强的货币霸权，而黄金非货币化是固化和强化美元霸权的重要推手，美元本位的不公平性而矛盾日益凸显。

美元走上持续贬值的不归路

20 世纪 70 年代以后美国财政和贸易都出现了赤字，而且是逐年增长，到 2013 年美国政府债务已突破了 170000 亿美元，已是每年财政收入的 7 倍多，但仍在毫无顾忌地增发国债，这是因为美国凭借美元霸权成为世界上唯一一个可以靠印纸币解决赤字的国家，并凭此美国成为一个可以靠借债生存的国家。2011 年美国政府支出 36000 亿美元，而加上以负债形成的收入也仅有 23000 亿美元，另外的 36.1% 即 13000 亿美元缺口，又要以发行国债解决。2010 年仅需支付的利息就高达 4140 亿美元，每个美国人平均背负的国家债务已高达 140000 美元，显然这样的状况不能持久。

财政赤字的扩大而需扩大举债规模，但外贸赤字的扩大又严重地限制了美国还债的能力，使美国已无力或根本没有要偿还如此巨额的债务的意愿，于是便开始赖账，方法是超发货币进行货币贬值，使债务稀释，因而债权国损失惨重。所以这种不公平性遭遇到了越大越大的挑战和声讨。另外超发美元推动了全球经济泡沫的产生，金融业日益偏离了实业的需要，出现了日益增多的不能创造真实价值的金钱游戏，因而出现了日益频繁的经济危机和金融危机，而美元本位的货币体系是其根源，这是美元霸权膨胀的结果。

失去了黄金之锚的信用货币体系，不仅仅使美元走上了持续贬值之路，而且是各国所有纸币都走上了持续贬值之路。因而不仅使国家之间的债权债务关系变得十分不稳定，而且已影响到一般民众的财产安全。美元在四十年间贬值了 94.4%，也就是 1971 年的 1 美元到 2011 年的购买力仅有 5 美分，但美元还不是贬值最大者，全球主要国家的货币贬值率均达九成以上，更有甚者贬值率达数万倍，货币贬值已成当今全球经济与金融的致命痼疾，使民众的财富储藏在无声无息中缩水，甚至化为乌有。

改革开放的三十多年是我国经济快速发展，民众收入持续增长的时期，同样人民币的贬值风险也是很大的。有专家根据居民消费价格指数计算，1990 年 1 月至 2009 年 12 月的平均值为 4.81%，以此计算 1978 年初至 2011 年的三十多年里人民币贬值了 85%。原因是货币发行量从 1978 年至 2010 年增加了 842 倍；1990 年 M2 余额 1.53 万亿元，2010 年已达 72.58 万亿元，二十年间增长了 46.44 倍，比美元有过之而无不及。人民币贬值同样是一个需要高度重视的政治问题，而不仅仅是一个经济问题。

货币贬值即意味着即使你放在保险箱内，严防死守的财富也会在不知不觉，无声无息地便消失了，被掠夺了，被转移了，财富被疯狂转移掠夺的状况不能持续而必然会遭遇阻击，遭遇挑战。首先是在国际上激化了美元发行国与使用国的矛盾，尤其是 2007 年美国次贷危机爆发以后，美国已被置于被告席上。另外在国内货币贬值引起民众的不满，加大了两极分化成为国家稳定的挑战，一些国家就因此而发生了政权更迭。

以美元为本位的货币体系虽危机四伏颓势已现，但让人无奈的是未来前景仍未明朗，人类解决美元霸权矛盾的实践探索仍在进行中而无定论，而在现实中的民众财富保卫战则已通过多种方式在不同的社会层面展开。

— 07 —
一场民族之本的保卫战

1944年中国派出了规模最大的代表团，参加布雷顿森林国际货币会议，但也仅是一个看客，而今天中国的命运前所未有地与布雷顿森林国际货币会议遗产联系在了一起，其影响与中国梦的实现和民族振兴的大业相关。

我们成了美国最大的潜在竞争者

布雷顿森林国际货币会议的一个结果是美国成为全球政治与经济的霸主，而在其排除了可能的潜在挑战者英国之后，现实的挑战者变为了当时的苏联，两霸相争近半个世纪，以1991年苏联的解体为标志变为了美国一霸逞雄，但没有多久中国兴起。中国已成全球第二大经济体和第一大贸易国，所以，不论中国是否愿意而实际已经成为美国认定的潜在的最大挑战国。美国推出亚洲再平衡战略，将60%的军舰集中于亚太，在南海已由幕后走向前台，公开宣称其军机和军舰要在我国12海里内巡航，挑战我国主权并启动了将中国排除在外的新的TPP规则谈判，围堵之势已经显现。2015年1月美国奥巴马总统在其《国情咨文》中数次提到中国，并明确表示亚太经济规则要由美国而不是由中国制定，与中国争夺全球话语权的态势明显。我们已经成为美国主要的竞争对手，这虽然并不是我们要追求的目标，但却已经是一个我们必须面对的现实，而且直接的交锋已经开始。实行民族振兴大业的客观环境趋向严峻，民族振兴大业面临一个历史的十字路口，冲破围堵走向振兴，被陷于围堵则会重导历史覆辙。

美国是一个讲战略的国家，他深知与中国挑起摩擦具有很大的风险，所以他们对我们的围堵会有军事上的表现，但更多是制造麻烦，干扰我们正常的经济活动和既定目标的实施，从而延缓我国和平崛起的进程。“不战屈人之兵”是美国最高的国家战略目标，即不用武力就使对方屈服，所以美国近来对我国总是软硬两手轮流使用，而金融战是美国不战而屈人之兵最重要的手段，即利用其货币特权以一种非战争的方式将他人财富掠夺一空，对于金融战凯恩斯一言中的，他说：“要颠覆现存社会的基础，没有比搞坏这个社会的货币更微妙、更保险的方式了。这一过程引发了经济规律的破坏性一面中隐藏的全部力量，它是以一种无人能弄明白的方式做到这一点的。”金融战的核心是货币战，货币战的胜负可决定一个国家政权的存亡，因而开始一波又一波的货币领域中的博弈。

当今我国是全球的生产制造中心，有二百多种大宗商品产量全球第一，并是全球第一大贸易国，是一百二十多个国家的第一大贸易伙伴，现在世界财富的流转格局是我们出口商品换回货币，因而我们有了近四万亿的外汇储备，为全球各国总储备量的三成多。这是我国三十多年来改革开放取得的成果，和实现民族振兴的本钱，但其中 80% 是美元货币资产，其安全性是一个日益突显的问题，也就是美国可以利用其美元话语权做空我国的巨大外汇储备，实现对我国财富的掠夺。这是一次历史场景的再现。

无独有偶，历史有时会出奇般的相似，18 世纪中国出口商品，赚取货币（白银），而西方进口商品，出口货币的一幕在当今又重新上演。但 18 世纪流入中国的白银在 19 世纪又以赔款的形式流回了西方，当然是西方以坚船利炮武力掠夺走的。结果是中国人辛勤劳动生产的商品极大地改善了西方人的生活品质，茶叶、瓷器、丝绸消费成为时尚，但中国人一个世纪的辛劳一无所获，这就是中国人为什么勤劳而不富有的秘密。新世纪我国又一次通过贸易积累了大量货币，因而提出了一个严肃的话题：历史会重演吗？

18 世纪是金属货币时代，我们出口的茶叶、瓷器、丝绸而换来的是白银，而且 19 世纪的白银回流西方列强还需要使用武力掠夺，而今天我们换来的是纸币美元，本身就是一种不安全的货币，即使不用武力而通过无声无息的金融战就可以使巨大外汇储备变为乌有。为了不让历史重演，因而我们必须进行一场民族财富保卫战。

文化是根，财富是本

对于一个民族来说文化是根，财富是本，有了根本就能屹立于民族之林。中华文脉深厚，数千年政权更迭，甚至外族王朝占据中原称王，但最终文脉一统，因而国运有兴衰，但中国长存，成为五千年来唯一的文化保持连续的文明古国。中华民族是人类财富的主要创造者，问题是近代创造的财富没有变为人民的福祉，而流失了，故而陷入了长达近两个世纪的贫困，其中的一个重要原因是暴露了金融业发展的滞后。事实告诉我们中国近代即使拥有发达的制造但因并没有相应的金融业发展，因而也不能从全局上改变社会的贫困。今天我们提出要进行一场财富保卫战就是要进行民族之本保卫战，是为了不再重蹈历史的覆辙，因而这对实现中国梦具有重大的战略意义。

金融战的核心是货币战，因美元是国际中心货币，美国拥有货币发行的话语权，其对我国经济的负面影响主要表现为两个方面：一是我国是全球第一大贸易国，因而大量使用美元作结算工具，所以我国经济与美元存在着密切的关联性。如美国人所说："美元是我们的货币，你们的问题。"因而美国货币政策这个外部因素往往会成为影响我们国内经济发展的因素，而且目前在美元持续贬值的情况下，各国本能的选择是也相应贬值，所以近年来实际已经出现了类似20世纪30年代的竞争性贬值潮，增加了国际贸易持续平稳发展的难度，而我们是世界第一大出口国，受到的影响尤甚，而成为我国经济发展重大隐患；二是基于美国为转移债务危机而实行弱势美元政策，但我国是当今最大的美国国债的拥有国，外汇储备高达4万多亿美元，其中80%以上是美元资产，所以美元的持续贬值直接威胁我国巨大外汇储备的安全性，造成了大量的美元资产价值损失，这已成为一个很大的政治与经济问题。

改革开放推进的三十多年里，我们采取的货币政策是人民币与美元挂钩，随美元的变化而变化，那时人民币作为一种国内流通使用的货币而与美元挂钩，并以庞大的美元储备作外贸支撑，使人民币在国际贸易中虽实现了价值稳定，但从而也使快速发展的中国经济成为美元货币体系的一部分，而在多个方面强化和发展了全球美元经济体系。这是过去改革开放三十多年的现状，但是今后的任务是要逐步改变它。今天中国经济是全球经济一体化的一部分，但又是有别于美元经济的独立一极，与其是合作竞争关系，这就是实现中国梦，屹立于世界民族之林的一种具体表现形式。

人民币与美元挂钩的现状之所以需要改变，从内因看是我国经济规模的扩大和国力的增强作为一个新兴的后来者与传统经济格局和权力分配产生了矛盾和摩擦，而提出改革现状的要求，并且也日益具有了改变现状的能力，所以开始发出了日益增多的中国声音，中华民族的振兴进入了一个新的历史阶段。因而，原来与美元挂钩，融入美元货币体系的政策变为要推进人民币国际化，增加人民币独立的话语权，这是民族财富保卫战的重要组成部分。

发展的势态表明，把我国经济维系在美元货币体系之上具有很大的危险，但又是目前的唯一选择，因而必须将防范风险列入国家头等大事，予以高度重视。同时我们必须增加货币的自主性，扩大人民币的使用，从而尽力避免或弱化美国货币政策对我国国内经济的干扰。对于美国实行弱势美元政策的应对之策是实现储备资产的多元化，从而减少储备美元资产的贬值风险，这场民族之本保卫战是民族振兴的战略之举，要有应对现实问题的切实战术的安排，不能麻痹大意，对于美元霸权要高度警惕，更为重要的是要做全局性战略布局，争取在战略上由被动变主动，并要确定在一个客观分析基础上的工作方向。

推进人民币国际化，增加话语权

金融是当代经济的核心，本质上是一个货币话语权问题。在当今货币财富已经是人类财富主导形态的情况下，货币话语权就是人类财富的分配与转移权，为了防止和抗击中国人民辛辛苦苦创造的财富被美元霸权不公平地分配转移，就必须增加人民币的话语权，这就是人民币国际化的真谛。

人民币国际化的终极目标不应是建立一个新的货币霸权，即以人民币霸权取代美元霸权，而是要建立一个公平的货币交易体系。实践证明无节制的有形之手的介入往往会造成不公平，所以控制和限制政府对市场的不当干预，成了人们热议的话题，把权力关进笼子里成为我国深化改革的目标选择。但是也有担心，2010 年欧债危机发生以后迟迟不能走出泥潭的重要原因就是缺乏强有力的行政干预，难以形成统一行动，看来“有形之手”也不可或缺，重要的是要做到“有形之手与无形之手”的平衡。新古典经济学论证了“有形之手”干预经济的必要性，但并没有规范干预的度，因四十多年的实践出现了干预过度的问题，因而现在需要强调对市场机制的尊重和发挥。

金本位制的人类实践表明，市场这只无形之手是有能力避免交易的不公平，但前提是必须承认黄金的跨境追索权，这意味着部分国家主权的让渡，目前这是很难做到的，所以现在所有建立超主权的世界货币的设想都是一种奢望。即使如此，数百年金本位的实践已经告诉我们在人类建立公平的货币交易体系时黄金是一个不可或缺的角色，因而在人民币国际化的进程中黄金应占有一个举足轻重的地位。

人民币国际化的终极目标选择除道义因素外，还有现实因素，在人类历史上通过金融战和平实现货币霸权转移的案例只有一个，那就是美元取代英镑。这一转变具有必然性，但也具有可遇而不可求的偶然性。何为偶然性：就是 20 世纪爆发第二次世界大战并不是人类历史上的经常发生事件，而正是这个小概率事件的发生为美国榨干英国储备资产提供了可能，使英国失去再创辉煌的本钱，美国也正是抓住了这个机会，将布雷顿森林国际货币会议与实现美国强权捆绑，让这个会议为美元登上王位举行了加冕礼。历史虽往往是由许多偶然事件组成的，但这些偶然事件并非经常发生，只能是可偶不可求。即使这次货币王位和平的更替也是经历了百年博弈，而且博弈是高强度和惨烈的。所以今天要在短期内实现人民币成为国际中心货币的前景和建立超主权的货币体系一样还是人类的一种奢望。因而，今天人民币国际化的现实目标选择是扩大人民币的使用，增加人民币的自主性，从而对美元霸权产生抑制力，是自卫性反应。

增加人民币的覆盖面，扩大使用范围，从而尽量地规避因使用和储藏美元产生的贬值风险。目前主要的途径是进行货币互换和扩大人民币在大宗商品交易中的使用。货币的使用覆盖面和使用规模是货币话语权的基本构成要素，美元在布雷顿森林货币会议被确立为国际中心货币地位以后，战后立即启动了马歇尔计划，通过低息贷款的方式广泛参与欧洲重建，不仅使美元成为欧洲广泛的使用货币，而且成为欧洲各国的主要储备货币。并在 20 世纪 60 年代末和 70

年代末成功地将全球石油和黄金交易改为以美元报价结算，从而极大地扩大了美元的使用市场，美元使用的国际化和广泛化成为美元霸权的基础。

人民币国际化就是要使人民币从一个国家货币变为多国使用的货币，起步是利用我国是第一大贸易国的优势，和主要贸易伙伴进行货币互换，在双方贸易中不再使用美元，而是直接用双方的货币结算，从而减少了美元的使用，降低了交易成本和风险，并扩大了人民币的使用。现在我们已与韩国、英国、俄国、巴西等贸易伙伴达成了货币互换协议，迈开了人民币国际化的第一步，但现在人民币在外贸结算中的所占份额仅有 5% 左右，规模不大，还必须进一步推动货币互换协议的规模扩大，同时还要推动人民币向储备货币发展。

货币市场存在着劣币驱逐良币的规律，即人们往往愿意使用贬值货币，而将价值坚挺的货币储藏起来，久而久之市场流通的全部是劣质货币，因而人民币要成为储备货币就要保持稳定，以增加信任度。提高他人对人民币的信任度，首先是中国经济的基本面稳定并有发展潜力，另外保持货币资产中的较高黄金比重也是一个重要因素。在已经实现了黄金非货币化的情况下，美国仍保持高达 75% 黄金比重份额；1999 年欧元问世之初特别声明黄金的资产比重为 15%，都是为了增加货币稳定性，提高信任度。现在只有个别国家将人民币作为储备货币，所以我们必须要付出更大的努力。

扩大人民币在大宗商品交易中的使用是人民币国际化，提高人民币话语权的另一个重要的工作方向。达到这个目标的途径是发展我国大宗商品交易市场，从而提高我国大宗商品交易量在全球中人民币交易量的比重，而其中一个重要的方面是扩大市场开放，吸引更多的境外交易者参与人民币定价的商品交易，这也是扩大离岸人民币使用范围的重要途径。

石油和黄金被视为两个最重要的大宗商品。石油是交易量最大的能源品种，其价格变化是世界经济的温度计；黄金是唯一具有金融属性的实物标的，其价格变化是信用货币价值变化的方向标。一个是重要的全球性消费品，一个是重要的全球性投资品。因而，这两种大宗商品交易皆以美元定价对美元的中心货币的地位具有重要的支撑力。现在我国是这两种重要商品的最大的进口国和消费国，但几乎没有价格话语权，因为人民币定价交易占比还很小，虽然我们已是最大的消费国。

市场化语权是以实力作基础的，我们只是美元国际油价的被动使用者，原因是国内石油价格形成机制是非市场化的，但改革已启动，改革的标志是上海石油期货交易所经多年紧锣密鼓地推进后即将开业。而黄金在 2002 年已放开管制，黄金市场发展迅速，2014 年交易量突破了 40000 吨，但也仅为全球总交易的10%左右，显然仍没有足够大的话语权实力基础，而需有一个数量级的增长。2014 年 9 月 18 日上海黄金交易所已在上海自贸区推出国际版，意在通过市场的进一步开放实现市场的更大发展，以增加人民币在国际黄金市场的定价权。

总之，扩大人民币在大宗商品交易中的使用，提高人民币对大宗商品定价的话语权是人民币国际化目标之一，黄金市场的国际化是这一进程中的一个重要因素，中国黄金市场的国际化与人民币的国际化存在着密切的关联性，但刚刚迈步，未来的路还很长，必须做出更大的努力。

推进外汇储备多元化，减少储备风险

推进我国外汇储备多元化，减少外汇储备风险是这一市场民族财富保卫战的另一个重要方面。

外汇短缺曾长期困扰我国经济的发展，改革开放以后才逐步改观：1982 年突破百亿大关，达到了111.25亿美元，到2000年达到了1680亿美元，而新世纪外汇储备则进入快速增长期，现已突破四千亿美元，是全球第一，其中美元资产比重高达80%以上，外汇短缺的矛盾已经解决。但现在出现的问题是因美国实行宽松货币政策，美元持续贬值，而使我国蒙受巨大的美元资产价值损失，而还有进一步发展的可能性，因而构成了对我国国家外汇储备资产的安全性的一个现实的挑战。

应对挑战的现实选择是实现储备资产的多元化，即降低美元资产的比重，增加非美元资产比重，如欧元、日元、英镑等，以减少美元贬值风险，但不同信用货币具有共性，变化方向从总体上讲是一致的，所以规避信用风险而需增加保值性更好的实体资产，而在当今作为金融资产的实体资产只有黄金，所以增加黄金储备数量以及黄金在外汇储备中的比重，应是我国外汇储备多元化的一个近期目标。

黄金曾是我国外汇储备中的主要构成，在建国初期黄金是外汇储备的主体，现汇很少。20世纪70年代年平均占比为65.79%，改革开放后外汇收入增多，但因现汇储备快速增加而黄金增加缓慢，所以占比下降到80年代的28.11%；到90年代更下降到个位数，2013年只有1.1%，远远低于当今主要经济国家和全球平均水平。黄金比重偏低应增加黄金储备量是社会多年的呼声，但有关方面并未表现出更大的积极性，2010年以后似乎有所变化，外电纷纷报道配合人民币国际化的推进，增加黄金储备的行动也开始启动，可是内情仍未披露。

2001年至2013年全球官方黄金储备总量年均3.12万吨，占外汇总储量的占比平均为10.48%，2014年储备量上升到3.16万吨，但占比下降到9.1%，其中发达经济体国家占比22.5%，发展中国家占比6.3%。欧洲法定黄金占比15%，占比超过50%的国家分别是葡萄牙、美国、委内瑞拉、德国、意大利、法国、荷兰。美国以 8133.5 吨位总储量第一。表明黄金非货币化以后黄金仍然是各国重要的储备资产，并且从 2010 年黄金储备已延续五年增加，国际的现状为调整我国黄金储备量及占比低的状况提供了参考。

在加快推进人民币国际化的形势下，调整比重过低的黄金储备有了更大的紧迫性。对于我国合理的黄金储备量水平有关专家建议是应在目前 1050 吨的基础上达到了三千以上，接近或超过目前德国 3501 吨的水平，从而进入全球前三，也就是目前储备量的三倍以上，但即使如此黄金占外汇总储备比重仅 3% 左右仍偏低，还有上调的空间。从推进人民币国际化，提高对人民币信任度的要求着眼，我国黄金储备的规模应达到或超过美国，即八千吨以上，在外汇储备中的比重达到 10% 左右，占比接近或达到全球的平均水平。一个更大的增储量潜力是增加民间黄金储藏，据不完全统计我国居民储金已超过了七千吨，而完全有超万吨的可能。增加黄金国家储备量和中国居民黄金拥有量的战略性价值是为人民币国际化提供物质和信用的支撑力，因而是人民币国际化战略的重要组成部分，而且是不可或缺的一部分。另一个价值是增加了民众财富储藏的安全性，这将有利于实现国家的长治久安。

提高黄金储备的比重对于人民币国际化具有重要的现实意义，国际金融家们也有相同的认知，据《今日美国报》网站 2014 年 11 月 9 日报道，执掌美联储长达 20 年的前主席格林斯潘，为外交学会撰文指出只要中国将“四万亿外汇储备中的适当部分转换为黄金，该国货币就能在当前的国际金融系统中发挥出人意料的力量”。格林斯潘作为一个国际金融市场的弄潮儿，对于黄金储备的战略价值可谓是深知其中三昧。

储备资产的多元化仅是应对美元霸权的被动反应，而主动的应对是将美元霸权为我所用，将我们拥有的巨量美元由储备变为资本，成为我们走出去发展的敲门砖和黏合剂、动力源，使美元资产不仅能实现保值，而且还要增值，并且成为我们建立国际命运共同体的促进剂和黏合剂。主要的途径有：

- 对外项目投资。改革开放三十多年后的今天，我国已具备了从商品输出到资本输出转变的条件，已经开始了企业发展从请进来到走出去的转变，正是外汇的大量积累为这一转变提供了资金保障，而这一转变又为储备资产的保值增值提供了有效途径，而得到了国家的支持。2014 年对外投资总额超千亿，超过使用外资量，已成为资金纯输出国，并且近年来我国企业对外投资每年都保持了两位数增长。走出战略的实施使中国企业已经成为近年来在国际上进行兼并重组的活跃的分子之一，但是这仅是牛刀小试，走出去的初级阶段，我们期待着有更大的突破和推进。特别是国家一带一路发展战略的提出，“走出去”上升到了国家战略层面。企业“走出去”的背后一定是资本的“走出去。”

- 开展国际合作，建设跨境大项目。在国家层面推进大项目合作，如建立多国之间的互联互通工程，进行国家基础工程建设，建设陆上和海上丝绸之路经济带、工业园和物流中心等。这在过去是难以想象的，也正是巨大美元外汇积累给了中国面向世界民族之林的底气和自信。让世界分享我国改革开放成果已成中国是一个负责任大国，和平崛起的重要标志。这也是借力发力，突破美元霸权围城的有效之道。跨境多国参与的互联式沟通工程建设的推进，并将成为构筑周边和平发展环境的强大推动力，产生的影响也是长期的、深远的。

- 组建国际性银行。利用外汇储备做股本，多国联合创办国际性银行是外汇资产更高的使用形式，表明我们对外汇储备的使用已从财富的生产领域提升到财富的分配转移领域，这是一个更高的社会权势的获得途径。现在已提出，或已推进了“金砖国家银行”、“亚洲基础设施投资银行”、“东盟合作银行”的谈判或组建工作。在这些新兴银行中，中国作为原始发起国和最大股本的拥有者，将拥有更大的话语权，并为世界经济发展增加推动力，从而将改写 1944 年布雷顿森林国际货币会议确立的战后传统世界金融格局。

- 推进现存国际金融机构的改革。战后建立的国际金融体系已运行了六十多年，在这期间世界政治与经济结构发生了深刻变化，一批新兴经济体的出现使改革原金融体系的要求日益强烈，形成了一股强大改革推动力，其中中国具有很大的影响作用。我们应积极参与和推动国际货币体系的改革，有所作为，利用所拥有的外汇储备实力积极推进改变现有国际货币基金组织，世界银行、亚洲银行的资金构成，提高我们在组织内的话语权，并积极开展理论的研究工作，为改革提供智力支持。

— 08 —
我们对几个问题的结论

关于金本位制

自由铸造、自由支付、自由进出口是传统金本位制的三特征，而其本质是对黄金跨界追索权的认可，但这是以货币主权的让渡为前提，正是这一点成为金本位制存废的命门。新古典经济学开山之祖凯恩斯之所以认为金本位制是野蛮的遗迹就是因为凯恩斯反对国家货币主权的让渡，他的一个重要的学术观点就是“让金融以本国为主”，他的学术遗产使得即使在欧洲已经推出欧元，实现了欧洲货币一体化之后，而作为欧洲一员的英国仍坚持独立发行英镑。因对于货币国家主权的追求必然会反对黄金作为超主权货币，可以拥有跨境追索权，这是问题的本质。而现在责问金本位者往往是回避了这个核心问题而言其他，这种学术思想产生的土壤是战后大英帝国已无黄金而失去了维持全球金本位的能力，也失去了维持国际英镑本位的能力，故而战后英国必须坚守其货币主权才能抗衡美元的现实。现在人类一方面肯定黄金跨界追索权给货币体系带来的稳定性，另一方面又难以舍弃货币主权，所以现在金本位制恢复只是活跃于学术的讨论之中，而在社会层面上难有推进。对此著名的经济学家熊比特指出："……黄金通货天生就是放任自由主义和自由贸易的一部分……这也是黄金不受欢迎的原因，当然也是它在资产阶级时代大受欢迎的原因，它对政府和官方机构的制约比议会的指责更为有力。"政治家们掌握着社会的最大权力，因而与政治家权力相悖的改革必然是说多做少，而推进困难重重。

金本位制的命运最终还是掌握在人类自己的手中，这取决于人类能否自愿控制自己的贪婪和私欲，形成自愿遵守的公共契约，让一种超越主权的市场力量成为分配和转移社会财富的主导力量。因而，新金本位制推进目标的实施还是人类的人性升华而自觉推进，就是信用纸币危机迫使人类不得不再次选择金本位制。但现在这两者的清晰前景均尚未看到，所以未来金本位制的命运仍是一个诱人的存在。

关于美元本位制

由于国际美元本位制初期美元纸币有法定含金量，美国并承诺以 35 美元兑换黄金，因而普遍认为布雷顿森林货币国际会议确立的是金本位制，但人们忘记了当时美国政府已将黄金管制了起来，已废止了黄金跨境追索权，所以本质是美元纸币本位，而不是金本位。但 1971 年前美元与黄金挂钩的意义是对美国政府超发货币的冲动产生了一定抑制力，使美元本位保持了相对稳定。而 1971

年以后割断了与黄金的联系，美元超发失去了制约而成了一种常态，美元持续贬值正逐步使美元失去了中心货币的价值，所以人们开始寻找美元的替代品。欧元的诞生和金本位思潮的泛起正是人们寻找美元替代品的努力。

国际美元本位制从诞生之日起就存在结构性缺陷，一是美元是美国主权货币，但由美国承担国际货币的职能，对国际经济的稳定发展负有责任，而美国的货币政策是服务于美国经济而与国际经济发展要求往往相左，因美国货币政策表现有很强的利己性而备受抨击。二是供求难以两全，要保持美元对境外供应宽松，美国应保持贸易逆差，进口大于出口，但会引起美元贬值；而要实行强势美元政策保持贸易顺差，出口大于进口则会造成通货紧缩。这些缺陷是公开的，是人人皆知的。美元作为国家主权货币，其货币政策必然要维护美国利益，也是人人皆知的，但对这些缺陷产生的结果往往被认为是阴谋产物，是非常有害的，是对事物本质的扭曲，也是有关责任者推脱责任的借口。

美元本位并不完善，是存在制度缺陷的一种货币制度，因而产生问题是必然的，但在没有更好的替代品时，还不能扬弃它，所以我们应直面它、认识它、掌握它，在与这一货币制度相处和博弈中发生的任何损失都应检查自己，而不是以阴谋论了之，阴谋论往往可以是掩饰无能和个人判断失误的挡箭牌。而当你有了更大驾驭它的能力之后不仅可以减少损失，而且可以获得利益。在某种程度上，现在我们还是美元货币体系的命运共同体，我们庞大的储备资产主体是美元；我们巨大的外贸结算的主要工具是美元；我们走出去的资本金主要是美元；我国改革开放三十多年的发展是在美元货币环境中实现的。所以今天我们声讨美元，斥责美元，但我们更要用好美元，因为现在我们还必须选择美元，还必须与美元为伍并前行。我们与美元说“拜拜”还是一个未来进行时，虽然人民币国际化的推进已启动。

关于人民币国际化

客观分析目前我国经济与美元货币体系是命运共同体，因而人民币国际化作为对美元货币的挑战的提出是基于两个原因：一是中国已成为第二大经济体和第一大贸易国及第一大外汇储备国，也需拥有更大的话语权，但对中国的要求有关方一直没有给予真正的回应，因而主动推进人民币国际化是实现提高中国在国际货币体系中货币话语权的第二渠道（第一渠道是推进现有美元货币体系改革，提高在原本体系内的投票权、决策权）；二是美元持续贬值使我国巨大的美元储备资产受损严重，而人民币国际化可以减少美元的使用和储备，从而是规避美元贬值风险的选择。总之，推进人民币国际化目前仍属于维权，而非对美元货币体系的根本挑战，正如我国高层多次表明的，我们是现有规则的维护者和执行者。近期国务院副总理汪洋在美国公开表态，中国无意挑战美国的主导权。所以，取代美元成为国际中心货币还不是目前人民币国际化的终极目标。这是我们对客观现实情况的适当的评估和判断。

美元取代英镑成为新的国际货币，是 1944 年必然与偶然因素共同作用的结果，是和平的，也是激烈的、长期的博弈过程。实际上，早在 20 世纪初美国就已经超过英国成为世界第一大经济体，半个世纪之后在又经过了两次世界大战的冲击，英镑才让位于美元。目前美元国际中心货币的地位面对多方挑战，但被新货币取代的明确前景还未出现。可以设想的是如果美元进一步走弱，今后最可能将出现多元货币并存的区域通货博弈的格局，这将持续数十年，甚至可能几个世纪。

人民币国际化的推进是凭借我们的庞大外贸规模，开展货币互换，在贸易伙伴间直接用各自的货币结算，在此基础上成为贸易伙伴国的储备货币。如果我国经济保持长期发展，世界政治经济格局没有根本性变化，人民币国际化可进一步推进，在区域性集团经济体内的作用进一步提升，而成为多元国际货币中的一员，这是在21世纪有可能看到的，而要成为全球性国际中心货币将是更遥远的。

关于黄金财富

货币是当今人类财富的一种，而黄金货币仅是在黄金财富的基础上发展出的一种黄金新用途，所以黄金财富是根，黄金货币是枝。20世纪70年代黄金非货币化的推进使黄金失去了货币功能，是剪断了枝，未伤其根，黄金仍然是人类社会公认的财富，并且因信用财富危机的频繁地爆发而使黄金财富的文化理念得到了强化。基于此，黄金虽已不是货币，但它仍然是金融的重要基础要素，而表现了强烈的金融属性，成为存在于金融市场中的金融资产和投资标的。黄金财富属性的表现在2007年次贷危机后更为清晰。

建立在金本位之上的英镑本位的诞生与运行自然以黄金为支撑，而战后的美元本位的建立和运行也是以美国的黄金储备作支撑的。布雷顿森林国际货币会议的美国代表怀特指出:“……有了充足的黄金储备，一个国家可以在较长时间内允许其对外支付水平超出其海外收入，而无须被迫通过海外借款或出售本国国民的外国资产等方式来筹措海外资金，也无须实施进口限制、货币贬值、出口补贴等措施，也无须诉诸复杂多重货币安排以恢复国际收支账户的平衡。黄金储备，可将国内经济与海外经济变化的不利影响隔绝的最有效的缓冲之一。”在这里怀特列数了黄金储备对国家经济和货币稳定的作用价值，他对美国庞大黄金储备对建立美元本位制的作用也直言不讳："使当今世界对美元极具信心的一个因素，毫无疑问就是我们大量的黄金储备。"可兑换黄金的承诺成为美元登上王位的重要推手，作为布雷顿森林国际货币体系构建的操盘手明确指出，美元国际中心货币的地位是以黄金作为支撑，这一发言说出了一个隐藏的事实，具有更大的醒世作用，也正是之后因美国黄金储备的减少，美元无力再以黄金为基而导致了布雷顿森林货币体系的瓦解。

当今黄金已不是货币，所以不再是人类流通支付的工具，但黄金是财富，所以它是人类财富储备的重要形态。在当今信用资产的汪洋大海中，黄金作为一种实体且为一种极易变现的财富，具有独特的优势，而在当今国际的政治与经济领域中具有不可替代的作用，了解了这一点，就可以理解为什么黄金非货币化的近四十年后的今天，各国央行仍保留了超过 30000 吨的黄金储备，并近五年持续增长其黄金储备了；也就理解了拥有美元霸权的美国为什么还要保留全球第一的黄金储备，并派重兵把守。由此可见，他们视黄金为国家的命脉。在虚拟财富占主导地位的今天，黄金充当着人类财富卫兵的角色，并且这一角色具有不可替代性，这就是黄金在人类社会中的当代价值。

黄金困惑之四

什么是黄金投资风险?

——市场交易功能异化的影响

经历过长期社会动乱的中国民众对黄金充满了渴望,于是有“乱世黄金盛世玉”之说。后人受此影响,即使黄金市场远离我们半个世纪之久,十分陌生,黄金市场刚一开放还是涌进了大量“弄潮儿”,但很快便看到“无数英雄竞折腰”,于是又有:“投资有风险,入市需谨慎”的警示语。这种“事后诸葛亮”式的智慧,揭示了黄金投资的另一面,然而投资风险从何而来的答案又众说纷纭。追根寻源却发现投资是因风险而生,并与风险为伴,就是我们生活的一部分,因而需要用新的视角去认识风险,为此我们开始了一次对市场的另类观察,去发现我们没有察觉到的一些秘密。

当今人类每时每刻都生活在交换之中，交换已成为人类主导性的生活方式，并成为一种如同空气、水一样须臾不能离开的最重要的社会关系，而且当代人类大批量商品生产方式也是建立在交换的基础之上的。然而，交换的频繁已到被视为一种自然而然的常态而掩盖了它的重要性，其实当今的社会问题都是直接或间接地与交换有关，它就是我们冥冥中的“上帝”。

— 01 —
交 换

交换是人类生存的状态，虽人类有了劳动剩余物就有了交换的需求，但使交换在人类社会后具有了日益重要地位的推手是货币。货币这个交换的“第三者”，本是一个交换工具，但却反客为主，登堂入室成了主人，而深刻地改变了人类社会。

货币：交换的催化剂

最初人类发生的交换行为都是偶然发生的少量的物物交换，因而，交换的方式是直接交换，即 W—W′ 。但随着交换的数量增加、交换的品种日益增加，直接交换的困难日益严重。因为市场上商品供与求并不能完全同步，所以很多情况是商品供应方难以找到完全合适的需求方，即使找到了但可能对方却没有可以满足需求的商品，仍不能完成交换过程，因而影响了交换的效率，而且还会造成很大的损失，因而直接交换逐渐变为了间接交换。

间接交换就是通过中介物完成交换过程，这个中介物就是货币，间接交换的公式是，W—G—W′ 。G 货币成为所有商品的交换的公共的中介，也就是共同认可具有统一标准的商品。有了货币商品，供应方不必一定要找到需求方，而是先将所要交换的商品交换成这种被普遍认可的统一商品货币，再用货币去交换所需的商品，从而完成交易过程，并提高了交易效率，因而货币是交换的催化剂。但货币又不仅仅是交换的催化剂，而且是社会变革的催化剂，货币的出现深刻地改变了人类文明史。

推动人类交换从直接交换向间接交换发展的主导力量是人类生产专业化分工。人类生产专业化发展推动了人类生产力的发展，这也意味着人类交换活动的增加，因为有越多的人需要交换生活，如专业化的手工业者，他们需要将生产的农具交换出去换回粮食才能生存；而种粮的农夫用粮食与游牧民族换取牛羊才有肉吃。所以，专业化分工大大促进了交换的发展。

最初的间接交换诞生在何时？这可能是一个无解问题，因为人类社会出现文字之后人类行为才有了记载的工具而传承于后世，没有文字记载的历史，后人就看不到了。据考古学家的成果表明，大约在七千年前的美索不达米亚地区就出现了苏美尔农业文明，已有了城市。因而已实现了农业与畜牧业的分离；农业与手工业的分离，出现了专门从事物流的商人。苏美尔人三大专业分工极大地提高了劳动生产力，而增加了劳动剩余物的供给，交换不再是偶尔发生的行为。交换由直接交换发展为间接交换，所以，根据考古成果追溯间接交换的源头，可能要追溯到大约一万年以前了。

直接交换变为间接交换提高了交换的效率，满足了生产发展的要求，同时也使人类的交换行为发生了变化，进而对人类文明史的发展产生了影响。

首先是间接交换导致了货币的出现，而货币的介入使交换变为了交易。用于交换的东西便成了商品，而商品具有使用价值和价值双重属性，但没有出现货币之前商品的价值没有衡量的尺度，所以直接交换虽已实现了商品使用价值和价值的同时让渡，但商品价值表现为隐性化，因而那时商品的使用价值的让渡决定了直接交换能否完成，也就是各取所需。而货币介入交换以后有了商品价值的衡量尺度，商品价值显性化，因而交换不再仅是商品使用价值的让渡，而且要求等价交换，交换也变为了商品买卖过程。也就是说，交换不仅是要各取所需而且要物有所值。

货币这个"第三者插足"交换，商品物的交换变为买卖过程之后有了等价交换的要求，从而使商品价值的存在得以强化和突出，也就是使货币在交换中的地位得以强化和突显。首先是货币的价值尺度功能在人类社会中发挥了重要作用，使货币不仅作用于交换过程，而且延伸到人类社会的多个层面，如法律、行政管理等，并且在交换中使货币由配角转变为主角，从而为交换过程的商品使用价值与价值分离奠定了基础。而商品价值的交换起了交换虚拟化趋势，并作为人类投资活动的主线得到迅速发展，最终导致了人类交换目的的异化，货币从交换的中介变为交换标的。

人类交换目的的异化

交换目的异化是指人类交换的目的是要获得所需的物品。而货币只是达到这一目的的中介物，但最终发生了异变，交换中介货币成了人类交换追求的目的。在交换中货币是商品价值的尺度，因而货币成为交换的目的后也就使商品的价值分离出来成为交易标的。价值从商品中独立出来，从而就实现了商品价值与使用价值的分离。

所谓商品使用价值与价值交易的分离是指统一的商品使用价值与价值同时让渡的交易过程变为了商品使用价值与价值分离的两个独立的交易过程。因为，间接交易是“W—G—W′”过程，但W—G—W′在实际的运行过程中是先在交换中使商品的使用价值（W）完成其价值的实现而获得货币（G），然后再用已实现的价值（G）交换所需的使用价值（W′），两个过程在绝大多数的情况下并不是同步完成，而成为“W—G”和“G—W′”两个独立的交易过程。商品使用价值和价值的分离大大强化了货币在交换过程中的地位与作用。

在交换中货币地位强化的表现是在第一个商品变为货币的过程中（W—G）货币是交换的目的，而后一个货币变为商品的过程中（G—W′），货币是完成交易的前提条件，所以确立了货币在人类交易的过程中的中枢地位，使货币对于人类具有了无与伦比的影响力，最终使人类交换目的发生了异变，货币从交换的中介物变为了交易的标的物，出现了日益增多的钱生钱的金钱游戏，即“G—G′”。

交易目的的异化在当今已是常态，但一般消费者的交换还是表现为用钱买物，因而认为仍是以物为目的的交换过程，但没有认识到消费者所支付的商品市场价格已是增值后的“G”，所以消费者购物而支付了增值货币是最终完成生产者以货币增值为目的的交换过程。我们恰是以盈利增值为目的的交换的执行者。当代无论是生产资料的交换，还是消费资料交换都是以实现货币价值的增值为目的，都是商品价值的买卖，以营利为目的。

人类交换的目的由获得商品使用价值变为实现商品价值升值，从而人类对物质财富占有的欲望让位于对货币财富的占有。金钱至上，拜金主义由此而生，对钱（货币）的追求成为人生的目的，其影响已远远超出了商品交易领域，而影响到人类精神与道德领域，形成了新的财富理念，并且货币财富逐渐成为民众财富主导形态。此后，货币财富开始成为人类政治、经济、军事一幕大剧中的主角。

至此，人类交换行为完成了一个否定之否定的全过程：交换是以物对物的直接交换起步，再发展成间接交换而出现了货币。货币作为交易的中介起始就是从一般商品中分离出来的，成为特殊商品，是货币对商品的否定。而货币作为交换中介由交换工具变为交换目的，是货币对商品的再否定。交换行为完成了这个“否定之否定”的过程以后，货币成为交换的主导力量，因而出现了两种交换，即以物为目的交换方式“W—G—W′”，货币是工具；另一个是以货币为目的交换方式“G—W—G′”，商品是中介，商品生产为了获得更多货币。在以货币为目的的交换中货币增值的钥匙是商品价格，通过对商品价格的人为操控是当今转移社会财富的主要手段。

价格：追求利益最大化的工具

以货币增值为目的的交换在当今社会中占有绝对优势，以效益为中心成为人类生产行为和交易行为的基本原则，而实现交易和生产利益最大化的钥匙是价格。对价格的变化的把握是实现利益最大化的基本路径。价格是以货币表现的商品价值，按照等价交换原则应是“货币 = 价格 = 商品价值”的三者统一，但实际却极易使三者相互脱节，特别是在以营利为目的的交换过程中人类往往会人为推动这种背离情况的发生，以获得超额利润：

首先，受市场供求关系的变化影响，以货币为表示符号的价格往往会发生上下波动，而与价值背离。如已经发生的把牛奶倒进地沟，把果树砍掉烧柴就是价格与价值严重背离的结果。在价格围绕价值波动的调整过程中，行为的主体不是价格，而是市场交易者。当代人类拥有了更多的影响和操控市场供求关系的手段和方法，所以用人为力量改变供求关系使商品价格与价值背离的概率大大地增加了。这是当今一个市场的现实存在。

其次，作为一般等价物的货币，其初也是一种实物商品，其价值也是社会劳动的结晶，用其表示商品价格时，可以做到与商品价值的等值，但当今货币已不是实物货币，而变成了法币，其社会劳动几乎为零，其价值是人为认定，是非客观的。用这样主观认定价值的货币去表现客观存在的商品价值本身就存在极大的矛盾，可通过改变人类对货币价值的认定值就可以人为地使商品的价格与价值发生扭曲。当今改变货币的价值认定，已成为各国调整经济发展的惯用手法。通过操纵币值变化，在交换中获取不当利益也时有发生。

再次，交换过程的一个更为重要的变化是，货币从交换媒介变为了交换对象，形成自己独立的交换过程，其价值的形成过程与商品的物质生产过程脱离。更多的社会因素和人为因素成为影响货币价值的因素，甚至人们的情绪和好恶都会成为影响金融商品价格的因素。用这样一个易变的情绪化的金融商品去表示一个客观的稳定的商品价值，其名义价格与实际价值能够背离到何种程度是不难想象的。我们可以看到一个拥有亿元资产的企业家，仅是股票价格的一次变化，顷刻之间就可以变成负债累累的穷光蛋。当然也会有人在极短的时间里就可以拥有上千万、上亿的身价。

交换目的的异化使物的交易场所成为利益的角力场，所以从表面看，价格是市场供求的平衡点，因为只有卖者愿卖，买者愿买才能成交，成交价一定是买卖双方的一致认可，但在以追求价值、实现价值增值为目的的交换过程中，价格是双方追求利益最大化的工具才是更本质的揭示。卖者要求更高价，买者要求更低价，两者达成平衡完成交易过程是双方博弈的结果，这种平衡反映的首先是双方利益的平衡，而不是数量的平衡。所以，当今市场商品价格的运动是受市场供求基本面变化和市场交易者利益角力的双重力量的作用。当前者力量主导价格变化时，表现为价格随供求关系变化波动，但是后者成为价格的主导力量时价格不是与真正供求有关，而取决于市场多头与空头的货币资金的实力对比。市场多头合约的持有者要拉高价格，而空头方则要压低价格，因而价格偏离价值的情况时而发生，这种情况在当今并不罕见，这是当今交换过程三个分离的市场结构的产物。

商品价格与价值偏离在一定程度之内市场可以自身调节纠正，但是发生长期严重偏离，甚至背离的情况，就会要打破市场的合理结构而付出不必要的市场成本。如价格长期严重偏低，就会使社会经济发生萎缩，而带来一系列的社会问题；如价格长期严重虚高，又会形成经济泡沫，其结果是造成经济的虚假繁荣和形成经济畸形结构，经济泡沫一旦破裂，便会对社会生产力造成极大的破坏。在贵金属市场中就曾多次发生过价格泡沫情况，世界油价的暴涨暴跌人为调控表现是非常明显的，已是公开的秘密。

在这样的市场结构中，人为主观的力量成为重要的价格运动推动力，在人类社会财富空前增长的同时，也出现日益扩大了的市场风险，其中价格指示信号的误导是根本性的风险，正是由此而衍生出一系列市场现实行为的错误和对未来发展形势的误判。日益增多的事实表明，市场商品价格的扭曲不仅存在着理论上的可能性，而且是市场中大量存在的现实。我们扬弃了人为全面干预经济的计划经济模式，而选择了市场经济模式，市场经济是主张自由竞争，反对人为干预的，但是市场体系自身的发展却为人为主观力量的介入提供了更大的发挥空间和可能性，这即使不是一种悲哀，但也提醒我们：市场是有缺陷的。

正是因为市场不是完美的，存在着缺陷。所以才为市场寻租、不当得利开了大门，民众的财富在无声无息中被转移而出现了储备财富贬值风险，而市场的缺陷归根结底是货币缺陷。因在交换过程中，货币地位日益提升，从而货币的缺陷对人类社会的现实影响也日益扩大，社会上的每一个人都必须直面货币缺陷，特别是货币成为人类主导性财富储备之后，货币的缺陷与人类为伴，成为一个挥之不去的风险源。

货币财富理念的发展使货币由交换的工具又成为人类财富储备的手段，货币具有了储备功能。财富储备是人类持续发展的需要，是如此之重要，以至于无论是国家，还是家庭，是穷困还是富裕，只要条件允许都要或多或少地拥有财富的储藏，而且越富有财富储藏越多，乐此不疲，甚至远远超过了实际需求，被哲学家们视为人性贪婪。现在的问题是货币成为人类财富的主导形态以后，人类财富储藏中的货币占有比重日益增长，当今一般民众财富储备主要就是储蓄，即存钱。因而交易目的异化也使人类的财富储藏行为由藏物变为藏货币。那么货币价值的稳定性就成了一个必须关注的问题，因为价值不稳定的货币很可能在无声无息中使储藏的货币贬值，甚至分文不值，所以市场中存在着劣币驱除良币的规律，即人们使用价值不稳定的劣币，而储藏的是价值稳定的良币，久而久之，流通使用的全是劣币，这是人类追求储备财富安全性的结果，而在单一货币没有选择的情况下，货币财富储藏保值则是以不同的手段，在不同的社会层面上或明或暗地进行。民众财富的保卫战，具体表现为形形色色的投资活动，因而民众的投资活动首先是源于货币财富贬值风险，尤其是纸币时代。

— 02 —
纸　币

人类使用的货币是不断变化的，初始是交易者愿意接受的东西都可以作交换的中介物，但货币有许多特殊的要求，因而不符合要求的东西，在人类货币史上只能是一个匆匆的过客，不久便消失了，而在一段持续较长时间被人类使用的货币最早是贝币。贝币不仅是人类使用最早的货币，而且具有使用的广泛性，在全球多地的史前遗址中都有贝币出土，持续使用千余年；之后贱金属币，主要是铜币取代贝币成为主流货币，从全球角度看存在历史有四千多年；而由于交易规模扩大的需要，有更高价值的贵金属货币逐步成为主导性货币，铜币变为辅币。贵金属币时代存在着一个很长的金银双本位时期，而金币的历史比银币悠久。人类持续使用金币的历史已有五千年之久，而银币仅有两千多年的历史；近代人类进入了纸币时代，已持续千余年。

从货币的出现和使用的历程看，金币的历史最长（开始是金块，后出现了金币），有五千年，而纸币的历史最短，仅有千年，但现在我们与纸币的关系最为密切，是当代的主流货币，所以，我们今天所有讨论都是在纸币的基础上展开的。

中国是纸币的发明者

纸币的诞生和使用与金属的稀缺有关，也与人类追求货币使用的便捷性有关。我们中华民族是纸币的发明者和最早的使用者，世界最早的纸币是北宋时期益州（四川）地区出现的交子，这是商家开具的票据。据今其已有千余年历史。之后，纸币的传统为金朝和元朝所继承，前后持续了五百多年，后为银币所取代。在这三个朝代的纸币时期，也有金属币的使用，但其为辅助性支付工具。后来，由于东西方交流的展开，一些西方的使臣或探险者来到中国，并把纸币的概念传到欧洲，于1661年欧洲斯德哥尔摩银行（瑞典银行的前身）发行了第一张纸币，因而欧纸币的诞生比中国晚了近七百年。

纸币的前身是各商业机构的票据，后发展成为国家统一发行的货币，而纸币是一张纸，一张印有各种图案的纸，几乎没有价值，成本很低，但一旦成为货币就具有很高的价值，其价值是从何而来的？是“外置”的，并不是“自有”的，因而纸币的价值最易被操纵，也十分不稳定，纸币价值来源有三：一是货币作为商品的符号，代表了商品的价值，因而纸币存在的大多时间都是与金属货币挂钩的。因而是金属货币价值的代表。二是来源于国家的信用，因纸币是国家发行的，国家以自己信用担保货币的价值。纸币在20世纪70年代以后，美元割断了与黄金的法定联系以后，纸币的价值才全部来源于国家信用，而成为纯纸币。虽然纸币的表面形态相同，但是两种不同性质的纸币。

人类发行的第一张真正具有国家信用的普遍流通使用的纸币是1005年宋朝时任益州（现成都）知府张咏选择的商号，把他们发行的票据集中改为政府统一印制，并加盖政府公章的交子。因有政府信用保证，所以获得了很大的成功，但“交子”是以金属货币（铁币）为发行基础的，是铁币的价值代表符号，这是这一种地方性货币。1069年强势宰相王安石推行变法，发行统一纸币，是以铜币为发行基础的，在全国推行统一流通的纸币。但在当时外敌不断入侵，政府管制能力不断减弱的情况下，纸币愈发成为政府摆脱财政困难的途径，而造成纸币贬值，民间纷纷囤积铜币，甚至出现“钱荒”。

此后，金朝、元朝继承了宋朝的纸币传统，或以铜，或以银，或以金为准备金，发行了纸币，以纸币做流通支付的工具，而禁止金属货币流通。金朝、元朝是游牧民族建立的中央政权，长期存在内有抵抗汉民族不断起义反抗，在外东征西杀，扩张疆土的危机。造成了财政入不敷出，但统治者越发将纸币作为掠夺中原财富的手段，因而这两个朝代是通货膨胀最严重的朝代。

明朝建立以后，开国皇帝朱元璋确定恢复铜本位制，但没有足够的铜作纸币发行的准备金，只能禁止金属货币流通而发行了纯纸币——“大明宝钞”，但维持了154年以后，于1522年被明英宗废止，恢复了银本位制。原因是无节制地滥发纸币，民众已失去了对纸币的信任，拒绝使用，“大明宝钞”必然要走到了尽头。之后清朝延续银本位制，直到413年后的1935年中华民国时期才恢复了纸币的发行，纸币才又成为社会主导性货币。

至近代，我国货币的发展经历的一个“贱金属货币（铜）—纸币—贵金属货币（银）”的过程，我国是最早发行纸币的国家，但纸币流通五百多年以后又回归于金属本位制。对于纸币而言，是因难以保持稳定的价值，而最终被弃。我国纸币的诞生早于欧洲数百年，原因是我国比欧洲更早地形成了统一的集权政府，但权力失去制约后纸币超发只是时间的早晚问题，没有力量可制止，因那时没有人能挑战至高无上的王权，而货币向金属本位回归是帝王为保持政权生命延续而无奈的收手吧。在欧洲也有同样的情况，但最终是金本位成为欧洲主导性的货币制度，并逐步成为全球性的货币制度，当代的纸币正是在金本位制基础上衍生的、发展的。

金本位制与纸币

16世纪中国终止了纸币制度而转向了银本位制，并保持到20世纪初；而欧洲则在经历了数百年的金银双本位制的苦恼后，从18世纪开始走向了金本位制。全球进入了金属货币时代，但当时世界两大经济板块的货币不同选择是当时国际贸易大格局的产物，而且又是这个大格局影响了全球金银流动方向的结果。

有人说，世界史是从15世纪开始的，因为之前世界各大洲极少联系，互不往来，各自独立发展。15世纪出现的人类的航海探险活动，打破了人类地域的藩篱。其代表是欧洲航海探险，发现新大陆活动和中国的郑和七下西洋。欧洲人探险在拉丁美洲发现了金银矿并以极其不人道的方法大肆掠夺那里的金银。据统计16世纪至18世纪全球80%的白银、70%的黄金产自拉丁美洲，而为欧洲殖民者所获。

15世纪航海探险拉近各大洲的联系，促进了国际贸易的发展，而东西方贸易极不平衡，西方大量进口中国的丝绸、茶叶、瓷器，而中国对西方商品需求很少，所以在国际贸易中有很大的顺差，因而造成了拉丁美洲的白银大量流向了中国。有人估算这时期拉丁美洲1/3至2/3的白银最终流向了中国，因此大大缓解了中国白银短缺的困境，为中国银本位制的实施奠定了物质基础。

白银以公开或走私的方式大量流向中国，造成了欧洲白银的短缺，并导致金银双本位制的不稳定，而最终引发经济的不稳定，故双本位向单本位的过渡是必要的，而拉丁美洲的黄金则成为欧洲的第一桶金，为其 18 世纪金本位的实施奠定了物质基础。19 世纪黄金生产力的大突破又给欧洲金本位制的发展提供了动力，最终在 19 世纪末金本位制作为全球主导性的国际货币制度得以确立。此后，欧洲金融业的发展都是在金本位制的基础上展开的，包括了纸币的发展。

传统的金本制具有自由铸币、自由流通、自由进出口三个特征，使黄金具有了可以超越国家主权的追索权，从而抑制了公权力对货币价值人为操纵，保证了交易的公平和币值的稳定，但在货币流通支付中使用金币会发生运输、保管、计量等多方面的工作，颇为不便。为追求货币使用的便捷化而产生了金币纸质化的需求，从而推动了金本位制中的纸币发展。

首先，黄金或金币的持有者往往会把黄金或金币存放在制币的金匠或银行内，因而可以获得其开具的存单。这些存单不仅证明真正拥有黄金，并且可以无阻碍地提取黄金，因而这些存单和金币一样可以作支付的工具和结算的手段，而进一步的发展就是国家发行具有法定含金量，并可以兑换黄金的纸币，纸币作为黄金的代表符号带来了使用的便捷性，同时也实现了货币的价值稳定。英镑是这一时期纸币的代表，英镑不仅取代金币成为英国国内流通支付手段，而且成为当时国际贸易结算货币，并且是各国的储备货币。

纸币在我国从 11 世纪初到 16 世纪中后期使用了五百多年，最终为银本位制所取代，因为银币有更好的价值稳定性，而在欧洲在金本位的基础上纸币也同时得到发展，原因就是金本位制为英镑提供了价值支撑，当这种支撑力消失以后，英镑也便失去了风采，而失去了全球中心货币的地位。其地位为美元所取代。

美元是在金汇兑的货币制度的基础上实现的从一国货币到国际货币转变。

金汇兑制就是国内流通支付使用的纸币，纸币具有法定含金量，但黄金已被管制，不能自由买卖，黄金在国际贸易中仍是价值的尺度和支付的手段。受到两次世界大战的摧残的英国在 1944 年布雷顿森林会议召开时，英镑因已无黄金价值的支持而转为了弱势货币，而美元则与黄金挂钩，并凭借高达 2.2 万吨的黄金储备而胜英镑一筹，最终取代英镑而成为新的国际中心货币。

纸币具有使用的便捷性，但从它诞生之日起价值的稳定性就是一个大问题，从历史的发展历程看，黄金是纸币价值的最佳支撑，只有与黄金挂钩形成紧密的联系，纸币才能得到普遍性的信任，成为强势货币，但是人类恰恰走上了一条相反的道路，当代纸币也因而走上了一条持续贬值的不归路，货币财富的安全性日益变为了一个严重的社会问题。

美元开人类纯信用纸币之先河

在纸币出现的千年历程中，纸币的价值稳定始终是一个问题，因货币不仅是交易的工具，而且是商品的价值尺度，货币自身价值不稳而频繁变化就使交易失去了等价交换条件，不等价交换就是对财富的掠夺，因而被信任的货币一定是价值稳定的货币，而纸币本身并无价值，其价值稳定有外力支持，一是与商品挂钩，二是靠政府诚信。但千年的实践表明政府的诚信是一个变量，是一个不稳定的支撑力，甚至还会成为破坏力。美国政府就是一个活生生的范例。

1944 年布雷顿森林会议上美元凭借黄金的支撑力和美国政府承诺而取代英镑登上了国际中心货币的王位，形成了美元盯住黄金，各国货币盯住美元局势，形成固定汇率的国际贸易结算体系，不到三十年时间就因美国政府的毁约而使布雷顿国际货币体系宣告崩溃。1971 年美国尼克松总统宣布停止履行按35美元兑1盎司黄金的国际义务。但当美元不再和黄金挂钩之时，美元并没有替代物，各国只能接受这一现实。美元成为纯信用纸币，而各国纸币价值又与美元纸币挂钩，于是全球进入了一个纯信用货币时代，开人类纯信用货币之先河。这并不是人类进入经济稳定的新时期，而是人类货币一次试错过程的开始。

从1971年至今，这一试错过程已进行了四十四年。我们不能说以美元为中心货币的纯信用货币体系已失败。但有充分的理由认为它远没有成功，而且暴露出了日益增多的矛盾，面临了日益增多的挑战，改革的呼声日益强烈，但未来的前景仍不明朗。

这个货币体系存着一个结构性的缺陷。美元这个一国发行的货币承担国际货币。而国家货币政策是国家经济发展重要推手，是为本国经济服务的，但因国家货币已有的国际义务，必须顾及其他使用国家的利益，为了保持美元国际中心货币的地位必须将美国的货币政策与国际经济发展的需求相协调，但平衡两者是十分困难的。美元与黄金脱钩以后，美元发行失去了制约的力量，因而美国政府获得了全部发行权，特别是进入新世纪，因国际经济形势的恶化，美国先后发生金融危机和经济危机，为此，基于私利而肆无忌惮地超发美元，刺激美国经济。因美元是国际主要的储备货币，美元占全球各国总储备的60%~70%，因而美元超发而造成的通胀压力多为他国所承担，美国的货币政策成为转嫁美国经济风险的工具。因而，美元和美军成为支撑美国霸权的两大支柱。美元价值的波动已不再是市场力量的博弈结果，而为美联储的人为操控，进而美国货币政策的调整成为打击美国公开或潜在对手的武器，而且屡试不爽，金融制裁已是美国经常动用的手段。

美元纯纸币成就了美元的霸权，日益偏离了中心货币的职能，本来美元应如同国际货币体系中的“太阳”，以其恒定而使围绕它运动的其他货币实现彼此之间的汇率稳定，而今天美元成为不稳定的货币，因为这种不稳定可为美国带来国家利益，而对于其他国家来说则是不确定的风险。往往会是巨大的经济损失，因而以美元纯信用纸币为中心的国际货币体系是一种不公平的货币体系，对于这一货币体系的改革呼声日益强烈，改革也是必然的。虽然这并不是说改革的前景已经明晰，但改革的推动一时也没有停止。

美元的不稳定带来了汇率的不稳定，而汇率的不稳定必然引起各国货币价值的不稳定。在以美元为中心的货币体系中，各国货币虽并不完全表现为与美元变化一致，但从大局看各国货币总是随美元而“起舞”。就业是各国政府关注的首要目标，因为充分就业是社会安定的必备条件，而扩大出口可拉动经济，有利于扩大就业机会，所以许多国家都把扩大出口作为政府工作的优先方向。因而，出现了出口导向型经济国家，对于这些国家，出口具有更为重要的意义，而实行的弱势货币政策有利于扩大出口，因为本国出口商品在国际市场上价格更便宜而具有更大竞争力，所以有利于扩大出口。

于是，当今出现了这样一个利益格局：美国实行弱美元政策，超发美元而使利率为零从而稀释自己的美元债务，因而可以继续实行赤字，财政扩大进口，而其他国家为了扩大出口而实行弱货币政策，为美国生产更廉价的商品，形成了不平等的社会财富分配格局。结果是美国人在最好的生活环境中，以最轻松工作，过着低通胀的高品质生活，拥有威慑全球的军事力量，而对多数国家而言，不得不面对生存环境的日益恶化，过着勤劳而不富有的生活。当今是一个以无真正价值的纸币换取诚实财富的世界，谁拥有美元发行权，谁就拥有了社会财富分配权。今天只有美国拥有这种特权。美国生活方式为世人追求，但当你了解了美国生活方式的存在前提以后，就会知道并不是全球人类的共同价值观，即一种特权，并非人人可以过上这种悠哉的生活。

纯纸币时代是美元霸权时代，四十多年的实践表明，这个并不公平的时代，虽然还没有看到终结的前景，但已暴露出日益增多的矛盾和问题，美元霸权对我国经济的发展也产生了很大影响。我国经济的发展打上了深深的美元的烙印。美国通过汇率即美元价格人为调控，从全球转移了大量财富为己所用，而中国不是最大，也是最主要的贡献者。

人民币的选择与窘困

人民币是一种纯信用纸币，从诞生之日起，便是主权货币，其价值不与任何贵金属挂钩，而在严重的通胀中杀出了一条血路，为稳定新政权贡献斐然，并保持了长期的价值稳定，而其稳定是以物价管制和利率管制实现的，因而，使一些深层次的经济结构矛盾不断积累，到20世纪80年代通胀因价格改革而爆发，连续出现了两位数的通胀，引起了民众的抢购潮，为此，国家不仅实行了高存款利率，而且还根据通胀率给予财政补贴。1992年党的十四大确立了建立社会主义市场经济体系的改革目标，与国际接轨，建立出口导向型经济成为发展经济的选择，为此实行了人民币与美元挂钩政策。

出口导向使我国经济对国际贸易的依存度高达40%~50%，出口成为拉动我国经济的三驾马车之一。当前，我国经济增长回落的主要原因就是出口不振，因此，我国经济就失去了一个重要的动力。为了打造出口型经济，我国三十年来实行的是低汇率，促进出口的政策，低汇率就是弱势货币政策，人民币对美元汇率由1980年的1.8贬值到1994年的8.7，贬值了383.33%，从2005年开始在外部的压力下才开始上浮升值到今天的6.2左右，十年大约上升了35%。弱货币政策给我国的出口产生了巨大的动力，物美价廉的中国商品涌向全球，中国制造走向了世界，到 2011 年我国取代德国成为世界第一大出口国，这是一个值得铭记的历史事件，但出口型经济也带来了一些不能忽视的问题。

与美元直接相关联的问题是出现了日益严重的美元储备贬值风险。2014 年我国外汇储备已达惊人的四万亿美元，其中 80% 是美元资产，我国成为美国国债的最大拥有国，因而，美国从 2008 年实行量化宽松的货币政策，我国首当其冲遭受了美元贬值风险。我们没有因此而损失的具体数据，但有人统计从 1971 年美元黄金脱钩后的四十年来美元购买力下降了 94.4%，也就是当年的 1 美元到今天只有相当于 5.6 美分的购买力，由此可见一斑。

庞大的美元储备也是一个沉重的政治遗产，不仅仅是一个经济问题，而且已成为一个很大的政治问题，庞大的美元储备绑架了我们的政治选择，形成了一个与美国共荣辱的经济生命体，与实现中华民族屹立于世界民族之林，实现振兴大目标发生了冲突，所以，储备美元资产比重过大不仅存在贬值风险，而且影响我们的政治选择。

另外，占全球各国总储备三成多，总量超四万亿美元的巨大外汇储备造成了大量人民币占款而增加了国内人民币供应量，而使人民币流通量增加。2008 年 9 月我国的外汇储备规模 1.9 万亿多美元，而到 2013 年 6 月已达 3.66 万亿美元，五年间增加了 1.76 万亿美元。以当时汇率计算增发近 11 万亿元人民币，平均年增加 2.2 万亿人民币的发行量而成为人民币贬值的推手。民众对于人民币的贬值直接的感受是：

八十年代万元户是富裕户；

九十年代万元户是温饱户；

新世纪的万元户是困难户。

外向型经济的发展使外汇人民币占款持续增加而增加了国内人民币供应，

再加上国内经济发展刺激性的大量人民币增发而出现人民币过剩，近十多年来，人民币贬值压力加大。为解决人民币超发问题而加快了投资市场的开放，股票与证券市场的国际化加快，使大量资金进入了投资市场，从而避免了对日用品市场的冲击，保持了较低的 CPI，这是发展投资市场超越投资者盈亏的更大的社会意义，对高通胀可产生的社会动荡一定要保持高度的警惕，要有应对之策。

纯纸币时代的货币财富价十分不稳定，为了稳定经济、稳定社会一定要把建立“熨平”货币价值波动机制置于国家战略高度思考，予以重视和积极推动。人民币国际化的提出，而把人民价值的稳定性更提上了一个新的战略高度，经济稳定发展可以为人民币的价值稳定提供有力的支持，但人民币被更广泛的国家信任是一个长期的观察和体验过程，做到人民币长期稳定是很困难的。

现实是从 20 世纪 70 年代以来的四十多年来，各国发行的纸币无一例外地走向了持续贬值的不归路，这实际上意味着你辛辛苦苦创造的财富在无声无息中就被不被察觉的力量转移了，剥夺了，因此甚至可以使一个百万富翁变为一个贫困户，这是没有枪声而且合法的财富抢劫。面对这种局面民众本能的反应就是奋起来进行一场财富保卫战，即展开各种各样的投资活动，其中黄金投资是一种重要的有特色的投资活动。

— 03 —
投　资

投资就是民众将自己积存的货币财富由储备状态变为流动状态，即将货币变为资本投向市场以期实现增值，从而实现民众财富的保值增值。进入新世纪我国民众投资活动出现了一个高潮，原因就是日益富裕起来的民众面对货币财富贬值风险有了日益增长的财富保卫战的要求和展开财富保卫战的能力。

投资是进行一场货币财富的保卫战，既然是战争就会有胜利，也会有失败，没有常胜将军，投资结果的不确定性，也是一种风险，这意味着面对货币财富贬值风险而进入投资市场将又会面临新的风险，还可能会出现更大的损失，当然也可能如愿以偿，实现财富的保值增值。但因投资有风险而远离投资那就是心平气和地认可你的财富被转移的现实，而不做任何反应。因而是否投资是一个自愿的选择。

投资的三个途径

货币财富保卫战的展开有多种途径，归纳为以下三大类型：

货币财富保值增值途径之一：以货币财富作资本，投资实业，经过劳动的增值实现资本的增值，同时创造实体财富的增长和服务品质的提高。在我们的社会中有千万元、亿元甚至数百亿元身价的企业家，他们的货币财富可以有数十倍、数百倍，甚至上千倍的增长，他们是这条道路上的成功者。但是兴办实业一般占用资金多，需要有专业团队和专有技术，一般民众进入这个领域因有较高的门槛而会面临许多困难。而且企业经营也风险重重，这条道路上的失败者也比比皆是。

对于只有不多资金的，也无其他资源的民众投资实业的途径是进入股票市场，购买企业股票，从理论上讲你就是企业投资人，就拥有分享企业经营成果的权力，可以获得企业分红，但相对于中国股票市场而言，总体看是一个投机性市场，股票溢价很高，可能难以分红实现投资的高回报，而主要是在多空博弈中投机盈利，因而有很大的风险。另外就购买企业基金，获得利息回报，风险是发行者的诚信，要避免上当受骗。

货币财富保值增值途径之二：家庭财富具有多样性，不同的财富具有不同的特性和不同的用途。而作为储备财富要注意做到流动性与保值性的平衡，一般而言流动性好的资产往往保值性差，而保值性好的资产流动性差，因而可以根据自己资产的构成进行资产的置换和组合。实现资产的保值性与营利性的优化搭配，即通过家庭理财实现货币财富的保值增值。如货币存款具有很好的流动性，但因在贬值周期保值性不好；而房地产在此期间具有很大的升值空间，因而保值性好，但资金占用多流动性不好。故在有较多资金时，面临贬值压力时就应增加房地产比重，而减少现金存款比重。

资产置换是将不适合要求的资产调换成符合要求的资产；资产组合是把不同资产的比重搭配到最佳。基于黄金的特质，应是家庭资产组合中的必配。因为黄金具有最佳的价值保值特性，又具有很好的变现性，而且是可以跨越国界的国际变现性。中国因国家长期实行黄金管制，对一般民众来说藏金可望而不可即，今天市场开放才使民众储金成为现实。

货币财富保值增值途径之三：进入金融投资市场，在公开、公正、公平的市场环境中根据市场规则进行多空博弈合法地将别人拥有了货币财富转移到自己的户口头上来。在前面分析交换目的异化时指出，交易的中介物成了交易标的物之后，出现了日益增多的金钱游戏，之所以称之为是游戏是因为这些市场并不会制造财富，使货币财富增加，而只是转移货币财富，是你所盈必是他之所亏的零合游戏。这种转移财富的市场很多，如期货市场、期权市场、互换市场、结构衍生品市场等。

这些市场是管理风险的市场，包括货币财富贬值风险，正是通过对风险的交易实现货币财富的转移，在财富转移的过程中一些投资者实现了货币财富的增长，但更多人又因此产生了新的损失。虽然利用金钱游戏实现货币财富保值增值具有很大的风险，但因为入市门槛低，操作方便、具有杠杆可以小博大，所以参与者众，这是当今金融市场的主导形态，也是民众货币财富保卫战的主战场。

投资黄金的两大理由

这三种投资途径各有长短、没有优劣，但从入市门槛低、便于操作、要求条件少的角度观察，一般民众更多是采用第二个和第三个途径。而黄金投资不仅具有两三个途径的优点，而且可以实现两者相互转换和兼而有之的选择，因而在多个投资品种中选择黄金具有特殊的理由：

投资黄金的理由之一：

黄金价值是人类劳动的结晶，是诚实的财富，价值稳定而且极易变现，是人类财富认知的最大公约数，因而具有超越国度、超越信仰、超越种族、超越阶级的文化魅力而被视为人类的绝对财富，是人类财富储藏的最佳选择。

全球各国的黄金储备超过了20000吨，拥有货币霸权的美国拥有黄金储备超过了8000吨，黄金储备量及占外汇储备中的比重皆为全球第一，表明无论国家如何强势都必须紧紧地握住黄金这个保险绳，由此可见，黄金财富的力量，因而无论国家，还是家庭的财富置换和组合，黄金都是必须的选择，而具有不可替代性和唯一性，是民众货币财富价值保卫战的重点战役。

黄金资产在我们资产中的配置比重应该是多少为合理？这似乎没有一个权威的研究结果。国家黄金储备起初是国家纸币发行的基础，与国家的货币发行量相联系，纯纸币时代的黄金储备已不再承担这个功能而成为国家外贸结算的储备金，因而有黄金储备量应满足国家四个月外贸结算要求之说。但今天黄金储备已上升到应对地缘政治变化、稳定国家外汇形势的战略高度，被作为保证国家安全的“黄金防线”，近期的典型案例是俄罗斯。

俄罗斯面对以美国为首的北大西洋集团的挤压而奋起反击，特别是乌克兰事件的爆发，双方对立加剧。俄罗斯受到西方的经济制裁和军事围堵，为了应对外部对俄罗斯金融的冲击而决定增加外汇储备到5000亿美元，比2014年底的3265亿美元大幅增长53.14%，并从2006年7月开始持续增加黄金储备，仅2014年就增加了173吨黄金，是全球央行最大买家，总储量达1238.3吨，在外汇储备中的占比由10.1%上升到了13.3%，是苏联时期385.68吨的3.21倍。需要指出的是，俄罗斯为了应对外资的流出、稳定汇率而不断动用美元外汇储备，因此外汇储备减少，在此情况下却持续增加黄金储备，因为黄金储备是俄罗斯金融的最后一道防线。

我国的情况与俄罗斯的情况并不相同，但很相似，我国的发展已对美国构成了潜在的威胁，有了霸权不保的焦虑，中美两国关系虽维持了平稳，但摩擦增多，重返亚太已成美国国策，60%的海军舰船将陈兵我们的大门口，围堵之势已经形成，并在经济上对我国进行排斥，拉帮结派挑起事端，而发展环境的恶化和挑战的增加使建设“黄金防线”的任务同样具有了现实的紧迫性，如何确定我们的“黄金防线”的厚度和高度需要进行国际比较。

21世纪前14年全球各国央行黄金储备量年均在31000吨左右，年均占比11.18%。其中2014年经济发达国家占比为22.5%，拥有近七成的全球央行储备，另外30%为发展中国家的储备，占比6.3%。美国以黄金8407.49吨储量和73%的占比均居全球第一，欧洲央行黄金储备占外汇储备的15%。

以上是国际上的情况，我国的情况是在改革开放以前黄金储备曾是我国外汇储备的主体，平均占比超过了50%，改革开放以后我国黄金储备有几次增加，增加 3.1 倍左右，但现汇增长得更快，所以我国黄金储备的占比大幅下降。2014 年我国黄金储备 1045 吨，在外汇储备中的占比为 1%。因而我国黄金储备量仅为美国的 13%，而占比仅为美国的 1.55%。我国黄金储备占比远远低于美国，也与全球的平均水平有较大差距，显然需要大幅增加黄金储备。

从建立“黄金防线”的战略分析，中美博弈是题中之意，“黄金防线”的高度和厚度应以美国为衡量标尺，而且在美元霸权的条件下，人民币还需要有更多的黄金支撑力。由此我国“黄金防线”应以超美国为目标，即黄金储备量超八千吨，以万吨为目标，占比大约可达到 10% 左右，达到和接近全球的平均占比水平。这意味着我国黄金储备在现在的基础增长九倍，大约需四千亿美元左右，这是一个不小的资金占用，但是相对于四万亿美元的庞大储备而言是完全可以承受的。

黄金储备更大的潜力在民间，从 1982 年我国恢复黄金首饰供应以来大约已有近八千吨黄金被一般民众收藏，但被我国庞大的人口一除每人平均仅有 6 克多，显然还有很大的潜力，起码拥有倍增的潜力，这个目标可望在十年内达到，届时中国民众的存金有望达到或接近两万吨。因而黄金投资将仍是之后较长一段时间的亮点。这也意味着在未来的十多年时间内中国将成为全球黄金财富的富集区。

黄金财富富集区的形成首先是意味着民众财富价值保卫战取得的成果，在民众资产的构成中黄金财富成为民众财富稳定的基石。黄金财富价值的稳定并不是说金价稳定不变，也不是说黄金价格只涨不跌，黄金投资只盈不赔，而是指黄金长期购买力平价稳定。一个美国州财政部长曾形象地指出，在美国 1 盎司黄金可买一套西服，在南北战争时是这样，罗斯福总统当政时如此，今天也是如此。

英国专家对黄金从1596年至1997年的401年的购买力平价进行了研究，发现在一个长的历史时间里商品的价格是向黄金回归，表现为黄金购买力平价。在这四百多年里20世纪20年代以前黄金购买力平价线十分平稳，之后波动加大但呈上升趋势（如图4–1所示）。

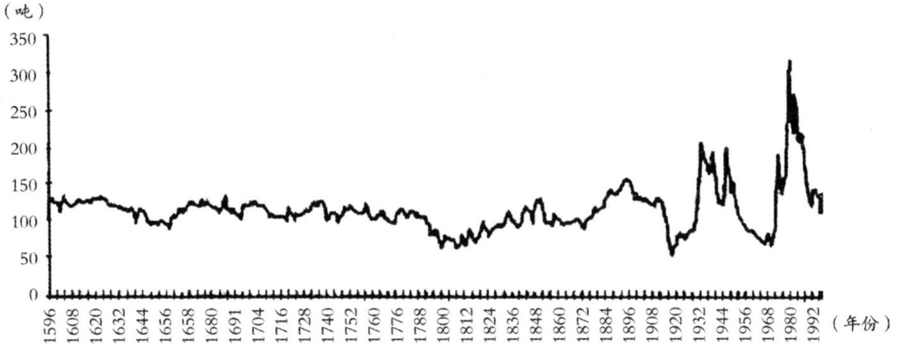

图4–1　黄金在英国的购买力平价（1596年至1997年）

摘自：《黄金投资价值研究报告》

我国成为全球黄金财富的富集区的意义，美元的大玩家，深知美元奥秘的美联储前主席格林斯潘指出："在没有金本位的情况下，将没有任何办法来保护人们的储蓄不被通货膨胀所吞噬，将没有安全的财富栖身地，这就是那些福利统计学家激烈反对黄金的秘密。赤字财政简单地说就是没收财富的阴谋，而黄金挡住了这一阴险的过程。它充当着财产权的保护者，就不难理解有人对金本位的恶意诽谤了。"

过来人格林斯潘深知金钱游戏真谛，因而对黄金的认识也颇为入骨三分，黄金财富富集区就是财富安全区。了解了黄金的这一特性以后，从提高民众的生活安全性和财富保值性着眼，在任何时候黄金投资都是必要的选择，即使信用资产价值高涨时，黄金资产也都是一种稳定的因素，而不可或缺，因为黄金与信用产品是两种性质不同的资产，不存在互换替代的关系，如股票、证券在资产组合中都不能取代黄金，投资黄金有特殊的价值。

投资黄金理由之二：

当今世界是一个信用产品的汪洋大海，形形色色的信用产品价值同源，因而价格的变化具有高度的正相关，“一荣俱荣，一损俱损”，所以不同的信用产品的投资组合并不能转移和分散风险。而黄金是金融市场中唯一的实物交易标的，其价值是社会劳动的凝集，具有真实的价值，故不同于信用资产以信用支撑的虚拟价值，因而其价格不随信用的波动变化。从而与多数信用资产价格呈负相关，即信用资产价格下跌，黄金价格上升；信用资产价格上升，金价下跌。有关专家对 1992 年至 2001 年十年间的两者关系的观察表明这种负相关性的客观存在，见图 4-2、图 4-3：

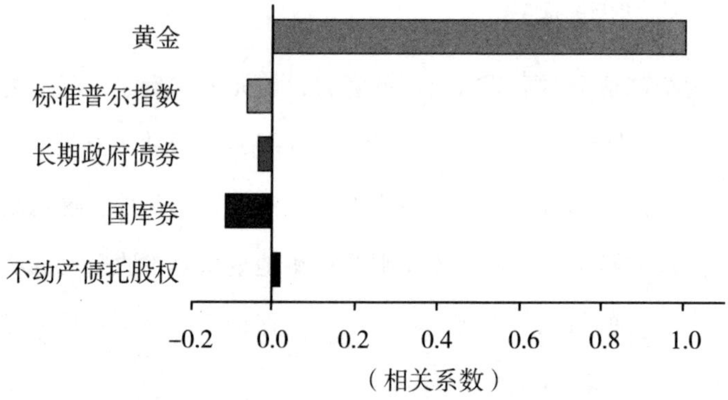

图 4-2　黄金与其他资产之间的负相关关系图
（1992 年 1 月至 2001 年 12 月）

资料来源：WWW.GOLD.ORG：RICHARD SCOTT–RAM，MANAGING PORTFOLIO RISK WITH GOLD

摘自：《黄金投资价值研究报告》

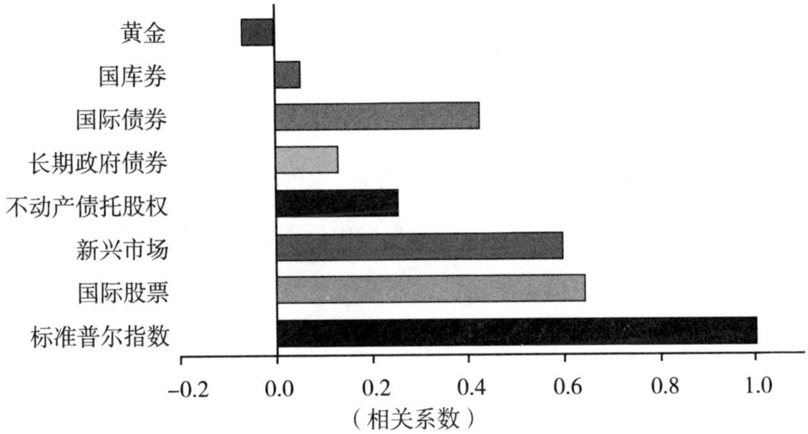

图4-3　黄金与美国各类证券之间的负相关关系图
（1992年1月至2001年12月）

资料来源：WWW.GOLD.ORG：RICHARD SCOTT-RAM，MANAGING PORTFOLIO RISK WITH GOLD

摘自：《黄金投资价值研究报告》

金价与信用资产价格逆向运动的特性，使黄金可以成为对冲信用资产贬值风险的选择。因而，黄金具有了稳定金融的功能，成为当今金融市场安全的最后一块基石，充当着国际最终结算工具的角色，所以黄金市场是金融市场的一部分，具有独特的作用而不可或缺。在黄金非货币化后仍有如此强烈的金融属性表现是出乎许多人意料的。

20世纪70年代开始的黄金非货币化在法律层面上完成，黄金不仅在国内早已失去了流通支付的货币功能，又失去了国际支付结算的货币功能，也不再是价值的尺度，只是在外汇储备中还占有小量份额。对此多数人认为这是黄金货币的历史遗存，已无关紧要，最终也要消失。因而，黄金商品论盛行起来。这一思潮造成对黄金在金融市场存在的忽视，在很长的时期里，我国金融市场体系并不完整，存在空缺环节；在金融学的教科书中也鲜有黄金市场的内容。

黄金在非货币化以后，仍在金融市场长期存在是源于当今信用货币体系的需求，货币与黄金脱钩以后人类进入了信用货币时代，信用是虚拟的，是易变的，因而信用货币体系的稳定性是一个问题，而需要有一稳定“船锚”，黄金恰恰是可以发挥稳定性的锚。黄金可作为当代信用货币体系稳定之锚，是因为黄金价值形成机制不同于信用货币，因而两者价格呈逆向走势，另外就是金本位制的良好表现的影响，人们对黄金有更大的信任度。这是黄金非货币化之后仍是准货币，稳定地保存了货币功能遗存之源。

黄金的货币遗存表现具有相对性，在信用货币体系处于稳定状态时，黄金稳定之锚的作用表现相对隐性化，而当信用货币体系动荡时，黄金稳定之锚的作用就表现显性化。20 世纪 90 年代国际中心货币相对稳定，表现强势，所以金价持续走低，黄金在金融市场中表现弱势黄金无用论甚嚣尘上；而进入新世纪，美元危机、欧元危机相继爆发，黄金这稳定之锚的功能立即显现而引起了对黄金非货币化的反思。无论是显性，还是隐性黄金，这只金融稳定之锚的作用都是客观存在的。

正是因为如此，黄金在金融市场中的存在具有普遍性。无论是货币市场、外汇市场、证券市场，还是保险市场、基金市场都有黄金的存在成为在这些市场中的机构或个人投资者用于对冲信用风险的选择。所以，黄金市场在金融市场体系中是一个小市场，其一年的交易额仅相当于当今全球外汇市场一天的交易额，但每天金价都会成为各大媒体和网络的焦点，这是因为金价是其他金融资产的标尺，可以揭示其他金融资产价格变化的方向，为投资者提供投资行为指引和决策参考。

用黄金对冲信用资产贬值风险的投资者，只是要实现风险转移，并不是要黄金物的让渡，所以对于对冲风险的投资者来说黄金物流过程没有必要，而且造成成本的增加，所以出现了日益增多的黄金衍生品。黄金衍生品从本质上讲不是黄金而是货币，因而黄金衍生品交易形成的主要是资金流，而不是黄金物流。当今黄金市场交易量中黄金交易量已不足1%，99%以上是黄金衍生品交易，所以黄金市场99%交易的是货币，因而，黄金市场是金融市场，即货币流转的市场。绝大多数黄金投资者是以避险为目的的黄金衍生品的交易者。

黄金衍生品的发展满足了投资者对冲信用资产风险的需要，同时也促进了金融创新，从而发展了金融市场功能，主要是黄金衍生品与信用产品的组合出现了黄金结构衍生品，同时出现黄金衍生品与信用产品及结构衍生品的延期与互换产品，不仅丰富了金融市场，而且提高了投资的盈利性。当然黄金衍生品的发展对黄金市场本身的发展也产生了重要的影响，由传统一元结构市场变为了黄金交易市场与黄金衍生品交易市场平行发展两元市场格局。

投资黄金具有特殊价值，但黄金投资同样存在着风险。收益率是投资者追求的目标。但收益率最终结果是不确定的。收益率是一个绝对值，即投资行为可使货币财富增加还是减少的数值，但结果是不确定的；如投资者购买了黄金期权只有到期后才能确定收益，收益率也是一个相对值，即相对于不同投资收益的比较，如为规避金价下跌风险卖出远期，届时现货价高于远期，虽达到了套保目的但损失了机会收益。收益率还是一个成本与收益的比较，因为任何投资都需成本，最后成本高于收益，也意味投资的失败。黄金投资的特殊价值并不能消除投资黄金风险，因为人类任何行为结果都存在不确定性，这种不确定就是风险，人类为保卫财富而进行的拼搏行为同样如此。

一个二元结构的市场

在我们的面前有实体财富的交易市场，如服装市场、食品市场、住宅市场、汽车市场、电器市场等。同时还有虚拟财富的交易市场，如货币市场、期货市场、期权市场、股票市场等。这些市场都是专业化的单一市场，或是实体财富的市场，或是虚拟财富市场，而黄金市场既交易实体财富，也交易虚拟财富，是黄金交易与黄金衍生品交易平行发展的二元结构的市场，因此是一个具有复杂结构的特殊市场。

在数百年黄金市场发展的历史进程中，1968 年是一个分水岭。1966 年英镑发生危机，而引起了黄金投机潮，而此时美国深陷越战泥潭，美元权威受到质疑，美国维持黄金 35 美元官价遭遇空前的挑战，黄金储备大量流失。1968 年 3 月 8 日到 15 日，美国派空军飞机不分昼夜地向英国伦敦舱运黄金，数量之多，甚至使称重室地板下沉，但新春越南北方军队进入西贡（胡志明市）攻打之后引起的震动使这一切努力都未能制止住黄金挤兑潮，伦敦黄金市场被迫宣布关门停业。

半个月后，伦敦黄金市场重新开放，但宣布黄金价格实行双轨制，各国央行不再干预市场，实行市场浮动价格制，而官方各央行间结算仍实行 35 美元官价。三年后的 1971 年美国又割断了美元与黄金的联系，布雷顿森林货币体系瓦解，金价放开由双轨制变为单轨，即市场轨。金价放开自由浮动使黄金市场失去了稳定的好名声，同时也使黄金市场产生了革命性的变化，黄金市场的发展史又掀开了新的一页。

首先金价的浮动，为低买高卖的投机者涌进了黄金市场，在扩大了市场交易规模的同时也增加了市场的投机性。金价浮动产生的不确定性是一种市场风险，往往会使市场交易者和长期投资者受到损失。风险产生于市场，不能消灭，但可转移，可分散，因而要求黄金市场必须发展风险管理机制，以 20 世纪 70 年代中期黄金期货在美国上市成功为标准，诞生了以风险管理为主要功能的黄金远期合约市场，从而出了一个新型黄金市场，一元市场发展成为二元市场。

这一新型市场的运行机理是预期金价下跌的投资者可以在可接受的价位上卖出远期，从而锁定价格规避进一步下跌的风险，因此，失去了未来金价上升的机会效益。而预期金价上升的投资者则买入这个远期合约，因而承担了金价下跌的风险，但也因此获得了金价上升而产生的机会效益。这样市场风险虽仍存，但风险已发生了转移。黄金期货是黄金衍生品，因黄金期货交易的风险很大，为了对黄金期货风险进行分散转移，20 世纪 80 年代又诞生了黄金期货的衍生品市场——黄金期权市场。

黄金期权合约交易是在某一个价值卖出一定数量黄金的权力，到期购买方一定要履约而承担无限风险，如卖方不履约买方获得期权费，得到违约回报，卖方因违约的损失仅是期权费，损失是有限的。场内交易的是最基本的期权，而场外做市商市场则出现多种个性化期权，已形成了一个期权家族。

黄金期货合约、期权合约是两个基础性黄金衍生品，其与黄金即期现货交易，以及与股票、证券、保险产品组合形成了众多的黄金结构衍生物，成为不同金融市场的投资者的选择。黄金衍生品的发展极大地强化了黄金市场的金融属性，也使黄金市场成为一个多功能、多形态、多个市场组成的市场体系，因而进入这个市场的投资者也是多元的（详见图 4–4）。

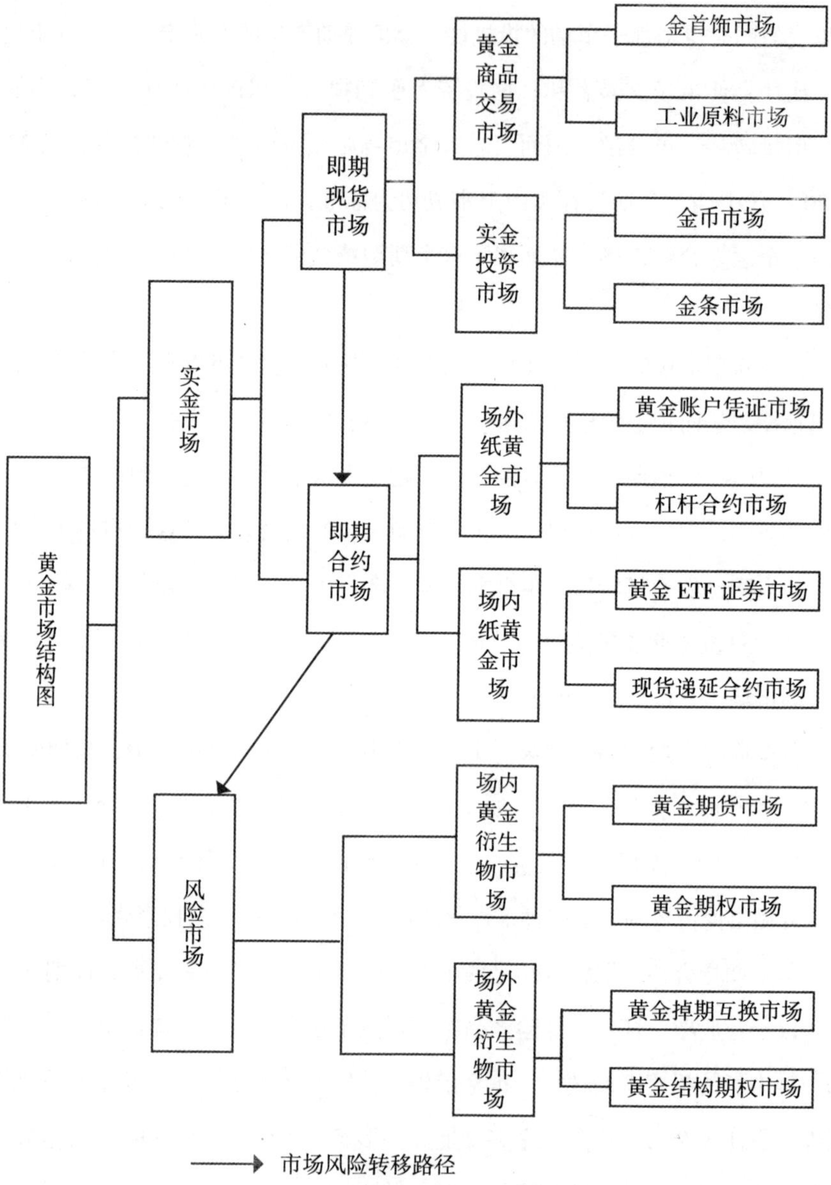

图 4–4　黄金市场体系结构图

摘自：《破茧：解密中国黄金市场化历程》，中国财政经济出版社

多元参与者的不同风险观

黄金市场是多市场组成的市场体系，具有多重市场功能，因而进入市场的投资者也是多元的，虽然盈利是共同的目标，但仍存在目的差异性，因而他们各自承受的风险程度，避险的手段与途径，都有所不同，对于这一点我们的关注与研究是欠缺的，只是笼而统之地讲风险、讲避险，是不够的。

市场参与者可分为经营者与投资者，前者承担的不是价格风险而是经营风险，而后者才是价格风险的承担者。经营者主要是市场运营商和经纪公司，他们主要的收入来源是客户交易的手续费，不承担投资风险。他们关注的是吸引更多投资者参与交易和扩大交易量，是扩大市场规模的积极推动者。他们面临的最大的风险，不是价格的风险，而是客户的信用风险。如保证金制度、涨（跌）停板制度、强行平仓制度等，都是经营者出于化解自身风险而建立的避险机制。当然，这些制度也有利于投资者，但从根本上讲，这些制度都服务于经营者的需要。由于经营者与投资者的利益追求目标存在差异，因而对于经营者拓展市场的经营之道，投资者应理性认识，而不能盲从。经营者的避险策略也不能等同于投资者的避险策略。目前，经营者为了扩展市场而积极争取市场的话语权，以期获得市场发展的主导权，这是无可非议的，但是，一定要做到信息的透明化和信息的对称，不可误导投资者。这个责任不仅寄希望于经营者自律，而且更为重要的是要建立严格的信息披露管理制度，并要充分发挥中立机构的作用，必须要认识到保护投资者的利益是符合经营者的根本利益的。另外，要形成竞争机制，通过竞争使经营者优胜劣汰，增加诚信。

投资者群体也是有区别的，基本可分为两大类不同的投资者，一种是以实物商品为交易标的的投资者，另一种是以金融商品为交易标的的投资者。前者一般是长线投资者，后者以短线投资者为主。后者具有很强的投机性，是在价格波动中“火中取栗”者，也是价格风险的主要承担者。而长线投资者所追求的是未来价格趋势的有利性，频繁的大幅波动是其所要避免的。

如果我们以使用不同的交易标的作划分标准。黄金市场上的交易者分为以实物为标的的投资者和以合约为标的的投资者。前者主要是在实金市场上的买方和卖方；后者主要是在衍生物市场上的机构（基金）投资者和个人投资者。这些不同的市场交易者的市场角色也是有所不同，因而面对的市场风险也不同：

实金生产者（供方）的目的是以适当的价格卖出自己的产品，以保证安全回收投资和获得一定盈利，最大的市场风险是金价下跌到成本线以下，则会破产倒闭，因而实金生产者的规避市场风险的策略主要是防止这种情况的发生。

金制品生产者（需方）的目的是卖进自己的生产原料，黄金是他们生产商品的要素，他们盈利的主要来源应是黄金原料增加的附加值，而不是黄金买卖的价差。因而，金制品生产者可采用规避价格风险的策略回避价格波动的影响。

机构（基金）投资者的目的不是买黄金，也不需要卖黄金，他们只是把黄金作为一种交易符号和投资工具，并通过黄金价格波动盈利。因而他们是市场的“弄潮儿”，是价格风险的承担者。他们的数量虽相对较小，但资金雄厚，能量极大，往往是金价波动真正的始作俑者，他们规避价格风险策略在更多的时候是取攻势，而不是守势策略，更不是回避，对于他们来说主动进攻可能是最好的规避风险。

个人投资者的入市目的与机构（基金）相同，他们也是通过价格的波动获利者。他们的人数很多，但每一个个体的资金能力很弱，很难以个体对市场金价变化产生影响，但如果形成潮流就又会有很大的左右市场的能力，因而一般个人投资者的规避价格风险的策略往往是从众。这是一个最容易受到市场风险打击的群体，克制赌性，稳健操作尤为重要。

因市场多元参与者的市场风险承受不同，故对所谓规避风险有以下三点思考：

其一，市场参与者是多元的，他们在市场中的地位和角色有别，追求的目标有别，承受的市场风险也有别，因而不同的市场参与者应制定不同的规避市场风险战略。这是我们对于规避市场风险的一个重要的认识的深化，泛泛地讨论规避市场风险得出的结论，往往是隔靴搔痒。

其二，市场风险不能消灭，是客观存在的，所谓规避市场风险是指：

转移风险，把自己不愿或难以承受的市场风险转移给愿意和能够承担的参与者；分散风险，把一个参与主体承担的风险，分散到多个主体承担，把难以承受的风险转化为能够承受的风险；锁定风险，把未知和可能扩大的风险锁定在一个可以控制和已知的范围内。

其三，规避市场风险不仅是一种市场理念和一种战略规划，更是一种市场机制。价格风险产生于市场，市场同时也要具有规避价格风险的功能。国际黄金市场的发展历史就是围绕规避市场风险这个主轴，不断进行产品创新和制度创新的历史。

我国的黄金市场化是从流通领域起步的，要完成的任务只是黄金交易方式的转变。即使在上海黄金交易所筹建的过程中考虑到了风险问题，但更多考虑的是市场自身的风险如何防备。之后，市场的发展又是注重于如何扩大交易规模，而交易者的风险问题在很大程度上被忽视，特别是大家认为黄金稳定、易变现，黄金投资的安全性优于证券投资，这成了许多人选择黄金投资的原因，所以，我国黄金投资风险性的突显是投资者付出代价之后的感知，而缺少事先的防御之术，市场也缺乏有力的避险机制。

— 04 —
策　略

市场投资者是多元的，他们面对市场风险的压力有别，目的有别，因而对于市场风险规避和转移的行动策略也有差异，而呈现策略的多样性，归纳如下：

回避策略

即对价格风险采取完全回避，不碰不惹的策略。黄金产品加工和经营商可以采用这种策略，这是因为他们的利润主要应来源于黄金的附加值，而不是黄金的价格差，黄金仅是加工产品所需的原料，具体的办法是向银行或机构借黄金，而不是到黄金市场中去买黄金。进入黄金借贷市场，而不进入交易市场。

目前，每年大约市场 60% 的实金是作为黄金首饰加工业的原料，而在国际上大部分黄金首饰加工商是以借贷的方式获得所需黄金。从而把获得生产原料和筹集生产资金融为一体，一箭双雕。假设有一个首饰加工商需用 100 千克黄金，现在每克金价 233 元，100 千克黄金价值 233 万元，也就相当于生产商向黄金供应方借贷了 233 万元资金，根据合同规定支付利息。生产商获得黄金用于首饰加工后，根据销售情况，本着高来高走的原则相应从市场上补足因销售减少的黄金，永远保持 100 千克的周转黄金，合约结束时生产商将所借黄金归还给贷金方。这样首饰生产商便把价格变化莫测而产生的价格风险转移到市场上，由黄金的贷出方承担，但因此，贷出方也获得了相应的利息。

国际上，因大部分首饰及制品生产商都是借金，而不是买金，所以黄金借贷与货币借贷一样成为一些商业银行的贷款业务，首饰及制品生产商向其借金，而不是借钱，但像借钱一样付息。对黄金首饰及制品商来说借金可以规避掉金价变化而带来的风险，专心于产品的设计及工艺改进和市场拓展，通过产品的不断增值，而不是金价的上涨实现企业的利润目标，而对于银行来说，黄金是一种金融资产，通过其流转而不是交割来获得收益，这是一个双赢的方案。

近年来，我国黄金租赁市场得到了快速发展，商业银行租赁黄金量超过3000吨，成交额超过了3000亿人民币。2014年较2013年租赁量增长达44.64%，达到了1180.97吨，成交额增长了29.44%，达3438.19亿元，创近十年的历史纪录（见表4–1）。

表4–1　　我国商业银行黄金租赁量及交易额表

项目＼年份	2008	2009	2010	2011	2012	2013	2014
黄金租赁量（吨）	73.99	91.29	155.80	301.30	465.01	947.65	1370.69
比上年环比（±%）	123.47	23.38	70.66	93.39	54.43	103.29	44.64
交易额（亿元）	141.50	162.06	413.25	970.55	1583.70	2656.29	3438.19
比上年环比（±%）	150.89	14.53	155.00	134.86	63.18	67.38	29.44

资料来源：《中国黄金市场报告》

这一市场的意义，不仅为市场黄金产品加工企业规避市场风险提供了保障，而且是场外衍生品交易头寸的提供者，也是发展银行间及银行柜台交易市场的必备条件。但我国一些加工企业不是采取回避战略，而是积极参与黄金买卖，有的企业还为此成立了专业性公司。我国黄金市场的开放的确为企业的发展提供了新发展机遇和新的盈利领域，因此不少黄金制品企业进入黄金流通业寻找发展机遇，创办黄金交易企业并不为过，但是从规避价格风险的角度看：一是一些企业在进入黄金流通领域后，没有建立相应的规避价格风险机制，而且存在着过度投机，结果不仅没有带来发展的成果，反而产生了大量的经济损失。二是一些企业的黄金交易业务与原来的业务之间没有建立“防火墙”，企业领导成了交易的操盘手，大量精力转移，而影响了原来业务的发展，甚至是拖累或荒废了主业，这是需要商榷和三思的。

锁定策略

锁定策略即将价格锁定在某一个价位上，从而规避合同期内未来价格波动而产生的市场风险的策略，黄金生产者可以采用这种策略。黄金生产者进入市场的目的是卖出自己的产品，规避价格风险是保证安全回收投资并获得一定盈利，所以只要能在一个适当价位上完成交易就可实现上述目标。故可以在即期交易的一个适当价位上使用提前销售合约锁定这个价位，从而实现规避合同期内未来可能出现金价下跌的风险，但相应也丧失了未来金价可能上涨的机会效益。

提前销售合约与期货合约不同，虽然都是远期合约，有些人往往把这两个不同的交易标的混淆起来：

提前销售合约是一种场外非标准合约，期货合约是一种标准化场内交易合约。

提前销售合约是一种实金交易合约，有一个实金的交割过程，而期货合约是一种契约交易，主要是一个资金的流动过程。

提前销售合约主要是黄金生产者使用锁定金价，而期货合约主要是投资者使用作为金融投资标的。

提前销售合约是在银行间及银行柜台交易市场，通过一对一地谈判签约，而期货合约是在商品期货市场中以撮合的方式交易。

提前销售合约不需每日结算，而期货合约每日计算盈亏，提前销售合约具有成本低、保密性好的优点。

提前销售合约分卖出远期合约和买入远期合约，对其具体的运作情况简介如下：

- 卖出远期合约

如果现货交易的即期价格达到了某一价位，黄金投资者认为可以满足自己确定的市场目标，但又担心今后市价可能会下跌，对己不利，要化解这种可能出现的市场风险，就可以选择使用远期合约卖出自己未来生产的黄金，因为远期合约是在即期交易价格的基础上确定的，所以不论今后价格如何变化，都按合约规定的价格成交，锁定了价格便规避了价格风险。卖出远期合约的运作如图4–5所示：

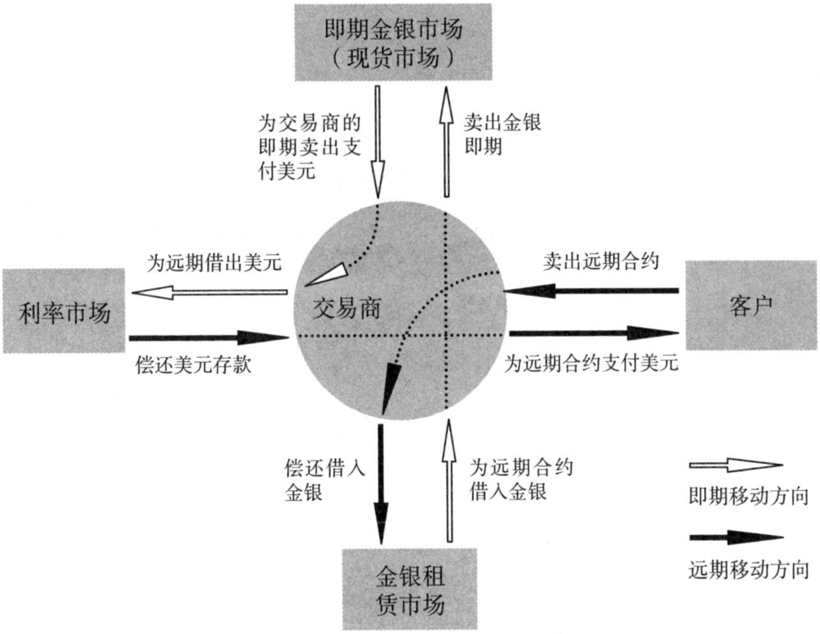

图4–5　客户卖出金银远期合约

使用远期合约卖出黄金的操作步骤是：

（1）交易商与客户鉴定卖出远期合约后，立即从黄金租赁市场中借出合约规定的数量实物黄金。

（2）将租赁市场上，借出的黄金在现货即期市场以现货价格卖出。

（3）将在现货即期市场上，卖出黄金所得货币存入银行以获得利息。

（4）合约到期，客户按照合约规定将黄金交给交易商，履行合约。

（5）交易商将客户黄金，归还租赁市场，并支付完租借利息。

（6）交易商将存入银行的资金及利息取出，支付客户的货款。客户的货款中应扣除黄金租借利率。至此，卖出远期合约执行完毕。

因此可见，卖出远期合约有以下特点：

（1）可以在即期价格的基础上，锁定合约交易价格。

（2）因为货币借贷利率一般都高于黄金借贷利率，因而卖出远期合约可以有一定的远期升水，实际合约价要高于当时的即期价格。

（3）远期合约的价格是锁定的，并已将合约规定的黄金在即期市场上卖出，已与未来的价格波动无关，与期货合约追加保证金和每日结算相比，风险要少，成本要低。

（4）远期合约是一种场外交易产品，合约要素可以交易双方商定，比场内交易的标准化期货合约更灵活，所以这是黄金生产商广泛使用的交易合约，而标准期货合约主要是投资者、投机者使用的合约。

- 买入远期合约

如果认为即期交易价偏低，未来可能上扬，而不利于今后的经营，就可以使用买入远期合约，在现货价格的基础上锁定未来的成交价（如图 4-6 所示）。

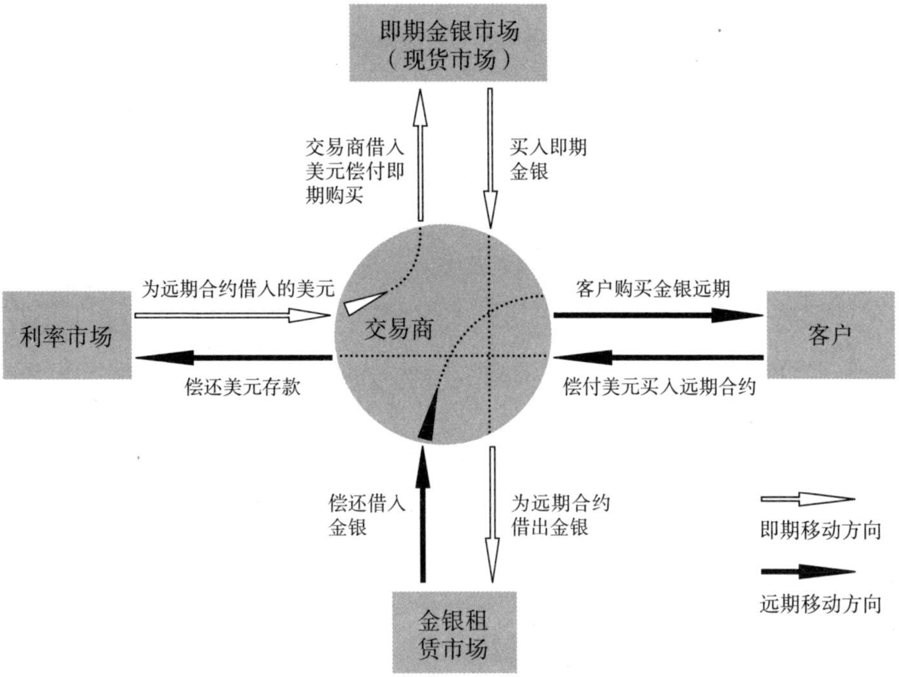

图 4–6　客户买入金银远期合约

客户买入远期合约的操作步骤：

（1）交易商与客户签订买入远期合约后，交易商即根据合约，从金融机构贷出相应的货币。

（2）用贷款从现货市场中买入合约所规定数量的黄金。

（3）将买入的黄金放入租赁市场用于借贷，收取借金利息。

（4）合约到期，客户按照合约规定的数额资金交付交易商，交易商归还贷款，并支付全部贷款利息。

（5）交易商将租赁市场上的黄金收回，交付给客户，客户交付的贷款应扣除黄金借贷的利息，买入远期合约执行完毕。

由于贷款利率高于贷金利率，贷金利息收入不足以与抵消贷款利率的支出，两者的差要计入金价，所买入远期合约金价一定高于卖出远期合约金价。黄金使用者、消费者可以使用买入远期合约。

远期合约是场外黄金交易市场上的最基础的合约，资金利率，黄金借贷利率、价格、交易日期都完全固定的远期合约是单纯的远期合约，交易双方还可以商定某些要素变动的远期合约，如资金利率可随实际变化而变化，或取一年平均值，交割日期可以递延等。在单纯远期合约的基础已经衍生出近二十种远期合约，远期合约是当今国际黄金市场上的重要的交易品种。

我国黄金远期合约从 2005 年开始试水，中国银行与紫金矿业签署了大约三吨左右的提前销售合约，之后交易持续扩大。2014 年商业银行远期交易达 601.3 吨。这是一种场外商业银行黄金业务，主要是黄金矿山锁定远期价格，故黄金提前销售合约有一个被交易双方熟习认可的过程。2014 年黄金提前销售交易量已超过我国黄金矿产金产量，表明黄金提前销售合约已被社会更广泛地认识（见表 4-2）。

表 4-2　　黄金提前销售合约交易量变化图

年份	2008	2009	2010	2011	2012	2013	2014
交易量（吨）	178.83	50.41	81.15	128.19	420.66	317.80	601.30
环比（±%）	180.56	−71.81	60.10	57.91	228.15	−24.45	89.2

资料来源：《中国黄金市场报告》

博弈策略

对于到黄金市场上“淘金”的机构、基金、投资者来说，他们既不能采用回避策略，也不能采用锁定策略。因为他们是市场价格波动中的“火中取栗者”，对于他们来说价格波动不仅是风险，更是机遇，如果回避了价格波动，锁定了价格，也就丧失了他们的盈利机遇。他们只能直面市场价格风险，与之搏斗，在搏斗中寻找盈利的机遇。所以，在很多的时候他们还是市场价格波动的主要推动者，甚至会在市场中兴风作浪，大有“唯恐天下不乱”之势，这就是博弈策略。

执行博弈策略意味着承受更大的市场价格风险，而且承受市场风险是他们盈利的途径，他们是市场上的“弄潮儿”，可以傲立“潮头”，风光无限，但顷刻间又会跌入谷底，甚至葬身海底。作为一种面对巨大风险的自我保护和风险规避的行为就是反应灵敏，行动迅速：有机可乘，便迅速入市；一有变化便迅速撤离，再等待新的时机。这些投资者比黄金生产者在市场中有更大的灵活性，我们把他们称为投机者。当今黄金价格走势是机构、基金、投资者主导的，投机性使价格波动的风险性在增长，这是我们必须面对的一个市场现实。

博弈策略是一个主动进攻的策略，因此要求策略的执行者必须要有足够强的能量，包括资金、人才、网络、信息等方面。在国际黄金市场上敢于主动进攻挑起事端的都是拥数百亿、上千亿美元的“金融大鳄”。一旦发现目标他们就必定倾其所有，决一死战，因而这种博弈往往会演变成一次豪赌，就看谁能坚持到最后，胜者可以获得巨额回报，因此，对于他们来说，在许多情况下，冒险是最好的规避风险。当然，一旦失败，损失便是惨重的。在2005年前后我们的身边就不断地发生着这样的失败者故事，不乏看到中国的身影。在此存照，不要忘记我们付出的“学费”。

国储局刘其兵国际铜期货市场事件：2005年国储局期货操盘手刘其兵在铜期货市场大量做空头投机，与市场多头博弈，多头拉高铜价。刘莫兵以加大做空下压铜价，最终持有空头合约远远大于国储局的承受力。在国内市场抛售20万吨国家储备铜仍不能抵挡多头的攻势，铜价仍一路高涨，最后只得以亏损数亿元平仓了结这次市场博弈。在这次零合游戏中，一些国际“金融大鳄”们由此大捞了一把。

中航油陈久霖国际石油期货市场事件：2004年我国在新加坡的上市公司中航油，在国际石油期资市场投机做空，初期交易量仅有200万桶，但在多头博弈下交易量达到5200万桶，油价仍居高不下，亏损日增，最终因博弈资金枯竭被逼平仓，损失3.8亿多美元，约31亿多元人民币，最终公司倒闭重组。其总裁陈久霖银铛入狱。据分析，中航油惨败是盘口曝光而遭市场大户联手做多的围攻，以中航油倒闭为代价，这些联手做多的大户获得了丰厚的经济回报。

英国巴林银行倒闭事件：巴林银行是一个百年历史的银行巨子，19世纪曾富可敌国。1818年法国不得不向银行举债来偿还战争欠款时，路易十八的首辅大臣感叹道：“在欧洲有六大强权：英格兰、法兰西、普鲁士、奥地利、沙皇俄国，以及巴林兄弟银行。”这个如此了得的金融巨子却在20世纪90年代的一次投资博弈中“败家”，1995年因博弈失败而仅以1英镑象征性价格被荷兰国际集团收购。

在市场波涛的风口浪尖上博弈的投资者承受巨大的风险压力，他们的巨大付出是为了获得丰厚的回报，因而他们在市场中博弈“弄潮”，绝不是“盲人骑瞎马”，鲁莽地自杀，更需要规避风险，但不是一走了之，一定了之。而是需要更加着重于自身的“体魄”建设，也就是“打铁本身先要硬”。要求这些投资者无论是自身经济实力，还是内部的风险控制能力都要有超常的市场优势，才能具备市场博弈的能力与资格，要求是非常高的。

形成有力的市场信息收集与处理系统，及时掌握市场变化，从而提高应变能力。

掌握科学的信息处理与分析方法，组成强大的专家队伍，提高把握市场机遇的准确性和及时性，他们往往是聘请当代顶级的经济学家领衔担纲。

建立止损机制和资金流保障机制，禁止失去理智地豪赌与过分投机。从目前案例可见，许多失败的投资机构问题都是出在这些方面：或者是控制失控；或者是资金链断裂。

采取多种交易工具，及时调整投资策略和合约头寸。综合使用多种交易工具形成风险防范机制，如现货与期货合约对冲，即期与递延合约组合，不同产品的互换等，这既是一种获利的手段，也是分散和转移风险的手段。当今，黄金交易产品层出不穷，越来越多，但都是围绕着避险这个主题展开的。为此，每一个投资机构不仅仅有操盘和项目拓展部门，还设有庞大的研究部门，专门研究新工具和新策略。

最重要的规避市场风险的途径是要做大做强，形成市场上的竞争优势。有了压倒对手的实力，在实力较量中就有了更大的获胜把握，也就有了更大的安全性，所以我们可以看到投资机构规模越来越大，拥有的资金越来越多，而机构数量却在减少。也正是这样的一种趋势促使当今投资机构兼并重组步伐加快。

博弈在市场风口浪尖，甚至还会兴风作浪的机构（基金）投资者往往在市场中处于优势地位，但也面临最大的风险压力，因此，为了规避市场风险都要投入大量的时间和金钱进行前期的防范和过程控制工作，这方面的投入占有很大比例的成本份额。

套利策略

套利策略与博弈策略有所不同，博弈策略是正面进攻，凭借自己所占据的市场优势地位，在多空博弈中压倒竞争者，使市场趋势变化向有利于自己的方向发展，甚至是主动挑起战火，制造事端。而套利策略则是静观市场变化，发现机会时才有行动，也被称为无风险盈利。但是，要做到这一点并不容易。而需要有比别人更为广阔的视野和更为灵敏的嗅觉。是需要对多个市场而不是一个市场的把握能力。

金融市场是由多个市场组成的，各市场因各自的具体情况不同发展趋势会出现差异，即使发展趋势相同，在某一个时间点上彼此也会不同步，因而就为跨市套利提供了机会。如在 2005 年以后人民币遇到了强大的升值压力，升值前景明显，而港币则出现了贬值趋势，因而不少投资者就进行跨人民币和港币两个市场的套利活动。在黄金市场上同样有跨市套利的机会和可能。

我国因实金需要旺盛，受供求关系对金价的影响而出现了人民币金价溢，最大时人民币金价比美元金价每克高十元多，多数情况是 2 元左右，这就出现了国内黄金市场与国际黄金市场跨市套利的机会，这是实实在在摆在人们面前的盈利机会，因而进口黄金业务活跃起来。以每克溢价 2 元计算，每吨溢价 200 万元，2013 年、2014 年进口黄金分别为 1506.5 吨和 1294 吨，这意味着是两个盈利为 301 亿和 256 亿左右的无风险盈利机会，但是，这个机会并不是利益均沾。

在黄金市场中存在着许多套利机会，但获得这些机会是有条件的，首先你要能发现机会而需有跨市场眼光，这又需要更坚实的理论和专业素质作支撑，甚至需要组建专业团队，进行全球性研究和扫描。另外，发现的机遇也不一定可以享有，如人民币金价有溢价已是公开的秘密，但国内外银行是主要获利者，因为只有他们有足够的资金和供需渠道，因而机构投资者拥有更多的跨市套利的优势。

增加投资者跨市套利的机会应是我国黄金市场发展的一个重要原则。黄金是全球 24 小时不间断的交易，上海黄金交易所和上海期货交易所相继推出夜市交易，就是要与国际上各黄金市场实现更多的衔接，为投资者发现和把握境内外市场跨市套利的机会创造机制上的条件。这给我们的启示是各市场的互通是黄金市场发展的一个重要问题。因而黄金现货合约与远期合约的互换、标准化黄金合约和非标准化合约的互换、人民币黄金合约与美元黄金合约互换制度设计和品种设计都是应积极推进的。

跨市套利需要提高投资者自身素质，同时也必须加强制度保障，推进产品创新。因而要求我国黄金市场发展要从部门分割，单打独斗转为互联互通，服务提升上来，这是我国黄金市场发展理念上的提升和黄金市场新水平的标志，因为跨市套利需建立相互便捷的通道，而各市场的融合是建立便捷通道的途径，首先我国黄金市场的国际化已迈开了国内外黄金投资者融合的第一步。

2014 年 9 月 18 日上海黄金交易所在上海自贸区推出了上海黄金交易所国际版，标志中国黄金市场向境外投资者的开放迈出了更大的一步。国际版向国外投资者推出了三个黄金人民币合约，并开始启动人民币金价形成机制和国际实金交割标准制定的前期工作。现已有四十家国际会员。商业银行则是“走出去”，实现中国黄金市场与国际黄金市场融合的先驱，“走出去”已是我国商业银行黄金业务发展的重要推手。商业银行已经是我国黄金进口业务的主体。2014 年有十五家银行获得黄金进口权；境外市场交易量突破万吨，达到了

1.0386 万吨，比 2013 年增加了 38.7%。由于商业银行黄金交易平台具有场内场外市场拉通，即期交易市场与远期交易市场拉通、境内市场与境外市场拉通的最大融合性，因而商业银行是当今黄金跨市套利的最大收获者，跨市套利是他们重要的黄金业务盈利模式。

搭车策略

对于个人投资者来说，他们与机构（基金）投资者一样，是从金价波动中寻找盈利的机会，但他们人单力薄，没有与机构（基金）博弈的能力，更没有在市场中兴风作浪的本钱，如果让他们在市场中采取博弈策略就等于去找死，随波逐流。“从众”策略也不是最佳之道，这已为市场的现实所证实。但是，个人投资者也不一定必然是金融大鳄们吃掉的食物，成为市场发展的牺牲品，前提是要有正确的投资策略，之所以不少个人投资者败下阵是由于投资策略错误。

个人黄金投资者应采取搭车策略，即跟随市场中的大做市商，借势而动的策略。个人投资者应跟“人”而不从众，但为什么个人投资者可以“搭车”，可以“借势”呢？我们从“智猪博弈模型”谈起。

这是博弈论中的一个故事：在一个很长的笼子里养了一头大猪和一头小猪，笼子的一头是饲料出口和食槽，但控制饲料出口的踏板在另一头。每踏一下踏板另一头就会落下一些食物，如果我们做个定量分析：

- 踏一下踏板会有 10 个单位的饲料流入食槽，踏完踏板后跑到食槽处需消耗 2 个单位的饲料；
- 如果两只猪都去踏踏板，再跑回来吃食，大猪吃到 7 个单位，小猪 3 个单位，各自减去 2 个单位的劳动消耗，那么大猪净得 5 个单位，小猪 1 个单位；

- 如果大猪踏踏板，再回来吃食，可以吃到六个单位，除去劳动消耗净得 4 个单位，小猪只等着吃食也吃到 4 个单位；
- 如果小猪踏踏板，大猪等着吃食，那么大猪可吃到 9 个单位，小猪仅吃到 1 个单位，减去劳动消耗为亏了 1 个单位；
- 如果两只猪谁也不去踏踏板，结果谁也吃不到饲料。

以上结果如图 4–7 所示：

		小猪	
		踏	等
大猪	踏	5, 1	4, 4
	等	9, –1	0, 0

图 4–7　智猪博弈模型分析图示

从上图我们可以得到一个有趣的结果，小猪不动，等待中得到的收益最大，如果大猪不动，等待中却什么也得不到，所以，大猪只能不停地去踏踏板。小猪如选择搭车策略是最佳的策略选择。在这里大猪虽具有比较优势，但小猪选择了搭车策略，大猪不仅占不到便宜，还不得不辛苦劳动，而小猪却能舒服地坐享其成。

这个智猪博弈的故事也可以在黄金投资市场中得到演绎，成为我国个人投资者的选择，但是，现在有几个问题：

首先是如何找到“大猪”？搭车策略首先需要明确搭谁的车，因为市场上的交易者很多，如果找不到“大猪”，搭车策略便成了无的放矢。我国黄金市场中可以称为“大猪”者当数入市的几大商业银行。尤其是中国银行。但是，我国人民币金价是随国际美元金价变化的，主要的驱动力来自国际市场。如从国际市场的角度看，我国黄金市场中还没有可以对国际金价变化产生影响力的“大猪”，目前只能在国际市场上去选择。

对于多数投资者来说，对国际黄金市场是不熟悉，不了解的。要求他们到国际黄金市场上去选择“大猪”是有困难的，但是，我们已经了解到一些机构已经这样做了。他们下单基本上不是根据国内一些专家们的道听途说，而是密切地跟踪国际黄金市场上大做市商持有的空多合约变化和这些大做市商的市场动作，以跟“人”不从“众”的原则操作，从而提高了盈利，避免了因为从众而发生的操作失误。

其次是如何发现“猪笼”？“大猪”之所以不得不心甘情愿地让“小猪”搭车，关键在于猪笼的设计。“大猪”为了寻找博弈的对象和制定博弈方案，要投入大量前期调研和准备的人力、物力。不论拉高，还是下压金价都需要控盘操作而要投入大量的资金，所以他们就必须把金价拉到足够高，或足够低，否则他们就会遭受很大损失。因而他们一旦行动就不会轻易罢手，“大猪”也就为自己打造了一个“猪笼”。“小猪”只要发现这样的“猪笼”就可以大胆地闯进去，享受“大猪”的劳动成果。但是，“大猪”做“笼”也是要尽量保密，力求在“人不知，鬼不觉”的情况下完成，以免被对方察觉而遭到反击。这样就会增加博弈成本，所以发现市场上的“猪笼”也不是轻而易举的事。

再次是如何确定“出笼”与“入笼”的时机？“大猪”“筑笼”并不是目的，更不是为了让“小猪”搭车，而是为了获得更多的利益。因而他们也会牺牲搭车的“小猪”，换得更大的收获。如改变游戏规则，把踏板改在食槽一边，“大猪”就可能独吞饲料，还等待的“小猪”就只有死路一条了。在市场中，这种情况很多，如散布虚假信息，让散户投资者跟进，其实他们已准备平仓转身撤离。这样使广大散户成为托市的牺牲品。我们很怀疑今年5月份732美元高价位之后的高调唱涨很可能是虚假信息。对于“小猪”来说，搭车并不是盲目跟进，不妨等待一下，先了解了“大猪”的真实意图后再跟进。这才是“小猪”最佳的“入笼”或“出笼”的时机。以上述为例，“小猪”在732美元最高价位上平仓的机遇难以抓到，但把握住真正走势后，在720美元、700美元的价位上卖出，也可以得到不错的收益。不妨让“大猪”们先去表现，小猪等到有把握时再下手，也不失为“小猪”的取利之道。

个人投资者的个体实力而言是市场中的弱者，但采取正确策略仍然可以在市场中分得一杯羹，也有其生存空间，并非只有死路一条，但是毕竟会受到多方面的限制，除经济力量不足外，还有个人的素质修养、信息收集处理能力、时间等方面限制因素。所以，许多市场成熟的国家，都有许多吸纳个人投资者资金的基金，个人投资者委托这些基金去从事市场投资的具体操作。

黄金困惑之五

黄金优惠税制合理吗？

——“黄金税收洼地”的国家价值

从1957年国家对黄金生产与流通实行优惠减免税制之始，至今已延续半个世纪之久，在计划经济体制中这一政策被视为理所当然，无人质疑，然而黄金市场化改革的推进打破了平静，对此质疑声不断。所以，1994年我国税制改革，商品流转税由产品税变为增值税，黄金增值税是征收还是免征便成了一个争议性问题，虽至今仍悬而未决，但免征黄金增值税政策从1994年至今已延续了二十二年。2008年开征增值税甚至已是“临门一脚”，但最终奇迹仍没有发生，一切如故。为什么黄金优惠减免税制有如此顽强的生命力，这一特殊税制的存在合理吗？显然，这是需要上升到理论层面并给予厘清和回答的。

从 20 世纪 50 年代后期开始，国家便对黄金生产施行税收优惠政策，并成为一种惯例，每次税种变化黄金生产企业都享受税收减免优惠，而无任何异议，但决定从计划经济体制转向全面市场化发展环境以后，人们对这一政策的合理性和正当性提出了质疑，并不断地以各种方式提出调整要求，其理由是要实现税赋公平。因至今对黄金税制制定原则仍存在歧见，因而黄金税制一直存在许多不确定性。质疑和争论有种种理由，然而我们的质疑忽略了任何税制的制定都是国家发展战略的要求，是实现国家战略的手段，黄金企业虽是优惠税制的获益者，但最大的利益诉求者是国家，而不是企业，税制设立的最高原则是国家战略，政府是税制决策者，而企业仅是执行者，在话语权上并不处于同一位置，因而对税制的讨论首先要有国家战略的视野。

在任何时候所谓公平都是相对的，无论是在计划经济的环境中，还是市场经济环境中都有税收优惠或加重课税的情况，其选择取决于国家的战略目标。从这个意义上讲，黄金的社会战略地位是黄金税制设计的依据，并决定了市场公平的内涵，而对黄金社会战略地位的误解就会产生对黄金税制的误读。

— 01 —
黄金优惠税制的由来

对黄金产业施行优惠税制在我国是一个长期存在，但并不是天生具有的，而是国家基于战略目标的实现而后天赋予的。1949 年新中国诞生百废待兴，黄金生产并没有被置于优先发展的地位而被冷落，处于萎缩状态，所以也没有税收优惠待遇。

长期存在的黄金优惠税制

在 20 世纪 50 年代后期国家基于要解决外汇短缺的现实而开始重视黄金生产，于 1957 年 8 月国务院下发了《关于大力组织群众生产黄金的指示》，要求各省、自治区必须把黄金生产作为一项重要的生产事业来领导，要按期完成黄金生产任务。从此之后，国务院采取了一系列的组织与经济的措施，以保证黄金增产目标的落实。

这些措施可分为两大类：一类是属于加强国家对黄金工业的行政性推动力，如各级政府层层建立黄金工作领导小组；不断推进各产金区行业管理机构的建立；把黄金生产列入国家计划，作为对各级政府的考核内容；国家投入组建专业黄金勘探队伍等。另一类是经济性的措施，如进行物质奖励、价外补贴、外汇留成等。税收减免优惠是当时黄金经济政策中的一项重要内容，因而实行黄金优惠特殊政策首先是实现国家战略目标的需要，是国家的选择。

由于增加黄金产量这个战略目标的长期存在，国家曾先后持续地对黄金生产实行以下税收优惠项目：

1957 年暂时停征 5% 的货物税。货物税是当时普遍征收的税种，因而对黄金免征是一种特殊的优惠性待遇，开黄金税收优惠政策之先河。

1984 年免征建筑税。当时为控制投资过热，而设立了建筑税，对基建项目建设征税，为了支持黄金工业的发展而网开一面，对于黄金生产性建筑免征建筑税，体现了国家产业政策取向，鼓励增加对黄金工业的投资。

之后流转税由货物税改为所得税，1985 年国家为了加强能源交通重点项目建设，又设立了能源交通重点建设基金。同年，国务院下发 106 号通知，规定："黄金生产发展基金均免交所得税和能源交通重点建设基金。"并分别于 1987 年、1988 年、1990 和 1993 年下文对免交所得税政策，根据情况变化又做了进一步明确规定。

1986 年，国务院 11 号文件："《国务院关于加快发展黄金生产的决定》确定，要进一步搞活黄金企业，增强其自我改造的能力。对金矿产品（含伴生金），继续免征产品税。" 这就为 1994 年商品流通税由产品税改为增值税，黄金企业要求免征黄金增值税政策埋下了伏笔。

从 20 世纪 50 年代后期到 90 年代初的三十多年的时间里，每一次出台的新税种，黄金企业都可以得到特殊优惠待遇，并且被社会上下认为是合理之举，没有任何疑义。原因是国家基于对外汇的急迫需要而大力发展黄金生产，对黄金生产施行优惠倾斜政策是完成这一战略任务的一部分，因而黄金优惠税制的存在具有法理上的正当性，被视为是理所当然的。

对黄金优惠税制的误读

为什么会有黄金税收优惠呢?

1949年新中国成立，实行了政治上“一边倒”的政策，因而作为社会主义阵营的一部分而受到西方资本主义国家的经济封锁，外贸主要是在社会主义国家，尤其是与苏联进行：或是无偿援助，或是易货贸易，所以外汇需求很少。但后来随着政治形势的变化，我国与西方国家贸易扩大，外汇需求增长，而我国当时创汇能力很低，外汇储备也很少。在改革开放之前的三十年间，多数年份的外汇储备仅有数十亿美元，最低年份现汇不足两亿美元。外汇严重不足，所以，20世纪60年代初，党和国家领导人开始把黄金生产提高到了国家生存发展的战略高度，因而有必要使用税收优惠政策刺激黄金生产，而又因完成这一战略任务的长期性而使黄金优惠制也长期存在，并被社会所认可，直到20世纪90年代初情况才出现了变化。

另一方面，当时黄金生产规模的扩大任务具有很大的紧迫性而准备不足，尤其是资源赋存情况不清，不具备立即组织大规模机械化生产的条件，只能发动群众根据前人们的历史遗存开展小规模生产。因为，项目规模小而难以列入国家预算项目获得国家拨款，而资金的短缺又影响了黄金的扩大再生产。为解决扩大黄金生产的资金问题，1979年国务院决定建立“黄金生产发展基金”，即从黄金价格中提取一部分由行业自己集中用于黄金项目投资和行业管理经费。因为生产发展基金的资金来源于价格，所以又称之为以金养金政策，被俗称为“猪八戒啃猪蹄——自己啃自己”。

“黄金生产发展基金”的建立解决了黄金项目建设的资金方面的燃眉之急，

但也对黄金生产者经济利益有损害。据推算，从1979年到1998年的二十年间黄金生产者因此减少了82.56亿元的价格收入，这有悖于国家激励增加黄金生产的政策取向，所以，国家又在其他方面实施了激励政策，其中税收优惠政策是一个重要的方面，因而这也可视为对黄金企业价格损失的经济补偿，而因此认为黄金优惠税制也是体现了税赋公平原则的。

由于这一资金筹集机制的运行是在黄金统收统配的计划管制体制中进行的，因此也形成了一个传统的观念，即把黄金特殊优惠税制视为计划经济的产物，其存在是以计划经济体制的存在为前提的。“皮之不存，毛将焉附？”如存在的前提没有了，黄金特殊优惠税制也就失去了存在的合理性，而这一理念成为了之后推进市场化黄金税制改革的主流思路，而左右了人们对黄金税制改革目标的取舍。正是这一认识理念产生了对市场经济条件下的黄金优惠税制的误读，又产生了本文在理论上要厘清的主题。

取消黄金税制优惠与金价并轨改革

20世纪90年代初我国推进黄金市场化改革目标确定，从本质上讲这是国家黄金战略定位的一次调整，即黄金社会功能定位由外汇变为商品，故黄金商品论成为当时改革的指导理论。黄金社会功能定位调整是因为经过了十多年的改革开放，中国对外的大门逐步打开，国家外汇收入的来源日益扩大，外汇储备增加，黄金在国家外汇储备中的比重由主体部分变为了从属部分，其重要性有所下降，所以国家才有可能决定逐步放开黄金管制，让黄金走向市场。而根据传统思维黄金特殊优惠政策既然是计划经济的特有产物，因而也应随黄金市场化的推进而取消，这是黄金社会功能从外汇向商品转变的这一战略定位调整的直接产物，然而以商品论作为黄金市场化改革的指导理论是对改革认识的误读，所以随着对黄金市场化认识的深化，也影响了原定黄金税制改革的进程。

1993 年确定了黄金市场化改革方向。黄金市场化改革启动的大背景是我国经济市场化改革目标的确立：1992 年党的十四大确定了社会主义市场经济体制的改革目标，而引起了被称之为计划经济最后一个堡垒的黄金行业对自身管理体制改革的思考。另外，从当时的现实看是国家行政性定价，当时国内黄金收购价每克仅 48 元，而地下市场已超过了 90 元，而那时已成为自负盈亏的商品生产者的黄金企业，具有了维护自身利益的内动力。因而，在追逐企业利润的驱动下出现了一个黄金私卖潮，即大量黄金走向了民营市场，不再交售给中国人民银行，因此，黄金统收专营管理体制受到了严重冲击。

为了应对黄金私卖的挑战，稳住黄金统收统配管理体系，1993 年国务院下发的 63 号函明确了黄金市场化改革方向的同时，采取了国内金价与国际金价接轨的实际推动步骤，从 1993 年 9 月 1 日起将人民币金价一次增长了七成多，由每克 54.56 元，上调到 96 元，与国际金价相当。而按照当时黄金市场化改革的主流思路，实现黄金价格市场化管理的同时也应取消当时所实行的政策性补贴，低息贷款和免税等对黄金企业的优惠政策。

对于这样的改革原则，因金价一次上涨七成多，黄金生产者获得的经济利益远远超过了失去的利益；而对中国人民银行来说，通过价格改革，可以使黄金统收统配管理体制得以维持，而这是国家当时最大利益所在。所以，得到了当时博弈双方生产者与经营者的一致认可，对于取消黄金特殊优惠税制也无异议，取消黄金税收优惠税制被列入了改革日程。

— 02 —

黄金特殊税制成为过渡性安排

这个已被统一认可的黄金税制改革原则，但在落实的过程中曲折颇多，使黄金特殊税制一再延续，最终成了一个长期悬而未决的问题。

黄金增值税第一次免征

1994 年我国税制改革，商品流转税由产品税改为增值税。按照 1993 年 63 号函确定的改革原则应取消黄金企业的特殊优惠税制，所以黄金企业也应缴纳黄金增值税，但黄金生产企业提出要求继续免征黄金增值税，主要的理由是当时国内黄金价格尚未与国际金价完全接轨，而且统收统配体制也没有变化，也就是认为当时黄金优惠制取消的条件还未具备。

1993 年国务院虽明确了黄金市场化改革方向，黄金管制的解除和金价形成的市场化都是这一改革的内容，但 1994 年的现实是黄金管制体制依旧，黄金产品仍然是统收统配管理，金价形成机制仍是国家行政定价的固定价格，并且为了保证管理体制过渡期的行业管理经费供给，当时还规定保留国内金价与国际金价存在 10% 的价差，作为每年行业经费的来源。因而，黄金生产企业认为在这种情况下应维持对黄金生产的经济优惠政策不变，而应免征黄金增值税，这一要求后来得到国家决策层的认可。

1993 年本来就要结束的黄金经济优惠政策，因此得以延续，很快 1994 年 4 月国家税务总局便下达了通知，对黄金生产环节免征增值税，执行时间到 1995

年底（“八五”末）。该通知特别指出，这一政策是对黄金矿山和冶炼厂的照顾。所以，1994 年免征黄金生产环节增值税仅是一个临时性安排，无论是决策层，还是黄金企业都十分清楚这一点，因此，黄金行业并没有因国家税务总局该通知的下发而放松争取税收优惠的努力。

黄金增值税政策第二次延期

1995 年底新华社记者到山东招远市采访后，向国家高层提交了一篇有关黄金工业发展的“内参”，引起了当时的朱镕基总理的重视，做了“黄金工业应予以支持”的批示，作为对这一批示的具体落实，国务院于 1996 年 2 月下发了《关于黄金经济政策有关问题的复函》，即国办〔1996〕16 号函。该复函对当时黄金工业发展所面临的几个实际问题的解决原则做了明确规定。这几个主要问题分别是勘探基金问题、投资渠道问题、管理经费问题及增值税和产地加工问题，其中对黄金增值税问题国务院 16 号函明确：“在国内黄金收购价与国际市场黄金价格并轨前，继续免征黄金生产环节的增值税，配售环节的增值税即征即退。”因此，免征黄金增值税特殊税制又再次得以延续到“九五”，但仍是一种临时性的过渡制度安排。

1994 年免征黄金生产环节的增值税，明确是对黄金生产企业和冶炼的照顾优惠，为期一年，而 1996 年国务院 16 号复函则为这一税制改革设定的条件是：“国内黄金收购价与国际市场黄金价格并轨前”，这是因为 1993 年虽确定了国内金价与国际金价并轨方向，但并未完全实现，而是扣除了 10% 作为黄金行业管理经费的来源，也就是国内金价只有国际金价的 90%。但是，这一制度安排使国内金价低于国际金价的幅度大大超过了国际黄金走私的诱发点，而使我国出现了日益频繁的向境外走私活动，造成1998年、1999年黄金收购量连续下降，而且出现了日益增多的套利活动，所以实现国内金价与国际金价并轨比人们的预期要早，并没有延续到“九五”末，而是到“九五”的中期，10%的价差就被迫取消了，所以免征黄金增值税的存在条件消失了，因而，尚未到“九五”末关于黄金增值税特殊制问题又提上了议事日程，又成为一个有争论性的问题，这一现状一直维持到上海黄金交易所开业前夕。

黄金增值税免征政策向市场平移

从1999年开始中国人民银行明显地加快了黄金市场的建设步伐，黄金市场的组建工作开始起步，建立黄金市场即意味黄金实现自由交易，金价变为与国际金价同步运动，人为设定的价差不复存在。因而税务部门认为黄金市场开业后黄金交易的流转环节应征收增值税，并为社会广泛认同，所以作为黄金市场化改革的探路者白银实现交易市场化后，便废止了白银流通环节增值税即征即退政策。1999年底上海华通白银市场宣告成立，我国立即在白银生产环节和交易环节都征收了17%的增值税，但这一税制安排对于上海华通白银市场是致命的：因为场内交易要征收17%的增值税，为了逃避征税而造成大量的交易在场外交易，结果场内价格高于场外交易价格，使市场内交易冷淡，市场很快便衰败了，我国白银市场并不成功。

白银市场是作为黄金市场的探路者而起步建设的，白银市场的失败教训对黄金市场的建设与决策者的印象无疑是十分深刻的，白银市场已无力回天，但黄金市场不能重蹈覆辙，因而，人民银行提出了黄金增值税特殊税制向黄金市场平移的要求。并将这一要求作为了黄金市场开业运行的条件。

“万事俱备只欠东风”，从 1999 年黄金市场建设启动到 2001 年底已具备开业的条件，但因为要实现增值税免征政策向市场平移，又大约推后了一年时间到 2002 年 10 月 30 日上海黄金交易所才正式开业。这仅与 2002 年 9 月 12 日财政部、国家税务总局下达的《关于黄金税收政策问题的通知》的文件相差仅 18 天，该通知确定了免征黄金增值税政策向市场平移，规定交易环节的金锭、金砂免征增值税；进口黄金和金砂免征进口环节的增值税。而此时已距决定取消黄金特殊税制的 1993 年国务院 63 号函下发又过去了十年的时间。

黄金交易流通环节的增值税即征即退政策向市场平移后，黄金生产环节免征增值税的政策也得以保留，这是黄金增值税政策从 1994 年以来的第三次延续。该通知的出台实现了黄金优惠税收政策平移市场，表明黄金市场化改革与黄金特殊税制并不相悖，而相反是其必备条件，这个认识实际上是对 1993 年国务院 63 号函确定的改革原则进行了修正。对于黄金特殊税制市场平移的理由，该通知指出是“为了贯彻国务院黄金体制改革决定的要求，规范黄金交易，加强黄金交易的税收管理……”。在这里将黄金特殊税制与规范黄金市场交易相联系是一个认识上的突破，从而找到了黄金市场化与黄金特殊税制的联系纽带。

但这并不意味着问题的彻底解决，原因是每一次黄金增值税的后延都是临时性措施，既然是临时性政策就随时可能变化调整，所以每当黄金市场化改革推进一步之际，就会有要求废止黄金特殊税制的声音出现，使我国黄金增值税制的争论持续了长达二十年的时间，尚未统一认识。

免征增值税政策争议又起

黄金增值税向市场平移的实现避免了上海黄金交易所重蹈上海华通白银市场的覆辙，而到2006年就已发展成了全球最大的场内即期黄金交易所。上海黄金交易所取得成功，税制平移功不可没，而上海黄金交易所的成功不仅使我国黄金交易方式顺利地从统收统配变为自由交易，完成了黄金流通体制市场化的改革，而且为我国黄金金融市场的发展奠定了基础，从而使我国金融市场体系长期存在的一个缺失环节得以完善。但是，这一切并没有完全消除社会对黄金特殊税制合理性的质疑。

2008年初对黄金增税的讨论和争论又起，原因与之前的三次有所不同：

从2002年开始国际黄金市场的价格结束了长期的熊市，而进入了一个金价大幅上升的牛市，此时已持续了七年（黄金牛市到2012年才结束），国际金价由每盎司约270美元，上升到了约900美元，增长了三倍多，国内人民金价也随之由2001年的约每克70元上升到了2008年的每克170.40元，而且升势如虹。金价的上升带来了生产利润的上升，因而有人提出黄金生产已成暴利，不应再免征黄金增值税，这样做不符合税负公平原则。

先有人大代表向全国人民代表大会提案，后有新华社记者内参上报，据说财政部也为此做了专题调研，已初步形成了征收黄金增值税的工作方案，并进入到向有关方面征求意见、打招呼的阶段。征税文案已准备完备只待领导批准，但是认识对立，共识难成，应该征税和不应该征收的意见形成角力。2008年9月王淀佐等四位院士领衔的专家团队上书李克强，反对启征黄金增值税，力主保持现状现行黄金增值税政策不变。最终这次征税推进再次搁浅。

应该承认黄金增值税第四次讨论的环境已与之前有很大的不同，黄金无论管理体制还是价格机制都已市场化，原来设定的免增值税的条件与前提已不存在，黄金牛市也的确在很大程度上改变了黄金生产盈利低下的窘态，而增加了黄金工业不需经济政策倾斜扶持的理由，然而黄金增值税特殊税制之所以必需和合理，并不是基于我们过去种种条件和前提的设定，而是基于黄金社会功能的定位和国家发展战略选择。

现实需要我们反思

1994 年我国税制改革的一个主要的内容就是变产品税为增值税，增值税成了国家主要税种，但从增值税推出之日起黄金增值税制便成了一个争议的话题，而在质疑声中免征黄金增值税政策一次又一次延期，并逐步成了黄金市场化的一部分，表明黄金市场化与黄金特殊税制并不相悖，这个改革现实与改革决策者的初衷存在巨大反差，因而也让更多人反思。

实践是检验真理的唯一标准，预定目标与现实的反差表明我们对黄金增值税制存在认识的误差，因而需要我们加深对黄金增值税制的认识，而把握它的基本特性是我们走出认识误区的重要一步。税收制度具有社会的统一性和执行的普遍性，但面对多样化的大千世界，税收制度一定是根据税收对象的特性而有针对性设计的，所以现存的税收体系不只是一种税种而是多种税种并行。基于不同的追求目标，税制设计不是一种而是多种税制并存，所以存在黄金特殊税制也是市场经济的合理存在，但对此认识尚未统一，而需要进一步统一认识。

— 03 —
增值税：欧洲的舶来品

建立一个与市场化相适应的税收制度是黄金市场化改革的一项重要工作，然而什么是与黄金市场化相适应的税收制度呢？其有两种观点：一种是取消特殊黄金税制，一种是实行特殊黄金税制。而在具体税种上，增值税的征与免又是一个焦点，从我国增值税出台之日起分歧就呈现“剪不断，理还乱”的状态，为此追根溯源让我们从增值税诞生谈起。

增值税的诞生与发展

增值税，对于我国而言，并不是传统特有的税种，而是一个舶来品。增值税，对于自身而言，又是一个不断完善发展的过程，并不是凝固不变的。这两点对于我国黄金增值税制的建设的意义是：前者告诉我们我国黄金增值税作为国际增值税组成的一部分，也应以与国际惯例接轨为推进原则；后者告诉我们增值税的实施必须是具体问题具体分析，从而使增值税的内涵不断丰富。

增值税的概念首先出现是在第一次世界大战后，由美国耶鲁大学教授亚当斯和德国商人西门子博士提出，但起初并没有得到广泛重视认可，一直到三十年后的 1954 年才在法国实行。1968 年法国在此基础上又有发展，而把增值税从工商业批发环节扩大到了零售环节及大部分服务业和初级农产品，成为世界首个全面征收增值税的国家。

近半个世纪以来，增值税制在不断的发展过程中，自身也在不断完善：增值税的实行范围由生产制造和进口环节扩大到了批发、零售及大部分服务环节；税款抵扣项目由原材料扩大到固定资产投资等支出项目；税率实现了由多档次向单一档次的过渡。这些变化表明增值税实行的过程是一个不断遇到矛盾，不断解决矛盾的过程。在对共性问题统一规范解决的同时，对于特殊性的问题又要根据实际情况给予特殊安排。

由于增值税是在多环节征税，有利于国家税收的稳定，因而受到了各国国家的欢迎；增值税在很大程度上又可避免重复性收税，因而也受到了企业的欢迎。所以，在全球引起了一个商品流转税改革潮，有不少国家开始陆续引进实行增值税制，而欧洲地区是其中的典型代表，现在已逐步实现了欧洲全区域多国的增值税统一。

欧洲经济共同体（现有成员 26 个）为了推行增值税制，从 1976 年到 1985 年前后颁发了二十多个法令，协调统一欧洲经济共同体国家增值税制的实施。而统一的增值税制的建立为消除欧共体内各国间在国际贸易上的不平衡，和实现欧共体内部的商品自由流通及经济一体化发挥了重大作用。

欧洲的成功是一种示范，促使其他的一些国家也纷纷效仿实行了增值税制，目前全球商品流转税制基本形成了以美国为首的销售税和消费税相结合模式与以欧洲为首的增值税和消费税结合模式的两大阵营。我国税制改革与欧洲趋同，从 1979 年引进增值税制试点，到 1994 年国家确定商品流转税制改革设计目标为增值税与消费税相结合模式，前后历时十五年。所以与欧洲相比，流转增值税试点起步并不太晚，但全面推进晚了十多年。

我国增值税制的引进

我国1979年开始在湖北襄樊市进行增值税试点，后扩大到上海、柳州、长沙、株洲、青岛、沈阳、西安等城市，在总结试点城市经验的基础上，国务院正式颁布了《中华人民共和国增值税暂行条例》，将机器机械、钢材钢坯、自行车、缝纫机、电风扇及其零件等十二类商品纳入了增值税的征收范围，其他商品仍征产品税。到1994年我国税制改革以前，增值税试点已扩大到商品生产和进口环节的绝大部分产品。

我国增值税的发展经历了十五年的摸索期，到1994年以后才得以加快全面推进，这是因为1992年我国结束了计划经济与市场调节相结合的经济改革时期，提出了建立社会主义市场经济体制的改革目标，因此，加快了税制与国际惯例接轨的进程。与国际惯例接轨也就是与市场经济运行规则接轨，于是就有了1994年我国税制改革，而流转税的改革是这次税制改革的重要内容。

1994年税制的改革主要是扩大征收范围、规范征收制度，主要改革的内容有三项：实行消费税、统一流转税、调整关税。而这次流转税改革的重头戏是流转税由产品税改增值税的改革。1994年税改后我国增值税制在试点的基础上又发生了以下五个方面的变化：

- 在商品生产制造、商业批发与零售环节全部实行了增值税，以增值税主导的流转税体制基本形成。
- 变增值税多税率为单一税率。
- 由价内税变为价外税。
- 出口由按规定退税变为零关税。
- 由法定扣除项目计算扣除额度为法定扣除发票额计算扣除额。

至此，中国商品流转税完成了由产品税主导向增值税主导的转变，也进一步实现了与国际流转税制的接轨。

历史的本源告诉我们，我国增值税源于欧洲，并以与国际增值税制接轨为改革目标，了解了中国增值税的本源，那么我国黄金增值税的设计与监管原则似乎也有了定案，既然我国增值税制源自于欧洲，那么引进欧洲黄金增值税税制与之趋同就是我国黄金增值税设计的应有之义。因而，全面了解欧洲黄金增值税制是正确认识中国黄金增值税设计原则的首要的一步。

— 04 —
欧洲的黄金增值税设计

增值税诞生于欧洲，中国增值税是来自欧洲的舶来品，所以，欧洲的黄金增值税制也为我国黄金增值税制提供了一个可以学习和借鉴的范例。然而，欧洲的黄金增值税制是与一般商品增值税制不同的特殊增值税制，这在欧洲这个税制非常严格的地区是唯一的增值税制特例。

商品流转税家族一览

增值税是商品流转税，而流转税中有多个税种，增值税只是其中的一个，这些不同流转税种的区别是征收的环节和对象特性有别，其中：关税是商品进出口环节征收的流转税；消费税是对特殊商品增加的额外流转税，我国有 11 类商品征收消费税；营业税是对非货物交易流转额的征税；而增值税是对货物交易额增值部分的课税。为了有一个更直观的认识，将上述税种归纳为表 5-1：

表 5–1　　流转税中的各类税种

税种	增值税	营业税	消费税	关税
征收对象	货物交易流转增值部分	非货物交易流转额	部分特定货物交易流转额	进出口货物及物品数量或价值
计税对象	货物交易各环节增值部分计税	以营业收入全额计税	以特定商品的数量或价值计税	按进出口货物数量或价值计税
计税环节	生产、批发、零售、劳务、进出口多环节	收讫营业收入款项或取得款项凭证当日	生产经营起始环节或最终消费环节	进口货入关后出口货出关后
交税时间	按时或按次交税	5、10、15 天或 1 个月	1、3、5、10、15 天或 1 个月	海关填发税款缴纳单次日起 7 天内
纳税人	销售货物或提供加工、修配及进口货物的企业和个人	应税劳务、转让无形资产和销售不动产企业和个人，具体是指运输、建筑、金融、保险、文化娱乐业等	生产、加工、进口应缴消费税商品的企业和个人，具体为 11 类课税产品的生产与营销企业	进口货物的收货人，出口货物的发货人

增值税作为商品流转税的一种，与其他流转税种比较有特定内涵：

一是增值税的征税对象是特定的，是对物的流转的征税；二是增值税征税环境是特定的是物的流转过程。前者是增值税设置的特定范围，后者是增值税目标达成的条件，增值税的特定性要求表明不是任何商品，在任何环境中都可以征收增值税。

黄金具有的特殊性在于它不仅在货物交易形态下流转，而且也在非货物的交易形态下流转，而且是在非货物交易形态下流转占据绝对优势，所以如何处理在非货物交易形态下流转的黄金增值税的征收是增值税制设计面临的一个现实课题，同时也是实行黄金增值税制的原因。

黄金增值税的特殊性

黄金作为当今唯一具有金融功能的贵金属，它可制造出多种黄金消费品，而作为一种实物商品在商品市场中交易流转，根据增值税的特定性，应属增值税课税对象，并无疑义，问题是黄金还可以制造多种投资品，这些投资品是在金融市场流转交易，投资品交易是非货物交易流转环境而征收的是营业税，以经营业务收入全额计税，而黄金实物的价值转移量大大高于经营者的收入，如以全额计税经营者是难以承受的。另一个问题是，如以黄金作为投资标的，投资者每次交易都需缴纳 17% 的增值税，而在这个税收环境中的其他投资产品如证券、股票、外汇等并不征收增值税，而投资黄金需征税，这是一种不公平的税负，结果使黄金投资丧失了竞争力，最终会迫使黄金退出投资市场。以上是黄金增值税设计面对的难点，因为黄金是一种具有金融属性的可在金融市场中交易的特殊商品。

在现实的矛盾面前有两种选择，一是按一般货物商品流转征收黄金增值税，迫使黄金退出金融市场，将黄金流转仅局限于商品市场。欧洲曾广泛使用金做货币，并且金本位制是欧洲金融业发展的源头，所以黄金是金融市场的一个重要的存在，因而使黄金退出金融市场是不现实的，那么只能是完善和发展增值税制，以适应黄金作为一种特殊商品的流转要求。因而，黄金的流转向增值税的征管提出了现实的挑战，但这也是进一步完善增值税的一个机遇——虽然只是一个独特的个案。

欧洲黄金增值税设计则为我们提供了一个解决这个现实难题的范例：他们不是以僵化的条文去制约市场的发展，而是为面对的现实难题尽力找出一个合理的解决方案；他们没有固守已有的条文，而是与时俱进，从中发展和完善了增值税制。欧洲黄金增值税是根据黄金的特殊性将黄金产品分为投资品和消费品两种不同类型的商品：对黄金投资品生产与交易环节实行特殊税制税负为零，而对黄金消费品生产与交易环节实行一般税制，其税负与其他商品一样为17.5%。因而，欧洲对黄金产品性质不是实行相同的增值税率，而是根据黄金产品性质的不同实行差异化税率。

黄金特殊增值税制的组成

欧洲黄金特殊税制具体由《黄金投资品特殊税制计划》《黄金特殊会计计划》和《伦敦黄金市场黑箱计划》三部分组成，具体内容整理介绍如下：

1. 黄金投资品特殊税制计划。

对黄金消费品和黄金投资品实行差异化增值税率，首先的一个问题就是要对两类黄金产品进行严格的界定，这是欧洲黄金特殊税制计划的特定性规范。

欧洲对黄金投资品的定义是：

- 纯度不低于99.95%，且重量可以被市场接受的条状或片状的黄金。
- 1800年以后铸造的金币，而且，其纯度不低于90%；在原产国目前是（或一直是）法定货币；正常售价不超过该硬币所含黄金的公开市场价的180%。
- 有关法规文件（701/21A号增值税通告：投资型黄金）所指定的金币。

凡是符合以上条件中的任何一项，即被认定为黄金投资产品。黄金投资品的生产与交易环节增值税负为零，但在实际执行的过程中二三类金币的情况比一类产品的情况复杂得多，因为欧洲有流通型金币，在流通的过程中会有磨损；另外由于欧洲近二百年来发行的金币的品种很多，价格经常变化，所以公开市价的180%是一个变量，不是定量，为此，每年都需公布一次黄金投资品目录。通常不在目录中的金币，要按一般税率纳税；但如符合所有标准的金币，也可按投资金币对待。

另外，欧洲黄金投资品特殊税制计划的一个特点就是具有整体性，即将黄金投资品的生产与流通视为一体，不仅是对黄金的市场交易、批发、零售等流转环节实行特殊税制，而且对黄金生产的流转过程，即黄金采选、精炼、加工等生产环节也实行特殊税制。欧洲把黄金投资品的生产和流通置于了与货币生产与流通同等的税收环境，从而体现了对投资品税负公平的追求。

欧洲黄金特殊增值税计划就是根据黄金的特殊性对不同性质的黄金流转实现不同的税率和不同的征收办法，对商品属性的黄金实行一般增值税率而对金融属性的黄金实行增值税零税赋，办法就是即征即退。因实行金融投资品特殊的增值税即征即退征收办法而产生了黄金特殊会计计划。

2. 黄金特殊会计计划。

黄金投资品的特殊税制计划给会计的账目处理也带来了问题，一般增值税征收流程是（见图5–1）：

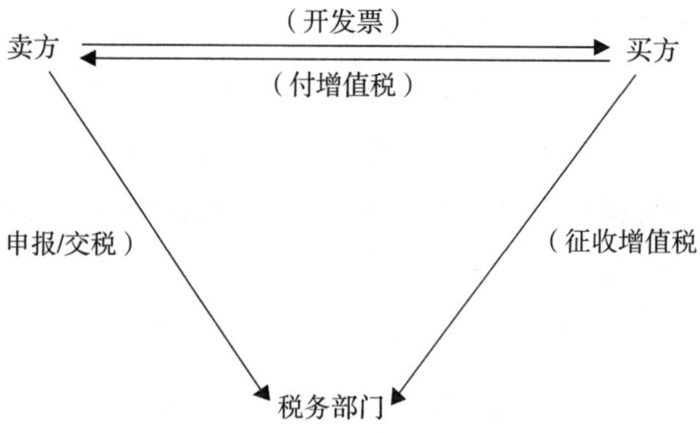

图5–1　一般增值税征收流程

增值税是一种价外税，由买方支付，所以一般增值税征收过程是，增值税由买方付给卖方，卖方收到税款后，给买方开具发票；卖方根据自己收到的税额向税务部门申报交税，税务部门根据卖方申报额，收取税款，这样一个完整的纳税流程完毕。

在这里因增值税税款是由买方支付给卖方的，买方不会多支付，也不能少支付，因而卖方也会如实给买方开具发票，而不会虚开，因虚开等于要自己额外支付，所以卖方申报也不会做假，这样税务部门根据卖方申报收取的增值税是真实的，但是如果实行增值税特殊税制，因买方不用支付税款，只做账面数字调整，即征即退，所以卖方即使虚开增值税额买方也不用多支付资金，而根据虚开的发票，申报增值税额抵扣，买方则会获得不当退税，产生骗税行为，这是一个非常大的漏洞，因而针对这种情况，欧洲对黄金投资产品实行了《黄金特殊会计计划》，如图 5–2 所示：

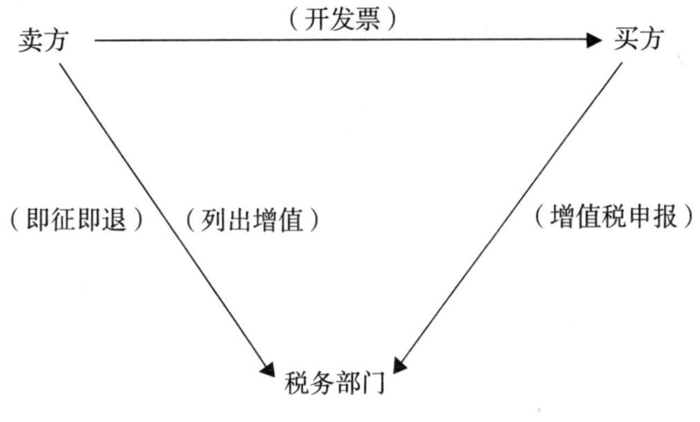

图 5–2　黄金特殊会计计划

这个特殊会计计划，把增值税申报由卖方变为买方，卖方只在发票上列出增值税额，并不发生资金流动，因此，不论卖方发票开列多少增值税卖方不会不当得利，故如实填报交易增值税额，卖方如实填报因而买方也不会因此多获得增值税抵制而产生不当利益，这就在制度上杜绝了骗税的可能，根据买方申报退税即可完成一次征税流程。另外，因整个征税流通过程的每一个环节都不发生实际的资金流动，从而减少了资金的占用，同时也落实了对黄金投资产品的特殊税制安排。

3. 伦敦黄金市场中的“黑箱”计划。

杜绝因实行黄金投资品特殊税制计划可能产生的骗税，而推出了黄金特殊会计计划，将增值税的申报责任由卖方变为买方，这也说明对黄金投资产品交易的有效监控是十分重要的。对于黄金投资品交易有效监控的途径是把交易放到信息公开、交易规范的市场中进行，而杜绝和减少信息严重不对称的黑市交易，做到这一点无疑需要国家行政力的干预，但为之付出的社会成本也很大，因而还要借助市场的力量，而形成“市场税收洼地”吸引入市规范交易，市场机制是更为有效的手段。因而，欧洲为此实行了《伦敦黄金市场“黑箱”计划》。在市场交易中实行黄金特殊增值税计划，以吸引黄金进入规范的信息公开的市场内交易，在场外交易则不能享受此项优惠。

伦敦是当今世界历史最为悠久、交易量最大的市场，而且是英国金融市场的重要组成部分。因而，支持和发展伦敦黄金市场不仅对于实现黄金在“阳光下交易”而且对巩固英国金融竞争力都具有决定性意义，因而出台了《伦敦黄金市场“黑箱”计划》。该计划对伦敦黄金市场中不同交易主体之间的黄金交易的增值税缴纳做了不同的制度安排，从而保证实现交易环节增值税零税负，使黄金交易与其他投资品交易税负公平一致。

具体的征税流程是：市场会员之间的黄金交易增值税为零税负，所交税应退还，市场会员与经销批发商交易增值税实行即征即退；市场会员与个人交易也为免税，与会员间交易零税负不同的是在本交易环节征税之前已交税不退；会员出口黄金零税负，与会员交易税负相同；会员进口黄金先交增值税，售后退税，具体规定见表 5–2：

表 5–2　伦敦黄金市场交易“黑箱”计划

交易范围	增值税征收方式
会员 ←→ 会员	零税率
会员 ←→ 经营性会员	即征即退
会员 ←→ 个人投资者	免税
会员 → 出口	零税率
会员 ← 进口	售前交，售后退

《伦敦黄金市场交易“黑箱”计划》对市场不同成员和环节设计了不同的增值税征收方式，具体说明如下：

- 零税率。该环节税率为零，之前征收的增值税可退。
- 即征即退。该环节征税，但退还，并只在账面上调整，没有资金流动。
- 免税。该环节不征收增值税，之前已交税不退还。
- 售前征、售后退。该环节按标准税率全额交税，出售后凭发票退税，与即征即退的区别是，即征即退不发生实际的资金流转，而售前征、零后退要发生实际的资金流转，虽然最终都是零税负。

欧洲黄金增值税制图解

欧洲黄金增值税制由三个税制计划组成的黄金投资品特殊税制和黄金消费品一般税制两部分构成（见图 5–3）：

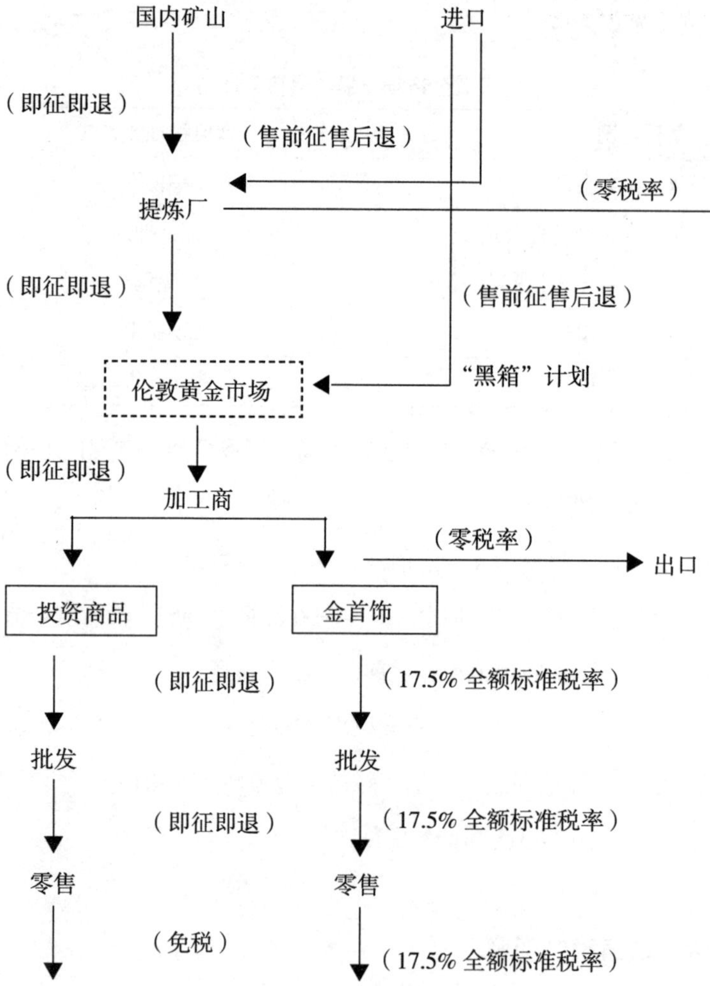

图 5-3　欧洲黄金增值税制图解

— 05 —
欧洲黄金优惠增值税制的国家战略

税制极为严格的欧洲作为唯一的特例，实行了黄金特殊增值税政策，黄金生产与流通环节增值税零税负，看似这对于一般商品而言是一种不公平税赋，而这种税制设计是出于国家的战略目的的要求，具体目标就是要形成市场税收洼地，吸引全球黄金流入欧洲市场交易，从而使欧洲成了全球黄金交易与集散中心，而发展黄金市场的目的是保持欧洲金融竞争力。这是因为：

金融是当代经济发展的核心产业

欧洲之所以对黄金市场发展高度重视，将其视为其金融市场体系的重要组成部分，这有着极为深厚的历史渊源。从全球的角度看，近代三百年来以英国为代表的欧洲金融业在20世纪中叶以前一直是全球的领导者，而强大的金融业是大英帝国保持全球霸权的不可或缺的支撑力，如同今天的美国。虽然20世纪中叶美国后来者居上成为全球金融新霸主，但深知金融业要害的欧洲为保持自己金融竞争力仍是孜孜不倦，毫不松懈。20世纪80年代金融创新的大力推进而出现了伦敦金融“大爆炸”，使伦敦金融城和纽约华尔街成为并驾齐驱的全球顶级金融中心。所以现在欧洲仍然是美国金融霸权的最大挑战者和抗衡者，在全球金融格局中占有重要地位。欧洲将自己金融业的全球竞争力视为地区发展的战略性重大问题，而置于优先地位，这是因为金融业已是当今人类获得和占有社会财富的重要平台和手段。

这是因为货币诞生于交换的需要，因交换的扩大而发展，今天，交换已成为人类的一种生活方式，货币已成为人类财富的重要的主导性的存在形态，所以金融的表现是货币的流转，而本质是社会资源的再配制和社会财富再分配，因而金融竞争力就是社会资源的占有力和财富的分配权，所以，当今各个国家之间的竞争博弈已由商品社会生产力，更多地转为金融创新力。一个国家要富强，一定要有强大的财富生产能力，同时还必须拥有强大的财富配置能力和转移能力，因而金融创新力与竞争力已成为国家竞争力中最核心、最高端的部分，建立强大而稳定的金融业是一个国家保持繁荣和走向强盛的必然选择。

金融是货币的流通，因而金融市场体系的核心市场是货币市场，这个市场是一个社会经济正常运行和一个政权得以生存的基础。对此，凯恩斯指出："要颠覆现存社会的基础，再没有比搞坏这个社会的货币更微妙且更保险的方式了，这一过程引发了经济规律的破坏一面中隐藏的全部力量，它是以一种无人弄明白的方式做到这一点的。"凯恩斯对货币本质的论述可以说是一言中的，振聋发聩。

货币市场出现问题而引发社会危机的事实就发生在我们身边，近代远一点可以上溯到国民党政权垮台。对于这一轰动全球的历史事件，诺贝尔经济学奖获得者，美国经济学家米尔顿·佛里德曼指出："毫无疑问，官僚腐败以及不良金融管理，件件都是导致了货币市场的崩溃和恶性通货膨胀的爆发，这些也是国民党战败的主要原因。"他又进一步指出："恶性通货膨胀不仅帮助共产党人夺得了政权。在战争过去之后，共产党还能消除恶性通货膨胀，毫无疑问，这也有助于共产党人巩固其政权。"而更近一点是 1997 年国际金融大鳄攻击泰国货币——泰铢得手，而引发亚洲经济危机，使多个国家陷入经济衰退的泥潭。更近的案例是 2007 年美国次贷危机金融危机，最终使全球经济萎缩，至今仍未走出困境。因为货币的稳定事关一个政权的安危和国家经济的发展，所以是国家重要的战略问题，成为一个国家的国际核心竞争力。而近三百年来人类的货币又是与黄金存在着密不可分的关联性。

黄金市场是当代金融市场发展的源头和基础

当代金融业基本上是近三百年在欧洲发展起来的，而这三百年又是欧洲金本位制诞生发展的时期，所以黄金在欧洲货币的发展进程中占据着一个重要的地位，因而黄金市场是当代金融发展源头，其基本业务（即资金存贷）的发展源头就是黄金存贷，并由此诞生了最重要的金融创新（即准备金制度）。而近三百年来的前 250 年全球基本又是一个金本位发展与主导的时代，黄金占据了国际货币体系的中心位置，因而谁占有了黄金，谁就控制了黄金的流通，谁就拥有货币权。为了拥有黄金控制权欧洲各国从 15 世纪便开始争先恐后地掀起了一波又一波的海外寻金潮，爆发过一次又一次的黄金战争，甚至一次战争长达百年之久。黄金控制权的变化引起了欧洲强权的兴衰更替，但最后的胜利者是英国，拥有了金融主导权的英国，19 世纪已是号称日不落帝国，殖民地遍布全球，占有了人球 1/4 的陆地。拥有的人口达 4.4 亿，也差不多为全球当时人口的 1/4；国际贸易量占当时全球总贸易量的近 1/2，至今还没有再得以复制的案例。

我们听到过许多英国以坚船利炮四处发动战争，征服殖民地的血腥故事，历史已将殖民者的罪恶押上了历史的审判台，但历史还有被相对忽视的一面。据《帝国》的数据表明，当时（1898 年）英国陆军仅有 21.5 万人，海军有 24.8 万人，也就是在大英帝国顶峰时，是仅用不足 50 万人的兵力保卫着英国及英国全球的利益，而当年的国防总预算也只有四千多万英镑，占其国民生产净值的2.5%。而可以与之对照的是1948年至1998年五十年间美国为维持霸权的国防开支平均占国民总值的6.8%，所以可以说英国当时是用最低的成本管理着那时的世界。

英国当时之所以能用很低的国防开支统治世界，就是因为其拥有强大的金融领导力，是全球金融规则的制定者。18世纪初，只有英国实行金本位制，而到20世纪初除少数国家外，主要经济国家全部实行了金本位制，也就是建立了以英镑为中心的货币体系，随金本位制的推进，英镑也走向国际成为国际结算与储备货币，英镑是这时期世界性的货币体系运行的中枢，相似于今天的以美元为中心货币的国际货币体系。英国成为当时的世界银行，相应形成了全球黄金交易中心，1914年英国对外投资总资产达世界境外总投资的40%~50%，英镑成为英国维系与世界商业联系的有力纽带和攻城掠地的利器，而给英镑提供重要支撑力的是金本位制的建立和英国对世界黄金资源的强大控制力。在资本主义生产方式已经确立，商品经济主导的情况下，实现对全球黄金资源的控制就必须拥有发达的黄金市场，因市场经济已成为主导的经济形态，只有通过市场机制才能对黄金流转保持影响力，今天伦敦黄金市场至今仍是全球黄金资源配置的龙头老大。在这期间，金融市场的创新和发展都是在金本位制的基础上完成的。

19世纪是黄金生产力大突破的世纪，这一百年的黄金产量超过了之前的五千年，19世纪黄金生产力大突破先后发生在俄国、美国、澳大利亚、加拿大、南非，除俄国外其他四个国都是或曾经是英国的殖民地，凭借宗主国的优势把这些国家所产黄金全部或大部都集中流向了英国。然而，18世纪以后黄金的流转主要是依靠市场机制完成的，因而促进了黄金市场的发展，18世纪后期英国伦敦取代荷兰的埃姆斯特丹，成为全球最大的黄金白银交易中心；19 世纪成为黄金全球物流中心和金币兑换中心；20 世纪初成为世界最大的黄金市场。黄金市场的发展使英国也逐步具有了全球黄金流动性和价格的控制权而成了英国金融的核心竞争力。正是因为如此，英国基本上不产黄金，黄金消费也不多，但英国高度重视黄金市场的发展，直到今天依然如此。

20 世纪初第一次世界大战爆发，世界各国都看紧了自己的金库，禁止自由交易买卖黄金，金本位制被迫废止，黄金不再是支付手段，但作为大战中唯一可被接受的硬通货，黄金成为国家最重要的战略性资产，用于维持战争采购所需。英国也并没有因金本位的废止而放弃对其全球黄金物流中心的地位的维护，在第二次世界大战中虽已不能大规模进行黄金交易，但仍坚持了黄金报价制度，所以于 1954 年伦敦黄金市场重新开业后仍是全球第一大黄金交易市场和黄金定价市场。伦敦黄金市场因而成为战后当时稳定金价，进而稳定全球汇率的最重要的窗口，而汇率的稳定是布雷顿森林国际货币体系稳定的基础。所以，伦敦黄金市场在战后货币体系中仍占有特殊地位，也从而使英格兰银行作为伦敦黄金市场的参与者和监管者而在战后布雷顿森林国际货币体系中占有了一个特殊地位。虽然英国的国力已今非昔比，已无大英帝国的昔日霸权。

战后英国没有了黄金储备优势，英镑也已不是国际中心货币，但因伦敦黄金市场的优势地位仍然存在而极大地强化了英国金融业的国际地位，英镑仍是全球五大国际结算货币之一，伦敦仍是全球重要的金融城市。显然黄金市场优势是当今英国金融竞争力的重要构成要素，所以对于手中牌已经不多的英国来说，留住黄金对于现时的英国的金融业来说，便是留住了根。伦敦黄金市场至今仍是伦敦金融城的一张靓丽名片。

1971 年尼克松总统宣布停止履行以官价兑美元的国际义务，割断了美元与黄金的联系，致使布雷顿森林国际货币体系瓦解，世界进入了美元霸权时代，黄金在国际货币体系中的作用逐步被边缘化。1968 年 3 月越南攻入西贡展开了春节攻势，也动摇了美元的权威，而引起了黄金挤兑潮，为了应对黄金对美元的冲击，伦敦黄金交易被迫暂停一个星期，但新开业后黄金实物交易中心已转到瑞士，伦敦失去了黄金物流中心地位，为此伦敦黄金市场进行了两项改革，一是 1969 年黄金交易改为美元报价；二是推进黄金虚拟交易，推出了“伦敦金”。从而使英国黄金市场又在美元霸权格局中找到了自己的定位，转型为全球黄金交易结算中心，产生的巨大资金流成为英国金融核心竞争力的一部分。各国央行退出黄金市场的直接干预，金价实现双轨制市场金价变为浮动价，由此国际黄金市场由一元结构变为了两元结构，伦敦黄金市场又成为国际黄金改革体系交易发展的引领者和风向标，并且成为在国际金融格局中与美元金融博弈的有力工具。

当代黄金市场仍具有特殊作用

1971 年美国宣布割断美元与黄金的联系，全球进入了纯纸币时代，美国为了维护和强化美元霸权而推进的黄金非货币，但并没有使黄金完全失去金融功能，黄金至今仍然是金融市场上重要的存在，原因是当代金融的产生与发展和黄金存在着深厚的历史渊源，更重要的原因是信用货币体系自身存在的制度缺陷，需要黄金作为稳定之锚而存在，因而黄金现在不是、未来也不会是一般性的商品。信用货币是以国家信用为基础，国家拥有信用货币发行权，四十多年信用货币体系的探索出现的最大的问题是人类货币走上了一条持续贬值的不归路，货币通胀成为一个时代的顽症。

货币通胀是一个货币问题，源于货币的发行量超过需求的增长量，而政府对货币的发行具有垄断权，对此应负有主要责任，因而抑制和消除通胀的主动权在政府手中，所以政府的关注和有力的行动至关重要，这是首要的。然而，在可以容忍的不影响政权安全的通胀中，政府也可以从中获得利益，因为普遍认为适度通胀有利于刺激经济增长，从而可以增加就业，而这正是政府追求的首要目标。而且战后的经济理论认为政府的财政赤字是必要的，因而政府有超发货币的冲动，所以控制通胀只靠政府的自我约束，自觉革命还不够，还必须建立一套有效的监督和预警机制。

自从白银货币退出金融市场后，黄金是当今唯一与金融货币市场有密切联系的贵金属，因而具有很强的变现性，并成为金融货币市场中唯一的实物交易标的。黄金具有内在的价值，而纸币是一种信用资产，价值可以人为变化。当其信用发生动摇纸币贬值时，黄金的价值因是内在的而不会随货币的贬值而贬值，而表现为价格上涨，因而黄金市场有对货币通胀有指示性作用，而成为通胀的指示器和报警器。当天各大媒体和投资机构都高度关注金价变化趋势，金价变化往往会成为头条新闻的原因就在这里。

又由于黄金与信用产品逆向运动的特点，黄金市场又可以为其他金融市场提供交易对冲操作，以规避市场风险，因而，黄金市场有提高金融市场安全性和稳定性的作用。并且黄金市场产品与其他金融市场产品对冲需求，又产生了许多新的结构衍生物，从而丰富了金融市场的产品，扩大了金融市场的功能，增加了金融市场的规模，成为金融市场不可或缺的一部分，所以人民银行原行长戴向龙在2002年上海黄金交易所致辞时特别指出：“上海黄金交易所宣告正式开业，说明我国主要金融产品的交易市场全部建成，适应社会主义市场经济的金融市场体系更加完善。”

当今黄金的特殊性表现是通过市场机制实现的，因而当代黄金市场对内有稳定金融市场，对外有抵御美元霸权的功能。所以现在凡是货币相对稳定的国家，特别是货币可以充当国际硬通货的国家，都有发达有力的黄金市场做支撑。当今大家一般公认的可以接受的国际硬通货，可成为国家外汇储备中的币种是美元、欧元、日元、英镑和瑞士法郎。而这五种货币发行的国家和地区的黄金市场也在全球占有举足轻重的地位：

美国拥有全球最大的黄金期货市场，其交易量超过了全球黄金期货总交易量的70%，占黄金市场总交易量的近50%。也是黄金储备量和占外汇份额最大的国家。

欧洲是全球官储备金最多的地区，2013年为13038吨，占全球总储量的41.43%；全球最大的场外黄金交易市场和实金交易市场都在欧洲，是全球黄金交易与交割中心。

日本拥有2012年以前的全球第二大黄金期货市场，2013年交易量增加，但排序下降到第三位，实金交易量也居世界各国前列，是主要的工业用金国。

英国是全球最大的黄金现货交易与结算中心，伦敦黄金市场交易量占全球总量的50%；现货交易结算量的80%以上，是全球黄金市场体系的中心市场。

瑞士长期是全球实金交易中心之一，20世纪70年代以后成为实金交易中心，全球50%以上的黄金是在这里交割的。2014年进口交易量超过3000吨，2014年为2210.85吨，为全球总供应量的56.1%。

20世纪70年代以后，国际货币基金组织推进黄金非货币化，极力消除黄金在当今国际货币领域中的存在，而众多的事实表明黄金仍是当今信用货币稳定之锚，尽管没有法规的认定，但它是一个客观存在。正如凯恩斯是一个金本位制的反对者，但也必须承认黄金在当今货币制度中的作用之重要，并认为具有不可替代性。因而即使在黄金非货币的情况下黄金的储备量和黄金资源的占有和配置能力都是一个国家的金融战略问题，凡是将金融市场发展作为国家战略，立足国际金融竞争的国家必然要将黄金市场定位于国家战略性市场，而给予高度关注和大力发展，而黄金流通环节的税收优惠是推动黄金市场发展的必要选择。

《黄金特殊税制》对欧洲金融业发展功不可没

非常明显，欧洲重视黄金市场的发展是其追求金融全球竞争优势所做的努力的一部分，而欧洲黄金市场的全球竞争优势的形成，《黄金特殊税制》功不可没。《黄金特殊税制》设计是追求欧洲金融竞争优势的一个具体步骤，因为从竞争的观点看，哪一个市场交易成本最低，服务最优，哪个市场就能被参与者所青睐，就能具有比较优势而获得发展，黄金交易零税负是使交易成本达到最低的一个重要条件，而《黄金特殊税制》则满足了这个条件。

欧洲《黄金特殊税制》使黄金交易从市场交易、到批发、到零售的各环节的流通增值税为零，这就形成了市场的“交易税收洼地”，交易成本做到了最小化，因而吸引了全球黄金投资者使用欧洲黄金市场。全球各大黄金银行和投资机构在伦敦都有派出机构，黄金交易网络覆盖全球，因此伦敦在既不生产黄金，而英国用金又很少的情况下，伦敦黄金市场交易量竟占全球总交易量的一半以上，成为全球交易量最大的现货即期市场和拥有定价权的市场。伦敦黄金市场是一个以场外黄金衍生物交易为主的市场，在这个市场中主要是资金的流转，而不是黄金实物的买卖。当今黄金衍生物的发展，使黄金的交易与交割出现了一定的分离，即物流与资金流的分离，而这种分离产生了两种不同类型的黄金交易市场，即黄金实体财富的交易市场和黄金虚拟财富的交易市场。伦敦是当今全球最大的即期黄金虚拟财富交易中心。

欧洲每年产金不到世界总产量的1%，已微乎其微，但是其黄金供应能力并不低，是因其拥有世界先进水平的巨大的黄金精炼能力，可向市场提供各种黄金投资产品，从而具有控制黄金物流的能力。全球黄金之所以能集中于欧洲精炼，原因是欧洲对从矿山到精炼及进出口环节的增值税也实行了零税负。因而也形成了“生产税收洼地”，在吸引投资者积极进入伦敦黄金市场交易外，又吸引了全球黄金资源进入欧洲交割。这里已是一些产金国如原苏联、南非、澳大利亚黄金的销售地和一些国家黄金储备的存放地，是当今全球黄金实体财富最密集的地区，因而，虽1968年因伦敦黄金市场在美国的要求下关闭了半个月后，其失去了全球黄金物流中心的地位，但并不是黄金物流中心移出了欧洲，只不过是被欧洲另一个国家瑞士所取代，欧洲仍牢牢地控制着黄金供给的源头。

欧洲没有很大的黄金生产力，也不是最大的黄金消费地，但却形成了全球最大的黄金交易中心和全球最大的黄金集散交割中心，黄金特殊税制功不可没。可以设想如果不是采取了黄金特殊税制，免除17.5%的增值税征收，实际就等于将黄金逐出投资市场。这种人为阻力的设置，显然不符合黄金投资市场发展的要求并会对国家金融竞争力造成损害。

近代两三百年来，欧洲成为全球财富最聚积的地区，民众生活水平大大高于全球平均水平。为了获得财富他们曾殖民杀戮，近代他们之所以文明了，就是因为他们找到了新的致富之路——贸易和金融。所以他们的政策制定都是围绕着增强贸易与金融竞争力而展开的。税制设计要有国家发展战略观——这是欧洲《黄金特殊税制》对我国黄金税制设计的最大启示。出于保持金融竞争力而需要发展黄金市场，所以欧洲在20世纪70年代推进增值税制建立时，没有采取一刀切的办法，而进行了黄金特殊税制设计。我们是后来者，欧洲实践为我们提供了一个可以学习、可以复制的增值税制范例。

— 06 —
不同国家的不同税制选择

欧洲《黄金特殊税制》已成为国际惯例

大千世界总是会呈现多样化选择，欧洲黄金增值税制也不是唯一模板，但欧洲黄金特殊增值税的诞生，不仅成了欧洲各国的统一政策，并对非欧洲国家也产生了极深刻的影响。因欧洲黄金市场在全球黄金交易、结算、供给上占有的强势而使黄金增值税特殊税制成为全球各国黄金税制设计的一个标准和国际惯例，具有全球性的影响力。

首先，欧洲凭借着全球黄金交易中心与物流中心的优势，而拥有了黄金定价权，伦敦金价成为全球黄金交易的基础。欧洲黄金特殊税制使黄金在生产交易过程中不征增值税，因而伦敦金价是不含税价，其他国家如要征增值税则必须在伦敦金价上再加上税收额才能成为实际交易价，那么其国内金价就会远远高于国际伦敦金价，黄金的购买者就会转而到没有税收的国际市场上购买黄金；如果税在价内解决，以国际金价交易，那税即由卖方承担，这样卖方就会到国外市场卖出，而舍弃国内市场。其结果是国内黄金市场消失，而都到国际市场上去交易，这显然是伦敦和瑞士这些欧洲黄金市场所希望的，这也正是其实施黄金特殊税制的目的之一，而对本国来说这样的结果则是挖掘了自己国内黄金市场的坟墓，对我国而言显然是不足取的。

另外，黄金投资产品因征收黄金增值税，则意味着黄金投资者必须支付比证券、股票更多的成本，投资者也就会远离黄金投资，所以，本国黄金投资市场也将不复存在。为此，有的人主张只有实金交易时才征，不发生实物交割则可同证券、股票、外汇一样不收增值税，因而也可以不影响黄金投资市场的发展，但是，他们没有认识到黄金衍生物交易是以实金为基础的，最终要有实金交割，而且黄金与其衍生物产品必须相互之间有很好的互换性，才能保持市场的流动性，黄金投资市场才能发挥作用。在一个市场中对同一个产品施行不同税制必定会造成统一流通过程的割断，对市场发展造成损害。

欧洲黄金增值税特殊税制的实施是对全球黄金的流转税制定的一个标准，而如若趋同实行同样税制则意味着可以在同一起跑线上与欧洲竞争，如若反其道行之则意味放弃竞争，但是，由于各国的发展战略目标不同，则会有不同的选择。现在情况是多数国家选择了与欧洲增值税趋同的税制，从而形成了国内市场与国际市场平等的税收环境，保证了实现国际的平等竞争，但也有少数国家实行了有别于欧洲的黄金增值税制，在黄金的生产和交易环节都征收增值税；或只征收交易和消费环节增值税，而不征收生产环节的增值税。其反映的是国家不同的战略目标追求，所以如从国家战略目标存在差异性看，不同的税制设计也具有合理性，但是对于我们是否可行则是一个问题。

征收增值税的黄金生产国

南非是全球黄金生产大国，但是个别对黄金征收增值税的国家之一，但黄金出口可以免征，结果所产黄金几乎全部到外国交易了。这个占据全球生产之冠百年之久的国家，最高年产量超过全球总产量的50%，但至今没有形成有影响力的黄金市场，只是长期作为欧洲黄金市场的供应商存在，这样看似非常不合理的状况，需要在特定的环境下分析：南非长期是英国的殖民地，后又长期实行种族隔离政策而受到全世界的制裁，但是在其受到全面经济制裁时，唯独黄金可以没有任何障碍地在国际市场上交易，而成为南非获得外汇的主要渠道。为了保证国家拥有充足的外汇储备，打破经济制裁，南非对内实行了长期的黄金管制，对黄金国内消费实行抑制政策（与我国 2002 年前的情况相似）。黄金对于南非的主要功能是创汇功能，因而国内黄金交易征收增值税，正是抑制国内消费而促进黄金出口创汇之道而与国家的战略目标相符，所以，从表面看似十分不合理的税制却是为国家的特定目标的实现服务的。

南非的黄金增值税设计是一个特定国家的特定环境的产物，这是一个以创汇为目标的税制设计。在当时的情况下即使南非有形成自己的交易体系和争取话语权的努力，也立即会受到打压，使其只能附属于欧洲市场体系。因而南非的黄金税制设计对于一般国家没有借鉴意义。

澳大利亚的情况虽与南非有所不同，但都是矿产金丰富的国家，黄金的内需也不多。2007 年其国内制造业用金不足 10 吨（9.8 吨），而这一年的黄金产量为 246.3 吨，国内用金仅占当年产量的 4%；而到 2013 年产量有所上升，为 250.28 吨，而国内用金量下降到 1.65 吨，为当年产量的 0.66%，已不足 1%。从 19 世纪中叶开始澳大利亚即成为世界主要产金国，19 世纪末曾是世界第一大产金国，就已成为伦敦黄金市场的大供应商，黄金只是作为创汇的矿产品，这一点与南非情况相似。因澳大利亚作为美国忠实的政治与军事的伙伴，其政治与经济的安全是与美国紧密地联系在一起的，其自身没有特殊的利益目标（与西方抗衡的利益目标），因而就没有发展独立金融体系的战略目标追求，其黄金流转税设计则反映了这种实际状况。

基于上述两个原因，澳大利亚2000年在黄金的流转环节设立了商品与服务税，利率10%，而出口不征该税，这个税种一经推出就反应激烈。结果本国生产的黄金全部转到了国外冶炼，本国冶炼厂只能关门，对本国黄金产业的发展造成了直接的损害，所以很快不仅在黄金冶炼环节免商品与服务税，而且黄金投资品也免征了商品与服务税，只在黄金消费品流转环节收取，这一增值税制的变化从本质上讲是开始与欧洲特殊黄金税制趋同。澳大利亚是一个经过一次黄金税制试错过程的案例。而多数黄金市场增值税与欧洲相同，实行黄金增值税零税赋政策。

征收增值税的黄金消费国

黄金消费国因没有黄金矿业开采活动，所以其黄金增值税基本上不会考虑黄金生产流转过程的增值税是否征收问题，主要是对黄金进口和黄金交易流转税的征收。对于黄金消费国来说，黄金不是创汇商品，而是用汇商品，为了节约用汇，在政策导向上是抑制消费，减少进口，所以不仅设置进口关税，而且还会在国内设置交易增值税和特殊消费税，结果会出现国内金价与国际金价的扭曲，又因黄金极易变现，具有很强的流动性。所以如果出现2%~3%的价差就会出现走私和地下交易，如果超过5%，就会使黄金走私和地下交易活跃起来。所以，实行黄金增值税的国家必须面对黄金走私的地下交易对外汇管理造成冲击的问题，为此要付出大量的管理成本，还会造成对金融稳定的冲击，而使管理者面临力不从心和得不偿失的尴尬局面，往往不得不改弦易张。

韩国是一个重要的黄金需求的主要国家，其90%的黄金需要进口，韩国规定征收3%关税和10%增值税，此外消费者还要交付20%的特别消费税。高税率直接导致韩国黄金走私泛滥，黑市猖獗。该国60%~70%的黄金是来自非法渠道。结果高税率并没有获得高税收，反而增加了管理成本，事与愿违，使韩国决定2008年首先着手取消20%特别消费税，2010年取消10%的增值税，逐步实现国内金价与国际金价的接轨。

日本也是黄金主要需求国家之一，国内生产的黄金仅能满足需求的5%左右，绝大部分黄金需要进口，日本也曾开征增值税和关税，从而也导致了黑市交易盛行。为此，不得不取消了增值税，并将关税下降到3%，仅此一举的一年时间里，日本非法黄金交易即减少了50%。

印度一直是世界最大的黄金消费国，近十年来年均黄金需求量超过了六百吨，而每年国内黄金产量仅有两三吨，所以，每年进口的黄金占全球黄金总供应量的近15%。在孟买等城市虽已有黄金市场，其黄金期货市场已是世界重要的期货市场之一，但因税收问题其实金市场却没有很好地发展，大量的交易处于地下，走私问题严重，但因印度外贸存在逆差，为减少进口节约外汇使用，对黄金进口和消费仍实行限制性政策，而限制了其对黄金税制的调整能力，成了一个至今需要解决而未解决的问题。

结论

总之，因国家战略目的不同，会对税制有不同的政策选择：可以选择与国际惯例接轨，也可以做另外选择，但在一个日益一体化的世界经济环境中，使得每一个国家都难以“独善其身”。欧洲特殊黄金制成为一个国际主流规则以后，不再仅是欧洲一个地区的规则，而成了一个国际全球性规则，每一个国家政府虽都有权力做出自己的选择，但也必须面对因此出现的现实挑战，归根结底是要在利益得失上做出选择，这种选择的原则是利益的最大化，欧洲黄金特殊税制的本身就是这一原则的产物，那么我们中国的最大利益在哪里呢？

— 07 —
我国黄金税制的战略选择应是趋同

在欧洲《黄金特殊税制》成了一个国际标准的情况下，摆在我们面前的路有两条，趋同还是存异，选择的不同结果也不同，实现国家利益的最大化是选择的原则。我国战略利益最大化需求，使我国流转税设计原则应是与欧洲黄金优惠税制趋同，而不是存异。

税制趋同是实现平等竞争的需要

实现国家利益的最大化是我国黄金税制建设的原则，在黄金税制建设上什么是我们要追求的最大国家利益呢？回答这个问题需要认识我们国家当今在全球经济与政治格局中所处的地位。如果说新世纪全球经济与政治格局发生的最大变化，那就是中国作为一个新型经济大国的崛起。现在我国已经是世界第一大出口国，第一大贸易国，第二大经济体，并成为最有可能超过美国，成为全球第一大经济体的国家，所以，已当之无愧地成了全球经济版图的重要一极，但并未大功告成，还要继续努力去实现中国梦，这是我们国家的最大利益所在，也是我们认识黄金增值税问题的基本点。

是什么原因造就了中国的崛起？从内部来讲，是改革开放政策的实施，而从全球视野看，是这一政策的实施使我们赶上了这次全球一体化的浪潮，直接得益于全球一体化。所以，改革开放是实现中国梦的正确选择。改革开放是一个与世界经济和国际惯例接轨的过程，包括了与国际通行税制的接轨，这就是1994年我国税制改革的主题和目的，增值税的推出是我国税收制度与国际税制接轨的产物，那么黄金增值税与国际惯例接轨而实行黄金特殊增值税制就成了一个必然的合理选择，这也就是2008年黄金生产企业和流通企业反对征收黄金增值税的一个重要理由，这也是国家政策决策者最终没有批准征收黄金增值税而暂缓征收的重要原因。

与国际惯例接轨是我们选择黄金特殊税制的理由，但这一选择有着更大的国家战略意义。我国作为新兴经济体的崛起，得益于全球经济一体化，但这并不是说我们可以自然而然地收获全球经济一体化的成果，而是要经历激烈的竞争博弈，而且随着我国经济发展规模的日益扩大，与竞争对手的摩擦增加，发展外部条件呈现恶化趋势，所以我们必须具有更加强大的竞争力才能应对未来的更大挑战。然而应对更大挑战的能力从何而来呢？培育和提高竞争力，首先需要创造与国际竞争环境，税制趋同，即与竞争者设置同一起跑线，这是平等竞争环境的必要条件。

税制趋同是发展黄金市场的需要

三十多年的改革开放使我国成了世界的加工厂，已有200多种商品产量世界第一，成了第一大商品出口国，中国制造成为人类生活的一部分，但是我们一直处于利益分配的最低端，仅占世界产业链利益的5%左右，所以，中国人勤劳而不富裕，中国经济大而不强。这一状况告诉我们，中国不仅要增加社会财富的生产能力，还要提高社会财富的分配能力。没有强大的分配能力，创造出的社会财富必然会被掠夺占有，而自己只能在一个低水平的生存线上生活，因而我国形成强大的金融竞争力就具有了特殊意义。

在这样一个发展的大背景下，发展中国的金融市场是国家重要战略目标，这已为多次党和国家公布的文件所确定。而在具体工作层面上，随着我国改革开放事业的推进，我国金融市场也有了日新月异的变化，人民币国际化迈出了新步伐，但即使如此，我国金融市场发展仍是经济持续发展中的一个薄弱环节，而需要给予更大的关注和推动。可以说没有发达的金融市场，没有强大的金融竞争力，振兴中华，走向富强都是空话，是不可能实现的。

作为金融市场体系的不可或缺的一部分——黄金市场又是我国金融市场中发展最晚，亟待拓展的部分，在前面我们已对黄金市场在金融市场体系中的不可替代的独特作用做了说明，但是目前，并没引起高度的重视，社会对于黄金市场的发展还缺少一种国家战略目标追求的紧迫性，因而缺少对黄金流转税设计的国家战略思维。

我国黄金市场于2002年运行，但由于对黄金市场属性认识的偏差，黄金市场化改革的前十年只是以推动黄金流通体制改革为目标，因而建立的是一个商品黄金市场。从2004年开始，增强和发展黄金市场的金融功能的任务才提上改革日程，因而，虽然和我们的过去比较已有很大进步，但与我国经济发展的要求还有很大距离，尚未成为国际黄金市场的独立一极，仍是一个追随者，而缺少话语权和规则的制定权，因而加快黄金市场的发展是国家加快金融市场建设的必要而且重要的组成部分，是一个具有紧迫性的任务。黄金市场的发展需要有与之相适应的发展环境，其中建立的有利于促进黄金市场发展的税收制度是十分重要的，这是我们黄金税制设计的一个重要原则。

在一定意义上，我们与欧洲都是世界经济的相对独立的一极，在黄金市场发展上具有相同的战略意图，所以我们应采取与欧洲相同的黄金增值税计划，即要形成黄金生产流转过程的“税收洼地”，以吸引和刺激黄金投资品物流的增长；也要形成黄金交易流通过程的“税收洼地”，以吸引和刺激黄金投资品资金流的增长。如果形成了市场的“税收高地”，不仅不能增加我国黄金市场的物流和资金流，相反，会有大量的黄金与资金流向境外或地下，不仅发展黄金市场无从谈起，而且还会造成经济混乱，这是要极力避免的。

至此，我们的分析表明与欧洲黄金增值税制趋同，实行黄金特殊税制的意义已超越了税制与国际接轨的意义，而更是基于国家金融战略的需要，对黄金特殊税制不应是被动地接受而应是主动地推进。《欧洲黄金增值税特殊税制》计划在全球趋同性的推动下，已不是一个地区或国家的局部性的税制个案，而已发展成为了一个“国际通行规则”，我们只有采用相同的规则，才能进行国际的平等对话与竞争。因而，我国黄金增值税制与《欧洲黄金增值税特殊税制》趋同，是实现国家战略目标之举，而从增值税诞生本源看，这个选择又是学习、引进欧洲增值税制的合理而必要的组成部分。

趋同是发展黄金产业的需要

黄金市场是金融属性主导的市场，黄金市场的发展增加了黄金在金融市场的存在，这在黄金外汇功能被边缘化的今天为我国黄金工业确立了新的战略定位。在改革开放以前，因国家外汇极度短缺而凸显黄金工业的重要性，所以举全国之力发展黄金生产，而当外汇短缺矛盾解决以后，似乎黄金生产在国家战略中的地位已无足轻重，但是，当我们从全球政治与金融的大视野中观察，得出的结论显然是不同的。如仅从规模上看，我国黄金产量即使已连续八年成为世界第一，但2014年也仅有五百多吨，全行业创造的黄金工业总产值也仅有3000多亿人民币，这对于全国GDP的增长贡献确是十分渺小，但黄金不是一般性商品，黄金具有的金融属性而使黄金生产具有了国家战略安全的价值，而且这一价值具有不可替代的唯一性。

黄金生产可以说是一种货币资产的生产，而不是一种用于消费的商品生产，增加黄金生产就是增加财富储备，因而发展黄金工业即意味着国家金融外汇储备和支付能力的提高和人类绝对财富的物质积累的增长，并可以为国家经济安全提供支撑力。这是其金融属性的价值，而且其商品价值也使当今黄金生产成为一种战略性商品生产，也不是一般性商品生产。

黄金作为工业原材料在当今高科技产品和新技术领域得到了日益广泛的应用，电子、通信、航空航天领域已成为黄金重要的需求领域。华盛顿黄金协会理事会的理事德达维斯说："如果没有黄金的表面涂层，电子、电讯、电子计算机等工业也就不会存在。"而这些工业恰恰是当今国家战略性产业和国民经济发展的制高点。

当今是一个黄金非货币化时代，但黄金并没有因此而丧失它的特殊的社会价值，其表现是黄金在金融领域是一种特殊的投资品，它具有极好的变现性，几乎可以和任何一种货币和证券实现互换，又是唯一的实物标的，而在这信用资产全面危机时能发挥独有的作用，为人类提供安全性；而随着科技的发展，黄金在商品领域也是一种战略性商品，被视为当代高端科技生产的"稀土"，而且具有不可替代性，因而使黄金的战略价值又具有了新的内涵。战略性资源和特殊的投资品是当代黄金战略价值的新定位。

在计划经济体制中，国家掌握着所有的生产要素，生产黄金是为了满足国家的需求，生产黄金的要素由国家分配。因而，那时黄金生产的增长动力源于国家行政与经济力量的外部推动。而在市场经济体制中，政府要力求减少对经济活动的直接介入，生产要素的配置也由国家行政性分配变为企业在市场中自主获取，因而，企业成了黄金生产活动的主体，黄金生产发展动力源因而由外转内。政府因此对黄金工业也由外部直接推动变为政策激励为主要手段的间接推动，其中国家扶持性政策的作用仍然是重要的，而优惠税制是黄金扶持性政策体系中的重要内容。

何为需要建立黄金扶持性税制？就是要符合黄金自然属性和社会属性的特殊性要求，保证投资者回报的税收制度，通过这样的制度性安排激励和调动黄金生产者的积极性。从直接介入到间接激励，是市场经济体制与计划经济体制的黄金政策体系的区别，而并不是以是否取消扶持性政策为标志，实行黄金增值税特殊制并不与市场经济公平税负的原则相悖。

趋同政策已产生极大正能量

黄金特殊增值税制一再延续至今，已存在了二十年，但至今仍无定论处于暂缓征收状态，即使这是一个暂时存在的不确定性的政策，但在这二十年中仍产生了极大的正能量：

首先，这一增值税制的存在使我国黄金市场得以避免了白银市场的覆辙，获得了成功，从而使我国金融市场体系得以完善。经过多年的发展，黄金市场已由单一的现货市场变为多形态、多功能市场组成的市场体系，交易规模 2014 年已突破了四万吨，是仅次于美国和英国的全球第三大黄金市场，为世人瞩目，是全球发展最快的黄金市场，黄金特殊增值税制功不可没。

黄金特殊增值税制也是我国黄金生产的推动力，从 2007 年我国已成为世界第一大产金国，从此开始了一个以中国为领军者的国际黄金业发展的新时期，并成为我国快速发展的经济中的一个新亮点。这从另一个侧面证明持续二十年的黄金生产免征增值税对推动黄金工业生产力的发展发挥了积极的作用，所以对已经证明积极有效，而又符合市场经济原则的黄金增值税优惠制应进一步完善推进，而不是废止，另起炉灶。

实现中国梦，振兴中华民族需要发展黄金市场，但是，虽然现在我国黄金生产和交易的流转税为零税负，表现与国际惯例相同，但税制设计的依据和基础却与国际大相径庭。与国际惯例趋同是从国家战略大局出发，对黄金固有的特殊性做出的合理政策应对，而现在我们只是作为一种战术性的临时性政策安排，并没对这一税制的合理性给予权威肯定，两者比较，我们的黄金政策推进明显地缺乏理论的支撑和战略的高度。

回顾二十多年来的历程，可以了解到增值税这个舶来品，从来到中国开始我们就对黄金特殊税制产生了误读，把一个市场经济中的一个国际惯例，视为计划经济中的一种特殊优惠政策。因而，质疑这一政策的反方，可以时而举起市场经济税负公平之帜发难；而支持这一政策的正方，只能被动地以取消这一税制对行业发展的消极影响做答，显然反方站在了道义的制高点上，而正方只是被动应对，但这是误读黄金增值税而产生的认识上的扭曲。

走出误读，黄金增值税之争就成了一个本不应发生的问题，希望误读从此终结，让我们回归问题的本源。

— 08 —
对黄金增值税误读的批判

回归问题的本源，对黄金增值税制的由来，以及它在我国被误读的历程都一一做了揭示后，可以说历史的迷雾已经散去，黄金增值税真容已显现。但是，对于一些广为流行的混乱观念还应做进一步总结批判，以正视听。

黄金增值税特殊税制与计划经济体制

增值税诞生于欧洲，黄金增值税特殊税制也是诞生于欧洲，而欧洲是当今全球市场经济体系最为发达成熟的地区之一。显而易见，诞生于欧洲的黄金增值税特殊税制是一个市场经济体制运行的产物，并不是计划经济体制的产物；这一税制现在已在多数国家施行，可以说已成为一个国际惯例，也并不是我国经济转轨期对黄金工业特殊的优惠政策。

我们国家作为一个后来者，学习、引进增值税是推进我国经济市场化改革的具体步骤，这是 1994 年我国全面推进税制改革的初衷。因而，黄金增值税作为这次税改的组成部分，与欧洲黄金增值税特殊税制实现接轨，是税制改革的合理选择。而我们在很长时间里却将黄金生产与交易环节零税负视为一种计划经济的特殊的优惠，是在特定条件下的临时性制度安排，其命运与计划经济体制紧紧联系在一起，这是对黄金增值税特殊税制的误读。以市场化改革，追求税赋公平之名，否定黄金增值税特殊税制的合理性，是张冠李戴，搞错了事物的性质。

黄金增值税特殊税制与市场化改革

我国黄金行业从1993年开启市场化改革，至2002年上海黄金交易所正式运行，用了大约十年的时间完成了从计划经济体制向市场经济体制的转轨，黄金走向了市场，因而，现在一些人认为黄金已成为了一般性商品，黄金增值税制自然应取消特殊税制，而实行一般商品税制。

黄金市场化就是要实现黄金商品化，而在两者之间画上了一个等号，也是我们的误读，市场化是指黄金的交易方式。商品化是黄金的一种社会属性，这是属于两个不同的概念。实际的情况是黄金市场化不仅推动了黄金商品市场的发展，也推动了黄金投资市场的发展，目前全球只有1%左右是黄金商品的交易量，99%以上的交易量都是黄金投资形成的交易量。黄金市场化并不等于黄金商品化，而是出现了黄金消费品和黄金投资品两类不同的产品，两者流转环境不同，流转特性不同，交易者身份不同，这是黄金市场化出现的新情况，为此而应实行有区别的流转税设计。所以黄金市场化改革恰恰是实行黄金增值税特殊税制的理由，而不是取消这一税制的理由。

黄金增值税特殊税制与税负公平

与上一个误读有关的是认为既然黄金已是一般商品，对黄金实行特殊税制就会产生税负不公平，因此一定要改革。

追求税负公平没有任何异议，而黄金增值税特殊税制正是为了消除税负不公平，如果让在投资市场中交易的黄金投资品缴纳增值税，就会使黄金投资品与其他不交税投资品，如证券股票等产生税负不公平，为了达到公平，黄金增值税特殊税制计划才使黄金投资品生产与交易流转税负为零。基于黄金消费品属于一般商品就应按一般税制纳税，这也是黄金增值税特殊税制的应有之意。而且我们国家对商品黄金产品流通征增值税已经实行了，所以，黄金增值税特殊税制计划是消除了税负不公，而不是制造了税负不公。

黄金增值税特殊税制与经济优惠

免征黄金增值税实际上已变成为对黄金生产企业的特惠政策，这样的观点也是对黄金增值税特殊税制的误读：

增值税是向买方征收的一种价外税，在黄金统收统配的体制中，因唯一的买方是中国人民银行，故实行黄金增值税特殊税制免征黄金增值税，最终受惠者是中国人民银行，而不是市场的卖方——黄金生产企业。2002 年以后，我国黄金市场开放，以伦敦金价为市场交易的基础，这一变化的实质是我国黄金市场从一个封闭的国内市场过渡到一个与国际黄金市场接轨的开放的市场，而成为世界黄金市场体系的一部分。在国际市场通行黄金增值税特殊税制的情况下，这一税制的实施使我国黄金生产者获得了一个平等的税制环境。这是我国黄金生产者参与国际竞争的基本条件，并不是特殊的优惠。

这种误读对于正反双方都有很大的影响，总会使反方的反对声中多了几分正义，而正方却总会感到申辩中有几分歉疚，现在黄金企业是走出误读，挺直腰板维权的时候了。

黄金增值税特殊税制与企业盈利

连续的黄金牛市，使金价不仅突破了850美元的历史最高价位，而且突破了年度614.50美元平均金价的历史最好的水平，因此，国内人民币金价也由2001年的每克71元左右，上升到2012年的约339.29元。因此，使黄金企业的收入增长，带来了盈利增长，经济状况比2001年有了很大的扭转，这是一个客观事实，一些人士由此得出了黄金行业已是一个暴利行业，认为2007年一般黄金企业的盈利率在30%以上，有的甚至接近50%。所以，不能再免征增值税，对于这个结论大可商榷：

- 由于每个黄金生产企业的资源赋存情况差别很大并不平衡，少数企业可能盈利率很高，盈利率30%，甚至50%的生产企业确实存在，但不能以个案推论全局。据我们的2002年至2012年牛市的专题研究结果表明，在十一年间黄金牛市期间黄金行产值利润率增长了83.33%，确实不低，但年平均水平不到10%（为9.93%），即使最高的2012年也仅为11.78%，因此，这个水平被视为暴利是难以服人的。而且牛市并非永远是牛市，2013年金价出现拐点，金价由升转跌17.28%，致使黄金行业产值利润率仅有3.32%，不是暴利，而其为偏低。而且即使黄金行业出现了暴利需要征税，也不应在流转环节加税，因这样会造成国内金价同国际金价的扭曲，造成产品市场管理成本的大幅上升，而应在所得税环节直接征收暴利税。

- 黄金行业近年来盈利大幅增长并非全部来自黄金，黄金行业的工业总产值有60%是非金产品创造的，特别是有色金属产量增长远高于黄金。近年来，有色金属价格上涨很快，为行业盈利贡献很大，有色生产企业因金属价格的上涨，盈利也有较大增长。黄金行业盈利增长非全部来自黄金生产的推动，因而，对黄金生产已是暴利的结论是武断的，并以此为据主张征收黄金增值税经不起事实的推敲。

- 金价上涨，黄金生产企业的收入增长的同时成本也在上升，同一个研究课题表明，当年我国生产成本与国际平均水平持平。在金价已与国际金价接轨的情况下，表明中国黄金企业的盈利水平和国际黄金企业相当，所以从国际各国横向比较看，中国黄金行业也不是暴利行业，而且即使黄金行业盈利最高的2012年仍有近9%的企业亏损，而2013年则达到了20.47%。

金价有涨有跌，而且随时有进一步下跌的可能，如果金价上涨而立即加税，而下跌时是否要立即减税呢？显然不行，因税制是严肃的法规，应有相对的稳定性，暂时性金价变化不应成为税制调整的依据，特别是不能成为主要依据，如果以偏概全，以局部的状态演绎为全局的状态，那就会导致更大问题的出现，这种担心现在看来并非多余。

黄金增值税特殊税制与环境保护

反方还有一个重要的论点，认为黄金提炼需要使用氰化物等剧毒性材料污染较大，给当地的植被、土壤、水源等生态保护形成巨大压力，增加了治理成本，言外之意是只有增加黄金增值税才能有更多资金用于治理和保护环境。在这里，我们不评论黄金生产对环境影响的以上论述是否妥当，但能否把增加的税收全部变为责无旁贷治理经费就是一个大问题。环境保护与治理的主力还是企业自身，国家应主要是通过法规制定对企业的行为硬性约束，贯彻谁污染谁治理的原则，但企业对环境的保护治理需要资金投入，企业的盈利能力越高越有能力投入环境保护治理。近年来，因经济状况有所改善，黄金企业的环境治理的投入大幅增加，相反，国家税赋增加，使企业盈利减少，自有资金减少就会削弱企业对环境治理的资金投入，而不是会增加企业对环境保护的投入。因此，要增加黄金企业对环境保护的投入，反而应坚持低税负的原则，而不是增加税收。

至于“黄金属于资源类产品，生产过程对环境的潜在污染较大，对其给予减免税收与当前大力提倡节能减排总体要求相悖，不利于树立和引导全社会资源节约和环境保护”的结论，更有些言过其实。

首先，黄金生产过程中可能会对环境产生破坏因素，但是，在现有技术的条件下，这种破坏力是在完全可控的范畴之内，与其他有色金属生产相比，黄金生产对环境的负面影响并不突出，因而，将黄金生产与节能减排和环境保护对立起来，是不公道的。

另外，是如何评价黄金生产的作用问题，反方甚至认为对黄金生产减免税收与提倡全社会资源节约相悖，在前面已论述了黄金生产的战略意义，当前应予以支持的态度，而不应是限制的态度，因为黄金财富的积累有利于对风险的防范，黄金生产并不是单纯耗用和消耗社会资源，而是把地下的资源变成了可用的资源。五千多年来人类生产的黄金，97%以上作为财富，仍存留于世。这是黄金生产与一般消费商品生产的不同点。

黄金增值税特殊税制与地方财政

2008年黄金增值税特殊税制被质疑。首先发端于地方政府，起因是一些地方政府认为现有的黄金税收制度，使地方政府不能获得黄金生产的收益，而主张增收黄金增值税。特别是边远的，相对落后的产金区地方政府希望能通过黄金增值税的征收大幅提高财政收入，以加快改变贫困面貌。这种呼声也获得了有关方面的响应。那么，征收黄金增值税能否达到地方政府增加收入的目的呢？

首先，增值税作为中央与地方共享税种，分配比例是中央75%，地方25%，中央获利大大多于地方，这是其一。

其次，地方25%的分税是有代价的，即因增值税的增加，而会减少地方黄金企业盈利，进而会减少地方政府的利得分成和所得税返还。地方政府实际收入是征收增值税的25%的返回款与由此减少的地方黄金企业所得税及地方国有企业权益分红之和，只有是正数的地方政府才能增加收入。

我国第一大产金地招远市，以2007年基数测算的结果是：市政府因征收黄金增值税可增收黄金增值税返还1.75亿元，但是因征收黄金增值税而减少国有资产收益1.407亿元和所得税返还0.7392亿元。收支相抵为–3962万元，即减少收入近4000万元。招远市作为一个测算标本的结果表明征收黄金增值税不一定可以增加地方政府的收入。

黄金行业90%是地方企业，75%增值税从地方企业收交中央财政，相当于是将地方国有企业资产转入了中央财政，这部分也是地方收入减少部分，因而从总体计算，“开征黄金增值税”地方财政总收入是减少的，并非增加。调动地方政府积极性，增加地方财政收入，需寻找其他途径和办法。因各地情况不同，测算最终结果会有差异，但总的趋势即是如此，所以黄金增值税的征收并不一定能达到增加地方政府收入，增强发展地方经济能力的目的。

黄金增值税特殊税制与税收征管

反方另一个理由是，黄金增值税特殊税制的存在，形成了管理漏洞，不利于加强税收征管，主要有两点：一是伴生金免税比例测定存在征管漏洞；二是交易所给予即征即退政策，容易诱发偷骗税行为。

以上的情况客观存在，但问题的解决只能是不断地加强法制建设和提高监管能力，因为任何税制的实施都会有监管问题。即使变为征收增值税，上述问题可能不存在了，但新的问题又会出现。如征收后引起的地下交易与走私问题，就是一个世界性的难题。因此，可能对金融市场造成的负面影响，会远远超过以上两个存在的漏洞。

由于黄金是一个具有国际价格，可以 24 小时无间断的全球交易商品，流动性极强，对价格的变动十分敏感。在黄金价格组成中，税负水平对黄金流向有十分重要的影响。降低税费，形成“市场税收洼地”，吸引交易在“阳光下”进行，是减少市场监管成本的最有效方法，而不是“逆其道而行之”——加税。往往税赋优惠减免被用于刺激生产的手段，但在市场自由交易的环境中，交易环节的税收设置对交易秩序也有极大影响力。也正是 1994 年以来我们实行了黄金生产与交易流转零税负，吸引入市交易市场秩序才有了根本性的好转。

以上我们整理和分析了反方提出的所有理由，都没有为改变黄金增值税特殊税制提供足够支撑力，一些理由的本身就是误读黄金增值税的结果，其本身就大可商榷。1999 年黄金市场建设起步，黄金增值税的设置就是一个现实问题必须解决。为此，世界黄金协会将欧洲黄金特殊税制的资料交我研究，研究结果以《从欧洲的〈黄金特殊税制计划〉看我国黄金税收制度的改革》一文发表于《中国黄金经济》(2000年第三期)。十年之后的2008年黄金增值税争议又起，世界黄金协会希望我为他们再撰写一篇专题报告。如果说1999年分析欧洲特殊黄金税制关注点是回答“是什么”，而2008年我的关注点是“为什么”。这是因为十年的沉淀，给我最大的感悟是这一个税制的国家战略性。以此为中心形成了一个万余字的报告，世界黄金协会最后如何使用这个报告就不得而知了。之后参加了中国黄金协会向国家发改委情况汇报组，我以顾问的身份发言，发言的主要内容是说明黄金特殊税制是市场经济的惯例，不是计划经济的特例，也是着眼于这一政策的战略性。主持汇报会的领导听后表示说，如果这个问题搞清了，问题就简单了，因为税制的设计一定要具有战略的高度，这样一个高度歧见就会统一，从那时起至今，又过去了七年，争论已趋于平静，但我衷心地希望，对黄金增值税的误读从此终结。

后 记

从20世纪90年代初进入黄金经济研究领域，到今天整整过去了四分之一世纪，我也进入了古稀之年，但还清楚地记得调入当时的国家黄金局经济发展研究中心接受的第一项任务，是研究黄金管理体制改革，最终形成了一个仅有八千字的报告，并不是自己的文字精练而是无话可说，这也是自己对黄金问题的认识程度所致。如果今天再接受同样的课题，最后提交的报告将不止八万字，因为认识随着时间沉积而丰富深刻了，有了更多的分析问题的视角。但是这也并不是对问题认识的终点，也仅是今天的认识水平而已。

“路漫漫其修远兮，吾将上下而求索”，人类求知永远在路上。这是我从业二十五年的最大感受。新世纪的头七年，我国黄金产业与市场出现了一个前所未有的发展期，达到了一个空前的历史高峰，由国际黄金业的追随者变为了领军者，因而过去我国黄金发展就是追赶国际黄金业，目标明确而成为排头兵，作为领军者之后前面没有了引领者，向左还是向右顿时失去了方向感。因而2014年中国黄金协会决定编写一本统一认识的普及性黄金宣传册，我是参与者之一，但在参与宣传册编写的过程中我发现了许多认识盲点，发现对黄金的基本认识还处于似是而非的状况，需要进一步厘清。这就是本书写作的动因，也是认识、求索的结果。

按照人类行为学的理解，黄金行业发展出现了方向选择的忐忑是文化的缺失。文化的本质是人类的行为指令，正是文化缺失造成了人类行为的困惑。从我国黄金行业六十六年的发展历程看，我们的行为大多是围绕解决黄金物的短缺而展开的，但当黄金物的短缺矛盾解决以后，未来我们向哪里去的困惑还没有解决，也就是新的文化指令尚未形成。因而黄金行业文化指令的创建任务摆上工作日程，所以我们说我国黄金行业进入了黄金文化创新时代。

文化是人类脑力劳动的产物，是人类的精神财富。黄金文化创新时代要求我们必须要进行思维逻辑上的调整，产生新理念，生产创新的黄金文化产品。在实现黄金物质财富日益丰富的同时也产生了丰富黄金精神财富的要求。这一要求是一个挑战，因为我们还没完全做好准备，但在市场中有需求才会有供给。需求是供给的前提和指引。黄金文化需求的出现为黄金行业的发展开拓了新的空间，因而更是机遇。

进入新世纪以后，在黄金行业内文化日益成为关注的话题，甚至提出了文化兴金战略，将发展黄金文化作为黄金行业的未来发展选项。然而现在这还是一个概念，还需在实践层面上展开，同样需要进行大量的文化创新工作，即要建立新的黄金人类行为指令体系。而从国际政治大局看，黄金文化的创新更是国际政治经济大变局的产物，已远远超出了黄金行业自身发展的价值。在一定意义上讲，黄金行业未来的发展选择，也是人类社会的选择，因而，我将把“文化兴金”战略的研究作为今后的主攻方向，力争有成果问世。并愿与有相同兴趣者讨论，一起前行。

“路漫漫其修远兮，吾将上下而求索”，人类求知永远在路上……

刘山恩

于 2015 年 6 月 17 日北京寓中